Kolleg Philosophie

Lutz Geldsetzer:
Allgemeine Bücher- und Institutionenkunde

Lutz Geldsetzer

Allgemeine Bücher- und Institutionenkunde für das Philosophiestudium

Wissenschaftliche Institutionen
Bibliographische Hilfsmittel
Gattungen philosophischer Publikationen

Verlag Karl Alber, Freiburg / München

Satz und Druck: Presse-Druck Augsburg
ISBN 3-495-47211-8

Vorwort

Auf dem deutschen Büchermarkt macht sich seit langem das Fehlen einer handlichen Literatur- und Quellenkunde für das Studium der Philosophie bemerkbar. Andere Fächer, vielleicht mit Ausnahme der Germanistik, sind nicht viel besser gestellt. So hat der Verfasser die Anregung des Verlages Alber durch die Herren Dr. Kumpmann und Dr. Wewel gerne aufgegriffen, hier den Versuch zur Abhilfe zu unternehmen und seine in mehreren Semestern einführender Vorlesungen an der Universität Düsseldorf zusammengestellten Materialien für den Druck aufzubereiten.

Die bei allen universitären Reformbestrebungen dennoch so weit verbreitete, ja fast allgemeine Unkenntnis der Organisation und Struktur der Universität und ihres Lehrkörpers hat außerdem den Anlaß gegeben, einen Abriß einer Institutionenkunde der Hochschule voranzuschicken, in welchem vor allem die den Studierenden in erster Linie betreffenden Lehreinrichtungen der Hochschulen vorgestellt werden. Nur andeutungsweise konnte diesem Zwecke gemäß von den universitären Forschungseinrichtungen oder den nichtuniversitären Wissenschaftsinstitutionen die Rede sein, mit denen der Student, wenn überhaupt, nur relativ spät in engere Berührung kommt.

Bei der Darstellung und Auswahl der bibliographischen Hilfsmittel hat sich der Verfasser von dem Gedanken leiten lassen, daß eine philosophische Studienhilfe entsprechend der herkömmlichen universitären Funktion der Philosophie als Einleitungs- und Grundstudium oder neuerdings vielleicht auch als Begleitstudium anderer Disziplinen auch für diese einen Nutzen bringen sollte. So ist die Darstellung, wo immer es angeht, auf die akademischen Studien allgemein bezogen oder das philosophische Moment nur exemplarisch betont. Die allgemeine Bibliographie läßt sich ohnehin für alle Wissenszweige verwerten, während für die speziellere Bibliographie der übrigen Einzelwissenschaften entsprechende Gattungen aufzusuchen wären. Auch ausländische neuere Bibliographien sind möglichst vollständig beigebracht oder doch Hinweise zu ihrer Erfassung gegeben, und für fernere Ergänzungen durch die Benutzer ist der Verfasser immer dankbar. Die Abgrenzung von Philosophie abendländischen Typs zu evtl. entsprechenden Kulturphänomenen Asiens bleibt dabei immer problematisch. Auch in historischer Perspektive wurden maßgebliche Quellenwerke aufgeführt, zumal solche jetzt in Nachdrucken wieder eher zur Verfügung stehen. Die Reihenfolge geht in der Regel innerhalb der Sprachgruppen vom Aktuellen zum Früheren zurück, jedoch wurde auch die Prominenz und der Allgemeinheitsgrad nach Möglichkeit berücksichtigt.

Für die bibliographischen Hilfmittel und Quellen der einzelnen philosophischen Disziplinen und der Geschichte der Philosophie ist ein „spezieller Teil" vorgesehen, der in absehbarer Zeit folgen wird. In ihm soll die „Architektonik" der Philosophie unter systematischem wie historischem Aspekt zur Geltung gelangen. Gemäß ihrer immanenten Voraussetzungsstruktur und ihrem logischen wie historischen Zusammenhang werden die philosophische „Kerndisziplin" Metaphysik, die Grunddisziplinen Ontologie, formale und materiale Logik, philosophische Anthropologie und Praxeologie sowie die Bereichsdisziplinen der Naturphilosophie, Kulturphilosophie und der Philosophie der (reinen) Sinngebilde, die ihrerseits die philosophischen Voraussetzungen der jeweiligen Einzelwissenschaften des ihnen zugeordneten Bereichs enthalten, kurz dargestellt und die literarischen Hilfsmittel genannt. Ein Leitfaden der Philosophiegeschichte und ihrer Literatur ergänzt diese Darstellung nach der historischen Seite.

Düsseldorf, im August 1971 *Lutz Geldsetzer*

Inhalt

Einleitung: Zugänge zum Philosophieren 9

I. Wissenschaftliche Institutionen 12

1. Hochschule bzw. Universität 12
   a) Zur Geschichte 12
   b) Die Hochschulangehörigen 16
   c) Organisation und Selbstverwaltung 19
   d) Die akademische Freiheit und das Prinzip der Einheit von Forschung und Lehre 30
2. Lehre 38
3. Seminar 41
4. Prüfungswesen und akademische Grade und Titel 44
5. Kolloqium und Kongreßwesen 52
6. Publikationswesen 53
7. Bibliothekswesen 55
   a) Allgemeines 55
   b) Instituts- und Seminarbibliotheken 56
   c) Katalog- und Dokumentationswesen 56

II. Bibliographische Hilfsmittel 61

1. Bibliographien der Bibliographien 62
2. Allgemein- und Universalbibliographien 65
3. Bibliographien der philosophischen Bibliographien 69
4. Abgeschlossene philosophische Bibliographien 70
5. Laufende philosophische Bibliographien 74
6. Forschungsberichte und Referateorgane 76

7. Nationale philosophische Bibliograhien 80
8. Philosophische Personalbibliographien 87
9. Bibliothekskataloge 92
10. Buchhandels- und Antiquariatskataloge 95

III. Gattungen philosophischer Publikationen 98

1. Allgemeinenzyklopädien und -lexika 101
2. Handbücher, philosophische Enzyklopädien 106
3. Philosophische Lexika 111
4. Philosophische Zeitschriften 123
5. Serien und Beihefte 132
6. Festschriften 135
7. Kongreßberichte, Akten 142
8. Hochschulschriften (akademische Vorträge, Dissertationen und Habilitationsschriften) 147
9. Text- und Gesamtausgaben 150
   a) Auswahlausgaben (Anthologien, Chrestomathien) 151
   b) Textausgaben-Reihen 153
   c) Gesamtausgaben 155
10. Literargeschichte der Philosophie 180

Anhang:
Zur wissenschaftlichen Arbeit 185
Studienplan-Beispiel Philosophie 190
Sachregister 193
Personenregister 198

Einleitung: Zugänge zum Philosophieren

Der Mensch ist das philosophierende Wesen, insofern er zwischen sich und seine Umwelt eine reflektierte und artikulierte „Zwischenwelt" sprachlicher Zeichen stellt und sich durch sie mit seinesgleichen und den Dingen vermittelt. In Muttersprache und Symbolik der Alltagswelt ist ihm diese Zwischenwelt die eigentlich vertraute, die ihn abschirmt gegen die andere Wirklichkeit. Die Arbeit der Generationen hat diese Symbolwelt geschmeidig gemacht, so daß sie Denken gleichsam automatisiert. Das ist die Gefahr. *Selbstdenken* ist das Gebot der Stunde, bewußtes *Philosophieren* sein Mittel. Wie kommt man dazu?

Staunen, Verzweiflung, Langeweile, Überdruß, Neugier, Spieltrieb: die alten Motive, sich im Denken zu orientieren, sich nicht blind der überkommenen Zwischenwelt anheimzugeben, sind stets lebendig geblieben. Die Aufgabe bleibt immer die Organisation und Durchdringung dieser Welt: Bildung der eigenen Weltansicht, denkende Verarbeitung der eigenen Erfahrungen, Reflexion auf Möglichkeiten, Artikulation von Haltungen und Wertungen, Rechenschaftslegung über Dasein, Herkommen und Zukunftshoffnungen.

Aber Denken ist niemals autonom gegenüber den sprachlichen und symbolischen Mitteln, gleichwohl auch nicht völlig abhängig von ihnen. Es oszilliert zwischen der unartikulierten subjektiven Überzeugtheit und Meinung, der mehr oder weniger reflektierten Übernahme verbalisierter Alltagsweisheiten oder Wissenschaftsresultate und zuweilen der Erfahrung der Grenzen „theoretischer" Weltbewältigung an der sog. Front der Forschung und in den Grenzsituationen des

Lebens. Wenn aber der Mensch, insofern er spricht und denkt, immer auch schon philosophiert, so gibt es doch Grade des Anspruchs und Niveaus, die man von sich selber und anderen in dieser Hinsicht verlangen kann.

Es macht der abendländischen Menschheit Ehre, daß sie die Arbeit des Philosophierens institutionell gestützt und ihre Mittel organisiert hat in Schulen, Ausbildungs- und Forschungsstätten der verschiedensten Art: ein Funke, der, oft nahe dem Verlöschen, doch nie gänzlich ausgetreten worden ist. Des öfteren ist der Traditionszusammenhang des Philosophierens und damit der Wissenschaft beeinträchtigt, ja unterbrochen worden. Aber immer wieder wurde er in Renaissancen aufgenommen und zuweilen mühsam wieder hergestellt. Diese Tradierung war und ist an das Buch gebunden, und insofern ist die anspruchsvolle Philosophie und Wissenschaft eine solche des Buches.

Aber in Büchern ist immer mehr niedergelegt, als im Denken vom einzelnen lebendig und wirksam gehalten werden kann. Hier ist die Lehre und Ausbildung ein immer mühsamer Versuch der Verlebendigung und Weitergabe in unmittelbarer Kommunikation: ein hartes Geschäft, das oft entmutigt wird von der Vielfalt und Spezifität des zu Bewältigenden. Die faule Rede von der notwendigen Spezialisierung des Wissens und Denkens hat schon im Ansatz auf den Versuch der denkenden Bewältigung verzichtet. Welche andere Institution könnte hier die Tugend des *allgemeinen* Denkens gegenüber der Versunkenheit in das Einzelne und Vielfältige vertreten, wenn nicht die Philosophie, deren Aufgabe eben dies schon immer gewesen ist. Aber sie selbst steht ebenso in der Gefahr, diesen ihren Auftrag zu vergessen und sich als Einzelwissenschaft unter den anderen Wissenschaften akademisch abzusichern, vornehm zu tun mit ihren speziellen Anforderungen, ihren technischen Kunstgriffen und der Esoterik ihrer Einsichten. Wenn sie hierin versagt, und zwar in einem epochalen Ausmaß, so bleibt kein verbindendes Medium mehr zwischen den Sektoren der modernen Zivilisation. Ein Fatalismus spezialisierter Initiativen des wissenschaftlichen, technischen und politischen Handelns greift um sich, der im besten

Falle zu einem unübersehbaren Chaos parzellierter Subkulturen, im schlimmsten zur selbstveranstalteten Katastrophe führt.

So kommt vieles auch darauf an, dem einzelnen wieder Mut zu machen zum bewußten philosophierenden Selbstdenken, nicht im Sinne einer gerade erst überlebten Mode der Eigentlichkeit der Existenz, sondern der geduldigen Arbeit des Gedankens, des Einlebens in das lebendige Wissen und der Fortentwicklung desselben zu neuen fruchtbaren Erkenntnissen und Einsichten.

Es ist heute beliebt, sich den institutionellen Zugängen dazu zu entziehen. Auf Lehre und Umgang mit Lehrern glauben viele verzichten zu können zugunsten einer autodidaktischen Aneignung nur noch veranlagungsbezogener Materien. Das mag im einen oder anderen Falle günstig und förderlich sein. Im großen und ganzen kann eine Zivilisation nicht auf die institutionelle Vermittlung des Wissens verzichten, und auch der neu in diesen Bereich Eintretende kann es gewöhnlich nicht.

So hängt vieles davon ab, die Wege dahin zu ebnen und den Zugang so gut wie möglich zu organisieren.

I. Wissenschaftliche Institutionen

1. Hochschule bzw. Universität

Die Hochschulen bzw. Universitäten sind der Ort der integrierten Gewinnung und Vermittlung fundierten Wissens in der Gesellschaft. Beides, die Gewinnung wie die Tradierung solchen Wissens zu verbinden und zu sichern, war und ist ein schwieriges Problem. Die Meinungen, wie dies am besten zu bewerkstelligen sei, sind kontrovers, und ihre Verschiedenheit bestimmt die Gegensätze der gegenwärtigen Hochschulreformdiskussion.

Da die Zukunft der Universitäten unsicher, ihre Gegenwart mit vielerlei Tendenzen schwanger, und nur ihre Vergangenheit einigermaßen deutlich überschaubar ist, mag es nützlich sein, an diese anknüpfend, die gegenwärtige Verfassung zu betrachten.

a) Zur Geschichte

Die alten Leitbilder wissenschaftlicher Einrichtungen waren die Platonische „Akademie", das Aristotelische „Lynkeion" (Lyzeum) sowie die großen Forschungsstätten der Spätantike bei den Bibliotheken etwa Alexandrias und Pergamons. An ihnen orientierten sich auch die mittelalterlichen Dom- und Klosterschulen, in denen die Kleriker ausgebildet wurden, die Lehrpraxen berühmter Rechtsgelehrter und die Forschungs- und Lehrstätten besonders arabischer, syrischer und persischer Ärzte. Die praktische Ausbildung von Klerikern, Juristen und Ärzten war dann auch der nächstliegende Grund, ihre Studien in den sog. höheren Fakultäten zu organisieren.

Ihnen vorgeordnet war das Studium an der „niederen" philosophischen oder Artistenfakultät, vergleichbar etwa der heutigen gymnasialen Oberstufe, wo man die „freien Künste" des Triviums („Dreiweg", nämlich Logik, Grammatik und Rhetorik, d.h. richtig denken, richtig schreiben, richtig sprechen) und des Quadriviums („Vierweg", nämlich die mathematischen Disziplinen Arithmetik, Geometrie, Astronomie und musikalische Harmonielehre) erlernte. Während sich in der Neuzeit aus dem Trivium die eigentlich sog. philosophische Fakultät als „geisteswissenschaftliche", d. h. philologisch-historisch ausgerichtete Studienorganisation entwickelte, neben der die „naturwissenschaftliche" Fakultät die mathematischen Fächer des Quadriviums an sich zog, blieb doch bis heute die propädeutische Funktion der Philosophie selber als einer einzelnen Disziplin unter den verselbständigten Einzelwissenschaften der philosophischen Fakultät in Resten erhalten. Als solche sind vor allem das für die Lehramtskandidaten in manchen Bundesländern noch obligatorische „Philosophikum", sodann aber auch das in Frankreich noch übliche universitäre Vorbereitungsjahr (année propédeutique) zu nennen. Daneben speist sich das heute wieder im Vordergrund stehende Selbstverständnis philosophischer Arbeit als Wissenschaftstheorie und Grundlagenkritik der Einzelwissenschaften aus den gleichen Quellen.

Die äußere Organisation der Hochschulen spiegelt vielfältig die sozialen und rechtlichen Formen der verschiedenen Zeitalter wider. Als „Universitas magistrorum et scholarium" (Gesamtheit der Lehrenden und Studierenden) stellte eine Hochschule selbst bei weniger als hundert Mitgliedern – meist waren es mehrere hundert, heute in der Regel über tausend – immer einen bedeutenden Wirtschaftsfaktor für den Hochschulort dar. Der Ruf bedeutender Lehrer, von dem der Zustrom zahlungskräftiger Studenten unmittelbar abhing, war den Gemeinden wie ihren Fürsten stets teuer. Die Ausstattung der Hochschulen selber mit Grundbesitz, Gebäuden, Bibliotheken und wissenschaftlichen Geräten machte eine professionelle Verwaltung und geschickte „Regierung" erforderlich. Von Kaisern, Päpsten und Fürsten oder freien Städten mit den entsprechenden Privilegien und Dotationen versehen, entwickelten sie sich als kleine Staaten im Staate, dessen Verfassung sie übernahmen oder auch zuweilen präjudizierten.

An der Spitze des akademischen Gemeinwesens stand der Rektor magnificus, vergleichbar dem Bürgermeister der freien Reichsstädte, wie dieser im Reiche von fürstlichem Rang, aus den Reihen der Professoren gewählt, zuweilen aber auch aus der Studentenschaft, zumal wenn sich unter ihnen selber Fürstensöhne befanden oder wenn die Studentenschaft wie an den alten italienischen Universitäten vorwiegend aus erwachsenen und im Berufsleben stehenden Geschäftsleuten bestand, die ihre Professoren selbst besoldeten. Oft behielt sich auch der Landesfürst Titel und Stellung des „Rector magnificentissimus“ vor. Dem Rektor zur Seite stand der Senat als Beratungsgremium, entsprechend den Senaten der freien Stadtrepubliken. Zu Senatoren wurden gewöhnlich die einflußreichsten und in der Universitätspolitik versiertesten Professoren gewählt.

Während Rektor und Senatoren gewissermaßen den Vorstand der akademischen Gemeinde bildeten, stellten die Professoren und Studenten die weitere akademische Bürgerschaft. Auch hier gab es Gliederungen. Die Fakultäten als Körperschaften der Professoren verwalteten zunftmäßig und gleichsam als Ressorts ihre jeweiligen Fachdisziplinen, wobei sie in den Fakultätssitzungen ähnlich wie der Senat berieten und beschlossen und aus ihren Reihen einen Dekan zur Führung der laufenden Geschäfte wählten. Die Studentenschaft organisierte sich in „Nationen“ gemäß der landsmannschaftlichen Herkunft, später direkt „Landsmannschaften“ genannt. Auch sie wählten ihre Vorstände und verwalteten ihre eigenen Angelegenheiten, gelegentlich in Konkurrenz zu den Fakultäten auch ihre eigenen Studien. Sie neigten immer dazu, sich als Körperschaft innerhalb der akademischen Körperschaft aufzufassen, gleichsam einen Staat dritter Potenz zu bilden.

Die Hochschulen unterhielten so auf eigenem Territorium eine eigene, von der übrigen Gesellschaft mehr oder weniger abgesonderte Bürgerschaft und stellten insgesamt eine autonome, ja souveräne Macht dar, die sehr oft zwischen den um die Vorherrschaft ringenden Mächten Kaisertum und Kirche vermittelte oder auch entschied. Zur Ordnung ihrer eigenen Angelegenheiten aufgerufen und privilegiert, entwickelten die Universitäten parallel den gesellschaftlichen Gemeinwesen konstitutionelle Formen, nämlich eigene Jurisdiktion (jedenfalls erster Instanz) über die Universitätsangehörigen (die als solche nicht der städtischen Gerichtsbarkeit unterworfen waren), parlamentarische Deliberationsgremien und eine starke Exekutive, deren Ausdruck nicht zuletzt die eigene Polizeigewalt (Pedelle) war. In einer feudalistischen Umwelt stellten sie außerordentlich liberale und demokratische Gebilde dar, insofern in ihnen und durch sie jedermann – gleich welcher Herkunft – durch wissenschaftliche Leistung zu den höchsten Würden, z. B. als gewählter Rektor zu fürstlichen Ehren, aufsteigen konnte.

Die Verfassungsbewegung in den modernen Staaten seit dem 18. Jahrhundert hat auch bei den Universitäten dazu geführt, diese Verhältnisse in Statuten zu fixieren und die Neugründungen der „Gelehrtenrepubliken" wie Staatsgründungen zu betreiben. Der Optimismus der Machbarkeit aller Verhältnisse durch Satzungen und Verfassungen, der im staatlichen Bereich durch die Erfahrung der Widerständigkeit sog. Verfassungswirklichkeiten einigermaßen gedämpft worden ist, hat sich im Hochschulbereich ungebrochen gehalten.

Als Körperschaften des öffentlichen Rechts mit dem Rechte der Selbstverwaltung und Satzungsgebung unter staatlicher Aufsicht – noch immer in dieser Rechtsform den Stadtgemeinden, Landschaftsverbänden und Kirchen vergleichbar – befinden sich die Hochschulen gegenwärtig in einem epochalen Prozeß der Anpassung ihrer Verfassungsstrukturen an ein gewandeltes politisches Bewußtsein ihrer Mitglieder und der Öffentlichkeit. Dieses Bewußtsein schlägt sich einerseits in den verschiedenen, die Richtlinien und Rahmen der Satzungsgebung festlegenden, teils schon ergangenen, teils erwarteten Landeshochschulgesetzen und im anstehenden Bundesrahmengesetz für die Hochschulen nieder, zum anderen spricht es sich in den Verlautbarungen der verschiedenen Verbände der Hochschulmitglieder aus, die ihrerseits die mannigfaltigsten Koalitionen mit den politischen oder gesellschaftlichen Gruppierungen eingehen, um ihre Vorstellungen auf dem Gesetzgebungswege zu realisieren.

b) Die Hochschulangehörigen

Die Gliederung der verschiedenen Gruppen und Untergruppen der Hochschulangehörigen, von denen sich einige erst in neuester Zeit herausgebildet haben und vielleicht noch weiter differenzieren, und die über die örtlichen Vertretungen an der Hochschule hinaus sich zu Landes- und Bundesverbänden zusammengeschlossen haben, erinnert noch an das alte Bänkesystem der verschiedenen Stände des alten Reichstages.

So gibt es bei den *Studenten* den VDS (Verband Deutscher Studentenschaften) und die mit ihm konkurrierende ADS (Arbeitsgemeinschaft Deutscher Studentenschaften) mit ihren angegliederten, politisch ausgerichteten Studentengruppen an den Hochschulen (z. B. R.C.D.S. = Ring Christlich-Demokratischer Studenten, S.H.B. = Sozialdemokratischer Hochschulbund, S.D.S. = Sozialistischer Deutscher Studentenbund, Spartakus = marxistische Studentenvereinigung, L.S.D. = Liberaler Studentenbund Deutschlands), neben denen die „schlagenden" und „nichtschlagenden" Korporationen farbentragender Alt- und Jungakademiker sich mehr auf Patronage und Brauchtumspflege beschränken.

Die *wissenschaftlichen Mitarbeiter* des Hochschulpersonals haben sich um den „harten Kern" der wissenschaftlichen Assistenten herum in der BAK (Bundesassistentenkonferenz) und den LAK's (Landesassistentenkonferenz) organisiert; sie vertreten den gesamten sog. Mittelbau von den wissenschaftlichen Hilfskräften über die Studienräte im Hochschuldienst, die wissenschaftlichen Angestellten, Lektoren, Kustoden, akademischen Räte und Direktoren bis zu den eigentlichen sog. wiss. Assistenten, wobei das epochale Werk der „Neuordnung der Personalstruktur" an den Hochschulen noch nicht absehbare Veränderungen bringen wird, bei denen jedenfalls die Ausgliederung eines besonders qualifizierten Teils der Assistenten, der sog. Assistenzprofessoren und ihre Zuordnung zu den Hochschullehrern – nach amerikanischem Vorbild – erklärtes Verbandsziel ist. Neuerdings haben sich die Lektoren – Lehrbeauftragte für Sprachkurse oder besondere spezielle Lehrveranstaltungen – in einem eigenen Verband zu verselbständigen begonnen.

Die *Hochschullehrer* bzw. Professoren besitzen im Hochschulverband ihre ständische Berufsvertretung. Neben ihm hatte die WRK (Westdeutsche Rektorenkonferenz) lange eine ähnliche Funktion und entsprechendes Selbstverständnis. Aber die Gruppe der Hochschullehrer ist heute ebenso vielfältig in sich gestaffelt wie die der wissenschaftlichen Mitarbeiter. Zwar ist ihr gemeinsames Charakteristikum, daß sie durch besondere Forschungsleistung die Habilitation bei einer Fakultät (Venia legendi für die eigenverantwortliche Lehre in ihrem Fachgebiet) erworben haben. (An den nichtuniversitären Hochschulen wurde bisher in der Regel, an den Universitäten in einigen Fächern gelegentlich ohne diese Qualifikation zum Professor berufen. Diese Tendenz mag sich in Zukunft verstärken.) Aber diese Gruppe der Habilitierten unterscheidet sich stark nach Dotierung und Ausstattung, Rechten und Pflichten an der Hochschule. Noch immer ist das Berufsziel der Habilitierten das *Ordinariat* oder der *„ordentliche Lehrstuhl“* für das jeweilige Fach, das früher an jeder Universität durch einen einzigen Lehrstuhlinhaber vertreten war. Die moderne betriebliche Entwicklung auch der Wissenschaft hat allgemein dazu geführt, daß die Lehrstuhlinhaber mit der Berufung zugleich zu Direktoren der bestehenden Fachinstitute und -Seminare ernannt wurden und dadurch verantwortlich über die Organisation von Forschung und Lehre in ihrem Fache, d. h. über alles nachgeordnete Personal und die Sachausstattung bestimmten. Diese Privilegien, Verantwortlichkeiten und Pflichten gehen ihnen durch Parallelberufungen im gleichen Fach (die in den Massenfächern die Regel geworden ist), durch Umwandlungen oder Auflösungen der Betriebseinheiten und die Mitbestimmung der übrigen Gruppen mehr und mehr verloren. Dieser Prozeß wird zwar von vielen als Befreiung von drückenden Lasten der Verwaltung und des „Betriebes“ und willkommene Freisetzung zur eigentlichen Berufsaufgabe der Forschung und Lehre begrüßt, von anderen jedoch als Niedergangserscheinung der deutschen Hochschule beklagt. Zum Sprecher dieser Meinung vieler Lehrstuhlinhaber hat sich in jüngster Zeit besonders der „Bund Freiheit der Wissenschaft" gemacht.

Alle übrigen Habilitierten, die keine Lehrstühle innehaben, werden *Nichtordinarien* genannt. Es sind außer in den medizinischen Fakultäten, wo sie oft die Zahl der Ordinarien (ordentliche und außerordentliche Professoren), um das drei- bis vierfache überwiegen, relativ wenige Nachwuchs- oder Spezialkräfte. Aber da sie „billiger" sind, wird die Zahl ihrer Amtsstellen ständig vermehrt. Zwar sprechen die neuen Hochschulgesetze ausnahmslos von einer korporativen Gleichstellung aller Hochschullehrer, aber die historischen und faktischen Unterschiede zwischen Ordinarien und Nichtordinarien haben doch dahin geführt, daß letztere an den meisten Hochschulen in den Selbstverwaltungsgremien eigene Nichtordinarienvertretungen und auch auf Länder- und Bundesebene einen eigenen Nichtordinarienverband besitzen. Als „vierte Gruppe" an der Universität neben den Ordinarien, wissenschaftlichen Mitarbeitern und Studenten sind sie naturgemäß besonders allergisch gegen den verbreiteten Ruf nach „Drittelparität" in den Gremien der Selbstverwaltung, der ihre eigene Vertretung negiert. Sie gliedern sich in die *Privatdozenten,* die gewöhnlich nach ihrer Habilitation mehr oder weniger lange (und je nach „Marktlage" in ihrem Fache) auf Assistentenstellen verbleiben (in den medizinischen Fakultäten sind gewöhnlich die Oberärzte der Kliniken solche habilitierten Assistenten und Oberassistenten), in habilitierte *Dozenten* mit eigenen Stellen, die jetzt gewöhnlich in Stellen für *„wissenschaftliche Räte und Professoren"* umgewandelt werden, in *„wissenschaftliche Abteilungsvorsteher und Professoren"* und *Honorarprofessoren* (letztere sind als externe Spezialisten mit Lehrauftrag wohl zu unterscheiden von den reinen Titular-Honorarprofessoren, die nicht von den Hochschulen, sondern von den Kultusministerien kreiert werden). Die Habilitierten erhalten nach gehöriger – früher mehrjähriger, heute oft kürzerer – Bewährung in der Lehre den Titel eines „apl. Professors“ (außerplanmäßiger Professor, d.h. Professor ohne Planstelle im Haushalt der Hochschule), der gewöhnlich die Voraussetzung zur Einweisung in eine höher dotierte planmäßige Professorenstelle ist (vgl. Kap. I, 4).

Es unterliegt wohl keinem Zweifel, daß die Zukunft der deutschen Hochschulen in starkem Maße auch davon abhängen wird, ob es gelingt, eine echte und gerechte korporative Homogenität in den Lehrkörpern wieder herzustellen. Ob dies durch Vermehrung niedrig dotierter Hochschullehrerstellen und die sich abzeichnende Tendenz zum Laufbahnprinzip vom Assistenzprofessor über den wissenschaftlichen Rat zum ordentlichen Lehrstuhl der Fall sein wird, bleibt fraglich. Die ungeheure Aufblähung des Mittelbaues als Folge des Massenandranges auf die Hochschulen hat eine Nachwuchslawine erzeugt, die sehr bald in den niedrig und für ausgewiesene Wissenschaftler unzumutbar schlecht dotierten Nichtordinarienstellen hängen bleiben wird. Hier verspricht nur die angemessene Vermehrung der ordentlichen Lehrstühle und die Reduktion oder gar Abschaffung aller anderen Hochschullehrerstellen friedliche Zustände.

Als letzte Gruppe der Hochschulangehörigen ist das *nichtwissenschaftliche Personal* zu nennen. Sie umfaßt nach den Studenten die meisten Personen, vom Arbeiter und Verwaltungsangestellten über die Krankenschwester der Kliniken bis zum leitenden Verwaltungsbeamten. Innerhalb der Hochschule ist sie nach Gesetz durch eine Personalvertretung repräsentiert. Auf Länder- oder Bundesebene bemühen sich die verschiedenen Gewerkschaften und Beamtenvereinigungen um ihre und ihrer Teilgruppen Belange. Neben der gesetzlichen Personalvertretung entwickelt sich in allen Hochschulen eine zweite Selbstverwaltungsrepräsentation des nichtwissenschaftlichen Personals, die auf lange Sicht die erstere ersetzen dürfte.

c) Organisation und Selbstverwaltung

Wie schon erwähnt, waren die Universitäten immer wie kleine Staaten organisiert, und ihre faktischen Verfassungen, die natürlich örtlich und zeitlich voneinander abwichen, ergaben mehr als einmal das Vorbild für die Verfassung großer Staaten – nicht zuletzt durch die Utopien und Staatslehren von Philosophen und Rechtslehrern, die aus solchen Hochschulen hervorgegangen sind. Wie nun der Daseinszweck der Staaten schlechthin die Gewährleistung des Bonum Commune, des Gemeinwohles war und ist, so derjenige der Universitäten und Hochschulen die Gewinnung, Pflege und Vermehrung des Wissens in und durch Wissenschaften, die ihrerseits u.a. als wesentlicher Garant zur Erkenntnis und zur Herstellung dessen, was das Gemeinwohl sein könnte, vermutet werden. Da aber Wissenschaft als solche nur von Wissenschaftlern selber betrieben, gemehrt und gelehrt werden kann – es sei denn, sie arte in irgendwelche Machenschaften aus – so wurde und wird auch das Prinzip der Selbstverwaltung der Universitäten und Hochschulen durch ihre eigenen quasistaatlichen Organe respektiert. Die moderne Form dieser Selbstverwaltung wird in der Rechtsform der körperschaftlichen Autonomie unter staatlicher Rechtsaufsicht ausgesprochen.

Was und wie und von wem hier nun verwaltet wird, das hat sich in der Geschichte freilich sehr gewandelt. Die Universitäten und Hochschulen entwickelten sich zu industriegleichen Großbetrieben, die Wissenschaftspflege bedurfte eines immer mehr zunehmenden Apparates und Fachpersonals in dienenden Funktionen. So konnte die Selbstverwaltung der Wissenschaft durch Wissenschaftler nicht das bleiben, was sie zu den Zeiten war, als ein Professor noch seine ganze Wissenschaft im eigenen Kopfe mit sich trug. Die institutionelle Unterscheidung von selbstverwaltungsfähigen und -bedürftigen wissenschaftlichen Angelegenheiten von den übrigen Verwaltungsangelegenheiten, ihre Neuregelung oder Überwindung zugunsten einer effizienten „Einheitsverwaltung“, gehört daher zu den vordringlichsten Anliegen jeder Hochschulreform.

Denn bezüglich ihrer *Verwaltung* sind die Hochschulen gleichsam wie durch eine Nabelschnur mit dem Staate und seiner Bürokratie verbunden: Ihr Haushalt ist Teil des Staatshaushalts und wird im jeweiligen Landesparlament beraten und verabschiedet. Ihr Personal ist zugleich staatsbedienstet.

Ihre Verwaltung unter dem Kanzler ist Staatsbürokratie unter den Richtlinien der Reichshaushaltsordnung und unter der Kontrolle der Landesrechnungshöfe. Diese Verwaltung, gleichsam die Exekutive der Körperschaft, ist das Rückgrat der Hochschulen. Sie führt die Direktiven aus, die die sog. Selbstverwaltungsgremien der Hochschulen beschlossen haben, noch mehr aber die allgemeinen staatlichen Gesetze und die Erlasse und Weisungen der Kultusministerien. Überdies befindet sie sich in einem ständigen Expansionsprozeß. Immer mehr Aufgaben werden von ihr übernommen oder ihr überlassen, darunter auch die ehemaligen „akademischen Angelegenheiten" der Fakultäten und Institute, mit deren Verwaltung die Hochschullehrer und ihre Sekretariate ohnehin mehr und mehr überlastet und oft überfordert sind.

Die Zukunft muß zeigen, ob es den Hochschulen gelingen wird, ihren Autonomieanspruch auch in einer „Einheitsverwaltung" unter der Kontrolle demokratischer paritätischer Selbstverwaltungsorgane wirksam und überzeugend einzulösen. Nur lange Zeitläufte können erweisen, ob die Ersetzung des Prinzips der Wissenschaftsselbstverwaltung durch Wissenschaftler durch dasjenige der Mitbestimmung aller Hochschulangehörigen ebenfalls oder besser den Hochschulaufgaben der Wissenschaftspflege und höheren Berufsausbildung gerecht werden kann. Historische Erfahrungen sprechen keineswegs dagegen, daß diese Aufgaben auch von einer kompetenten Minsterialbürokratie „anstaltlich" und ohne Reibungsverluste demokratischer Selbstverwaltungsgremien effektiv und fruchtbar wahrgenommen werden können. Manche Pläne für die Errichtung von Gesamthochschulen weisen in diese Richtung der anstaltlichen Organisation des gesamten tertiären Bildungswesens.

Die Willensbildung grundsätzlichster Art innerhalb der Hochschulen findet in der *Grundversammlung* statt, die verschieden benannt wird: Konvent, Konzil, großer Senat, Parlament oder ähnlich. Hier werden die Satzungen (oft euphemistisch „Verfassungen" genannt) beschlossen oder geändert (deren Inkrafttreten freilich der Genehmigung des zuständigen Ministers bedarf) oder Angelegenheiten grundsätzlicher

Bedeutung für die Hochschule, für die kein sonstiges Gremium kompetent erscheint, beraten und entschieden und die Wahlen des Rektors oder Präsidenten und evtl. der Mitglieder besonderer Gremien durchgeführt. Im Bewußtsein der meisten Hochschulangehörigen besitzt dies Gremium die Souveränität des staatlichen Parlamentes oder des alten Reichstages. Bis vor wenigen Jahren bestand es in der Regel aus der Gesamtheit der ordentlichen Professoren, zu denen an einzelnen Hochschulen Vertreter der Nichtordinarien, jedenfalls ebenfalls Hochschullehrer, hinzugenommen wurden. Zweifellos entsprach die Konstruktion, daß die Ordinarien in diesem vornehmsten Hochschulgremium von Amts wegen Mitglied sind, dem Prinzip der Selbstverwaltung der Wissenschaft durch die Wissenschaftler und der unverzichtbaren Verantwortlichkeit jedes einzelnen Lehrstuhlinhabers für die ganze Hochschule. Aber unleugbar ist einerseits die rein wissenschaftliche oder akademische Selbstverwaltungsrelevanz auch dieses Gremiums gegenüber der allgemeinen Verwaltung immer geringer, andererseits die Gelegenheit zur Einlösung wissenschaftlicher Verantwortlichkeit des einzelnen Lehrstuhlinhabers angesichts des anonymen Großbetriebs Universität immer spärlicher geworden. Das Prinzip der Wissenschaftsselbstverwaltung durch Wissenschaftler ist in den neueren Hochschulgesetzen und ihren Rahmenbestimmungen und ebenso in den neuen Satzungen überall implizit durch das demokratische Prinzip der Mitbestimmung aller an der Hochschule Tätigen ersetzt worden. Die faktischen neuen oder vorgesehenen Beteiligungsverhältnisse (Paritäten) der Gruppen schwanken zwischen einer Halb- oder Drittelparität für die Hochschullehrer und entsprechender, sehr divergierender Aufteilung der restlichen Sitze zwischen den übrigen im vorigen Abschnitt genannten Gruppen. Das bedeutet zugleich die Einführung des Delegationsprinzips für alle Gruppen, da die amtliche Mitgliedschaft einer Gruppe das Gremium größenmäßig arbeitsunfähig machen würde.

Für die Beratung und Beschlußfassung in den laufenden Geschäften zentraler Bedeutung gibt es den *Senat*, oft auch Kleiner Senat im Unterschied zum Großen Senat genannt.

Er berät den Haushaltsplan der Hochschule und stellt ihn fest, er entwickelt Struktur- und Ausbaupläne, genehmigt die Berufungsvorschläge für Hochschullehrer der einzelnen Fakultäten oder Fachbereiche, koordiniert und genehmigt Prüfungsordnungen, Teilsatzungen und Geschäftsordnungen der übrigen Hochschulorgane und -institutionen, er führt die Oberaufsicht über „zentrale" akademische Einrichtungen wie Bibliothek und Rechenzentrum, er berät und kontrolliert den Rektor oder Präsidenten, kreiert Ehrensenatoren und Ehrenbürger und wird zuweilen auch Appellationsinstanz in Streitfragen nachgeordneter Einrichtungen. In seiner Arbeit wird er unterstützt auf der einen Seite durch die Verwaltung, auf der anderen durch ständige oder ad hoc einzurichtende Kommissionen oder Ausschüsse, die seine Entscheidungen vorbereiten. Dabei zeigen vor allem die Kommissionen für Haushalt und Personal, Bau- und Strukturfragen, die in der Regel ständige Kommissionen sind, Verselbständigungstendenzen und werden in vielen Hochschulsatzungen zu Entscheidungsorganen eigener Kompetenz neben den Senaten.

Den Senaten gehörten früher neben Rektor und Prorektor satzungsgemäß die Dekane und Prodekane der Fakultäten und für jede Fakultät ein oder zwei weitere aus den Fakultäten gewählte Professoren an. Ihre Amtszeit belief sich meist auf ein Jahr. Da die Senate in der Regel im Semester einmal oder zweimal pro Monat tagten, bei früher vielleicht vier- bis sechsstündiger, heute verbreitet bis zu acht- und zwölfstündiger Sitzungszeit, stellt die Mitarbeit im Senat für die Senatoren gewöhnlich eine Verurteilung zu fast hauptamtlicher Selbstverwaltung dar. Auch bei den Senaten ist aber inzwischen das Prinzip der Wissenschaftsselbstverwaltung durch Wissenschaftler zugunsten des Prinzips demokratischer Mitbestimmung aller Hochschulangehörigen aufgegeben worden, die mit wechselnden Paritäten in die Senate und ihre Kommissionen einrücken.

An der Spitze der Hochschule steht der *Rektor* bzw. das *Rektorat* oder neuerdings auch ein *Präsident* (nach amerikanischem Vorbild). Der Rektor führt die Beschlüsse der Selbstverwaltungsgremien aus, bereitet deren Sitzungen vor und leitet sie, kontrolliert die Gesetzmäßigkeit der Verwaltungsakte und Tätigkeit der Hochschuleinrichtungen und repräsentiert die Hochschule nach außen und innen. Er wurde früher für ein Jahr aus der Reihe der Professoren gewählt und amtierte danach gewöhnlich für ein weiteres Jahr als Prorektor, d.h. Stellvertreter und Berater des Rektors. In neuen Hochschulgesetzen und Satzungen wird die Hochschulspitze demgegenüber zuweilen modifiziert. In der „Rektoratsverfassung" ist an die Seite des Rektors, der immer noch Professor, zumindest Hochschullehrer sein muß, der Kanzler als Leiter der zentralen Verwaltung und der Prorektor getreten, die zusammen die Exekutivspitze bilden. In der „Präsidialverfassung" steht ein auf sechs oder zwölf Jahre gewählter Präsident, der Verwaltungserfahrung besitzen muß, als Dienstherr, Verwaltungschef und oberster Repräsentant der Hochschule alleine an der Spitze. Da eine Kandidatur für ein solches langjähriges hauptamtliches „Regierungsamt" für Hochschullehrer zwangsläufig das Ausscheiden aus der Wissenschaft bedeuten würde, wurden die Präsidenten bisher aus den Reihen der wissenschaftlichen Mitarbeiter der Hochschulen (Hamburg, FU Berlin) oder der hohen Ministerialbürokratie und Kanzler (Marburg) gewählt. Für Wirtschaftsmanager, an die man bei den Reformen dachte, hat das Präsidentenamt bisher noch keine Anziehungskraft bewiesen, wohl aus Gründen indiskutabler Besoldung.

Von den bisher genannten zentralen Selbstverwaltungsorganen der Hochschule nimmt der durchschnittliche Studierende im allgemeinen wenig Notiz, oft erfährt er nicht einmal ihre Existenz, da sie gewöhnlich noch unter Ausschluß der Öffentlichkeit tagen und auch immer weniger mit festlichem Gepränge aus Anlaß akademischer Feiern (z. B. Rektoratsübergabe) in der Öffentlichkeit erscheinen. Viel näher stehen ihm dagegen die eigentlichen wissenschaftlichen Organe und Einrichtungen der Hochschule, aus denen jene ursprünglich entstanden sind: die *Fakultäten* und neuerdings *Fachbereiche*.

Man muß hier jeweils die engere und weitere Fakultät und den engeren und weiteren Fachbereich unterscheiden. Die engeren Fakultäten bzw. Fachbereiche sind akademische Selbstverwaltungsgremien innerhalb der Hochschulen, die weiteren der Inbegriff des in einer Fakultät oder im Fachbereich tätigen Personals und ihrer Fachstudenten. Die alten Fakultäten waren „zünftig“ organisierte Gilden der Lehrstuhlinhaber, die das Studium, die Forschung und die Lehre ihrer jeweiligen Wissenschaften in den klassischen (Medizin, Jurisprudenz, Theologie, Philosophie) und in den neueren Wissenschaftsgebieten (mathematisch-naturwissenschaftliche, wirtschaftswissenschaftliche, technische usw.) zu gewährleisten und zu verwalten hatten. Sie kooptierten ihre Mitglieder auf Grund wissenschaftlicher Leistungen (Habilitation, vgl. Abschn. 4) und ausgefeilter Berufungsverfahren, in denen sie, jedenfalls dem Prinzip nach, in der Konkurrenz mit ihren Schwesterfakultäten sich gegenseitig die besten Wissenschaftler und Nachwuchskräfte abwarben (das Verfahren hat heute bei den Fußballvereinen ein gewisses Pendant). Die dergestalt durch besondere Berufungsvereinbarungen über persönliche Bezüge und Ausstattung ihrer Arbeitsmöglichkeiten mit Personal und Sachmitteln in die Fakultäten gewonnenen Lehrstuhlinhaber repräsentierten dann auf Grund ihrer persönlichen Anziehungskraft für die Studierenden, ihrer wissenschaftlichen Produktion, ihrer Nachwuchspolitik und der Organisation ihrer Forschungs- und Lehrinstitute (Bibliotheken, Labors) bei ihren Lehrstühlen den Kurswert ihres Faches innerhalb ihrer Fakultät und nach außen hin. Die Kehrseite dieses idealen Bildes personifizierter Wissenschaft war mit zunehmender institutioneller Ausgestaltung der Wissenschaften eine ebenso persönliche und darum vielgestaltige Ordinarienherrschaft, die sich immer weiter ausdehnte. Die Souveränität der Ordinarien in ihrem wissenschaftlichen Bereiche war lediglich durch die kollegiale Verantwortlichkeit in der Fakultät beschränkt.

Als Selbstverwaltungsorgan trat (und tritt) die engere Fakultät – ebenso wie der Senat – zu regelmäßigen Fakultätssitzungen unter Leitung des Dekans, des Geschäftsführers und Exekutors der Fakultätsbeschlüsse, zusammen. Sie stellt – als ihre vornehmste Aufgabe – Berufungslisten für die Besetzung der Hochschullehrerstellen auf, in denen nach eingehender Prüfung der Veröffentlichungen durch besondere Berufungskommissionen und meist gutachtlicher Befragung der Fachkollegenschaft gewöhnlich drei Kandidaten dem Minister zur Berufung vorgeschlagen werden. Sie berät den sie betreffenden Teil des Universitätshaushaltes und weist die Mittel zu, sie stellt Prüfungsordnungen der Fakultät auf oder nimmt zu denen staatlicher Instanzen (vgl. Abschnitt 4) Stellung, sie habilitiert, promoviert, vergibt die entsprechenden wissenschaftlichen und Ehrentitel, entscheidet über Studienpläne und -gänge und koordiniert sie in ihrem Bereiche. Sie wählt aus sich den Dekan und den Prodekan als Stellvertreter sowie ihre Vertreter im Senat oder in Hochschulübergreifenden Gremien (Fakultätentag, Planungskommissionen bei den Ministerien usw.).

Die Spezialisierung der Wissenschaften, das entsprechende Anwachsen der Zahl der Lehrstühle und schließlich die Aufnahme von Gruppenvertretern in die engeren Fakultäten hat diese zu immer weniger arbeitsfähigen Abstimmungsversammlungen gemacht, deren wesentliche Deliberationsarbeit zumeist in die Kommissionen oder inoffizielle Gruppierungen („Mauschelkartelle") verlagert wurde. So haben die neueren Reformsatzungen überall die Teilung der Fakultäten in Subfakultäten oder in Fachbereiche (amerikanisch: Departments) initiiert. Die dadurch neu entstehenden Probleme sind weit davon entfernt, gemeistert oder auch nur einhellig gewürdigt zu werden. Sie verbinden sich zudem mit den hier in diesen „wissenschaftsnahen" Organen viel heikleren Problemen, die die Ablösung des Prinzips der Selbstverwaltung der Wissenschaft durch Wissenschaftler durch dasjenige der demokratischen Mitbestimmung aller Hochschulangehörigen mit oder ohne Kautelen aufgeworfen hat.

Die altüberkommenen Rivalitäten im „Streit der Fakultäten" (Kant), vor allem zwischen Natur- und Geisteswissenschaften und ihrem jeweiligen Wissenschaftsanspruch und -verständnis, werden vielleicht aufhören, aber die interne Wissenschaftspolitik in den Hochschulen mag dafür immer mehr von taktischen und strategischen Kalkülen sehr heterogener Fachbereiche bestimmt werden, die als schwergewichtige „lehrintensive“ Massenfächer der Berufsausbildung, als „politische“ oder „didaktische“ Modefächer oder als resignierende „kleine“ Luxusfächer in wechselnden Konstellationen zusammengespannt werden. Wo es auch für die Hochschullehrer eingeführt ist, hat das Delegationsprinzip viele Hochschullehrer aus der Verantwortung und Verpflichtung der Selbstverwaltung entlassen oder auf gelegentliche Abstimmungen in Fachbereichsversammlungen — die analog den Grundversammlungen der Gesamthochschule existieren können — beschränkt. Da die Fachbereiche ebenso autonom wie die alten Fakultäten sind, entwickeln sich ihre neuen Fachprüfungsordnungen und ihre Anforderungen bis hin zur Promotion und Habilitation leicht auseinander, was durch die allgemein beibehaltenen alten Fakultätsbezeichnungen in den Graden (Dr. phil., M. A.) nur zu leicht verschleiert wird. Hier wird man in Zukunft noch viele Erfahrungen zur Lösung der anstehenden Probleme sammeln müssen.

Die eigentlichen Forschungs- und Studieneinrichtungen der Fakultäten und Fachbereiche sind die neuerdings sog. *Betriebseinheiten.* Zum überwiegenden Teil sind es noch die wissenschaftlichen Institute, Seminare und Kliniken der Hochschulen (oder „an der Hochschule“, sofern sie von hochschulexternen Trägergesellschaften finanziert und nur durch die Hochschule kontrolliert werden). Hier befinden sich die Arbeitsplätze des wissenschaftlichen Personals und der Studierenden, hier sind die Fachbibliotheken und die Apparaturen des jeweiligen Faches aufgestellt, im medizinischen Bereich gehören dazu die Versorgungseinrichtungen der Patienten. Unterschiedliche Ausstattung, Größe und wissenschaftlicher Ruf dieser Einrichtungen ist in den meisten Fällen noch durchaus Reflex des Prestiges der an ihnen tätigen Hochschullehrer, die oft auch zugleich deren Direktoren sind. Im Zuge der Hochschulreformen unterliegt auch ihre Leitung den mannigfaltigsten Experimenten der Mitbestimmung „an der Basis“. Der Zersplitterung der Mittel in vielen kleinen Fachinstituten mit allen Folgen der Mehrfachanschaffungen, Personalhortung (nach dem Peterschen Gesetz) und des „Wildwuchses“ der Investitionen wird mehr und mehr durch Zusammenlegung dieser Einrichtungen zu interdisziplinären Betriebseinheiten (besonders bei den Neugründungen) oder gar *„zentralen Einrichtung"* gegengesteuert. Solche zentralen Einrichtungen sind herkömmlicher Weise die die einzelnen Fakultäten übergreifenden wissenschaftlichen Einrichtungen: Hochschulbibliothek, Rechenzentrum, gegebenenfalls Sportzentrum, die darum auch der Kontrolle der Senate und nicht der Fakultäten unterstehen. Auch hier wird mit den verschiedensten Modellen experimentiert.

Neben diesen wissenschaftlichen und der Wissenschaftsverwaltung dienenden Einrichtungen gibt es noch eine ganze Reihe *nichtwissenschaftlicher Einrichtungen,* die nach außen hin das Gesicht der Hochschulen stark bestimmen: Stipendien- und Förderungsämter („Studentenwerk"), Studenten- und Dozentenheime, Gästehäuser, Sportklubs, Verbindungen, Stiftungen usw. Viele davon haben sich als die „eigenen Angelegenheiten" der Studentenschaft entwickelt und werden gegebenenfalls als eingetragene Vereine in Kooperation mit den Hochschulverwaltungen von der Studentenschaft mitgetragen.

Die *Studentenschaft* selber war und ist noch in den meisten Hochschulen eine durchaus privilegierte Einrichtung. Aus den alten „Nationen" und „Landsmannschaften" entstanden, hat sie an den deutschen Universitäten durchweg eigenes Korporationsrecht mit eigener Satzungskompetenz und Beitragshoheit als Teilkörperschaft der Körperschaft Hochschule erhalten. Dem entspricht – wie eingangs erwähnt – ihre Verfassung als Kleinstaat im Staate mit eigenen Vollversammlungen, Parlamenten, Rechtsausschüssen und Exekutiven, den sog. AStAs (Allgemeine Studenten-Ausschüsse), eigenem Wahlrecht, eigener „Innen- und Außenpolitik" bis hin zur Verfechtung des politischen Mandats für ihre Gruppenvertretung, d. h. des Rechts des politischen Votums im Namen aller Studenten auch in außeruniversitären gesellschaftlichen Angelegenheiten, das ursprünglich die Fakultäten selber für ihre „Fakultätsgutachten" besaßen. Ihre Selbstverwaltung hat ihre Grenze nur in der Rechtsaufsicht der Universitätsspitze und des Ministers, bietet infolgedessen der Aktivität und Selbständigkeit der Studierenden einen großen Freiraum.

Studentische Innenpolitik in diesem Freiraum bestand und besteht – entsprechend wiederum den Gebräuchen in der politischen Gemeinde – vor allem auch darin, den studentischen Selbstverwaltungsapparat in die Hand zu bekommen. Darum bewerben sich bekanntlich angesichts breiter hochschulpolitisch und institutionell weitgehend uninteressierter und lethargischer Studentenmassen die vorn genannten politischen Studentenverbände oder einzelne engagierte studentische Persönlichkeiten, die dann oft auch bei relativ geringer Wahlbeteiligung (zwischen 30 und 40 %) zum Zuge kommen.

Das Verhältnis dieser sog. verfaßten Studentenschaft zur Hochschule, die ja ursprünglich, wie geschildert, eine ebenso verfaßte „zünftige" Angelegenheit der Fakultätskorporationen der Hochschullehrer war, gestaltete sich jahrhundertelang gemäß einem stillschweigenden Vertrag der Nichteinmischung in die Angelegenheiten der anderen Seite. Gravamina oder Anregungen wurden auf dem Verhandlungswege zwischen den Repräsentanten behandelt, wobei die Androhung oder Verwirklichung des Abzugs der Studentenschaft von der Hochschule oder des Boykotts einzelner Hochschullehrer (der diesen die Existenzgrundlagen abschnitt), andererseits verschärfte Prüfungsmaßnahmen oder akademische Sanktionen einschließlich der Relegation einzelner Studierender von der Hochschule durchaus als Argumente galten. Dieses Verhältnis hat sich inzwischen grundlegend gewandelt. Im Zuge der Integration aller Hochschulangehörigen in die Hochschule und unter dem Prinzip der Mitbestimmung derselben in allen Selbstverwaltungsgremien entsendet die Studentenschaft ihre Repräsentanten in die einstmaligen Hochschullehrergremien. Für die Ausschöpfung des Mitbestimmungsrechts ist sie gezwungen, auf allen Ebenen der Selbstverwaltung Wahlen durchzuführen und selber Gremien zu bilden, die sich nur noch schwer überschauen lassen. Auf der Ebene der Betriebseinheiten bzw. Institute und Seminare werden „Basisgruppen" oder Institutsvertretungen, auf der der Fachbereiche „Fachschaften", auf der noch bestehender Fakultäten „Fakultätsausschüsse", für die Senate Senatsvertretungen gewählt und in die entsprechenden Selbstverwaltungsgremien entsandt. Je nach örtlicher Satzung wird das Studentenparlament oder der AStA mitbefaßt.

Die mehr oder weniger stark verwirklichte Integration der Studentenschaft in die Hochschulselbstverwaltung hat in den neuesten Reformüberlegungen Zweifel an der weiteren Berechtigung des Privilegs der teilkörperschaftlichen Organisation der Studentenschaft hervorgerufen, zumal den sich inoffiziell allmählich überall konstituierenden Verbindungen der anderen Gruppen – Ordinarien-, Nichtordinarien-, Assistentenkonvente – dieses Recht bisher nicht eingeräumt wurde.

Ob die Gruppenunterschiede in der Verwirklichung sachlicher paritätischer Zusammenarbeit irrelevant werden – wofür vieles spricht – oder ob die sog. Versäulung der Hochschulangehörigen und damit der Antagonismus zwischen den Gruppen zunimmt, muß die Zukunft erweisen.

d) Die akademische Freiheit und das Prinzip der Einheit von Forschung und Lehre

Das Bild der Hochschule wäre unvollständig, würden nicht diese beiden konstitutiven Prinzipien genannt, die traditionellerweise das Wesen der Universitäten besonders in Deutschland bestimmt haben. Auch sie haben sowohl in der Geschichte wie in den gegenwärtigen Reformbestrebungen unterschiedliche Interpretationen erfahren und sind insgesamt nichts weniger als unumstritten.

Die akademische Freiheit – wie die Freiheit überhaupt – war ursprünglich und ist auch heute noch wesentlich eine soziale Erscheinung: die Exemption aus bestimmten sozialen und rechtlichen Bindungen. Diese wurde ehedem durch kaiserliches oder päpstliches Privileg, heute wird sie durch die Verfassungsgarantie der Freiheit von Kunst und Wissenschaft, Forschung und Lehre (z.B. Grundgesetz der BRD Art. 5 Abs. 3) und andere allgemeine Grundrechte ausgesprochen. Die Verleihung solcher Freiheiten entzog den Beliehenen der Herrschaftsgewalt und der Jurisdiktion der in seinem territorialen Bereich zuständigen nachgeordneten Mächte und verpflichtete ihn unmittelbar dem verleihenden geistlichen oder weltlichen Souverän. Ebenso entzieht die erwähnte Verfassungsgarantie das geschützte Rechtsgut der Eingriffsmöglichkeit der sonst zuständigen staatlichen Gewalt und unterstellt es der Verfassung (GG Art. 5,3 Satz 2: „Die Freiheit der Lehre entbindet nicht von der Treue zur Verfassung"). So also das Prinzip, aus dem sich noch jetzt die körperschaftliche Autonomie der Hochschulen herleitet.

Als Delegation von Teilrechten des Souveräns – nämlich der Verwaltung der Wissenschaft und höheren Ausbildung – schlugen sich die akademischen „Freiheiten" in verschiedenen Gestaltungsrechten und Pflichten nieder. Die Hochschulen hatten zunächst das ganze (höhere) Ausbildungswesen zu verwalten („Selbstverwaltung"). Sie hatten den von der ordentlichen Gerichtsbarkeit ausgenommenen Bereich der Hochschule und ihrer Mitglieder justiziell zu organisieren. Das erforderte eine eigene akademische Gerichtsbarkeit und Sanktionsorgane, die in Deutschland auch bis 1879 die bürgerliche und strafrechtliche Rechtspflege gegen die Professoren, Studenten und das Universitätspersonal wahrnahmen. Es ist für das bedienstete Personal inzwischen durch das staatliche Disziplinarrecht weitgehend ersetzt worden und wird nur als „Ordnungsrecht" gegenüber den nichtbediensteten Angehörigen der Hochschulen, also den Studenten noch z. T. ausgeübt, ist aber heftig umstritten. Des weiteren war in der akademischen Freiheit enthalten das Recht der Koalition, auf welches sich die Korporationen der Professoren (Fakultäten) und Studenten (Nationen, Landsmannschaften, Burschenschaften, Verbindungen, „Korporationen") stützten. Früher ein starkes Vorrecht, ist es heute allgemeines Grundrecht geworden. Das gleiche gilt vom Rechte der Freizügigkeit, welches in einer allgemein seßhaften und gegen wandernde Scholaren und Gelehrte mißtrauischen Umgebung einst ein besonderes Privileg darstellte. Es ist heute als „Freiheit der Wahl des Hochschulortes" durch Studienbeschränkungen und Kapazitätsmängel („numerus clausus") stark eingeschränkt und heftig umstritten. Ebenso kann das Recht der gutachtlichen Meinungsäußerung der Hochschulen zu den alten akademischen Freiheiten gerechnet werden („Fakultätsgutachten").

Es wird jedoch angesichts einer kompetenten öffentlichen Meinung und vieler offensichtlicher Fehlleistungen (z. B. Kundgebungen und Ergebenheitsadressen der Hochschulen im Dritten Reich) sehr zurückhaltend ausgeübt (vgl. Manifest der Atomphysiker zur Atombewaffnung der BRD). In der Forderung des „politischen Mandats" der Studentenschaft hat es jedoch eine von den verschiedensten Seiten stark bekämpfte Wiederbelebung erfahren.

Außer diesen, in ihrem Gewicht oft verkannten akademischen Freiheiten, ist last not least die akademische Lehr- und Lernfreiheit zu nennen, an welche man bei Erwähnung des Begriffs der akademischen Freiheit zunächst und fast ausschließlich denkt. Auch an ihnen hat der Zahn der Zeit des öfteren genagt. Die Lernfreiheit der Studierenden bedeutet das Recht, sich Anlage und Aufbau des Studiums selber frei zu gestalten, sich also aus dem Lehrangebot der Hochschule das auszuwählen, was jeweils interessiert und womit man die Abschlußprüfungen zu bestehen hofft. Es ist durch Studienpläne, detaillierte Prüfungsordnungen und Reglementierung der Studienzeiten immer wieder und heute erst recht beschränkt, in manchen Disziplinen dadurch sogar vernichtet worden. Statutenmäßig gewinnt jedoch auch heute noch der Student durch die Immatrikulation bei der Hochschule das Recht, Vorlesungen aus allen Wissenschaften (die nicht durch besonderen Senatsbeschluß ausgenommen sind, z. B. Gynäkologie) zu hören. Aus der Respektierung dieses Rechts resultiert auch die Tatsache, daß für sehr viele Studiengänge besonders der Philosophischen Fakultät (und hier besonders für die akademischen Abschlußprüfungen) keine Studienordnungen und -Pläne oder doch nur allgemeine Vorschläge und Empfehlungen für die Anlage des Studiums bestehen. Der Ruf nach Effizienzsteigerung des Studiums, der Andrang großer Studentenmassen und die allgemeine „Verschulung" des Hochschulstudiums läßt auch dieser Art von akademischer Freiheit wenig Zukunftschancen, und ihre Anhänger werden sich schwer tun, wenigstens für die besten Köpfe neue Äquivalente zu erfinden. Zweifellos war ihr bedeutendster Effekt, daß die deutsche akademische Ausbildung besonders in den

Philosophischen Fakultäten außerordentlich vielgestaltige Interessen und Anlagen zum Zuge brachte, was nunmehr wohl zugunsten des „Einheitstyps“ mehr und mehr zurücktritt.

Die Freiheit der Lehre, heute direkt grundgesetzlich geschützt (und als solche sehr wohl vom „Unterricht“ des Primär- und Sekundärschulwesens zu unterscheiden) war ein immer prekäres Recht der ordentlichen Professoren, ihr Fach „in angemessenem Umfang“ (heute mindestens sechs Stunden Vorlesungen oder Übungen) und wie es ihnen zweckmäßig erschien zu vertreten und darüber hinaus – so noch in vielen Universitätsstatuten niedergelegt – Vorlesungen in allen Wissensgebieten zu halten. Letzteres wird im Zeitalter des Spezialistentums kaum noch ausgeübt, es sei denn von einigen Philosophen, besonders Wissenschaftstheoretikern, und von manchen Soziologen, Politologen, Psychologen (Psychoanalytikern) und Pädagogen, die den Vorwurf des Dilettantismus nicht scheuen[1]. Der Inhalt dieses akademischen Freiheitsrechtes, alleine der Wahrheit zu dienen, ist in der Praxis immer durch Dienstverpflichtungen gegenüber anderen Auftraggebern kontaminiert worden: Kirchen, Berufsverbände, staatliche Behörden oder einflußreiche Studentengruppen hatten und haben sehr oft sehr entschiedene Vorstellungen über die „rechte Lehre“, die sich in den mit ihnen auszuhandelnden oder von ihnen oktroyierten Prüfungsordnungen niederschlagen, falls sie nicht den eleganteren Weg der Einflußnahme auf die Rekrutierung des Lehrpersonals nehmen. Auch die obengenannte Tendenz zur Verschulung, die in anderen Ländern wie etwa Frankreich und UdSSR schon immer stark gewesen ist, wirkt mit der Einführung von Studienplänen, Curricula und Stoffkatalogen, die die Lehrenden auszufüllen und zu befolgen haben, einschränkend auf die akademische

[1] Die Bundesassistentenkonferenz scheint dies brachliegende Recht neuerdings zu ihrer Sache machen zu wollen, wenn sie zum Merkmal wissenschaftlichen Verhaltens erklärt: „Mut zum erklärten Dilettantismus: informed guesses, Hypothesen auf der Grundlage begrenzter Information, Vermeidung von Fachidiotentum“ (Kreuznacher Hochschulkonzept, These 14, in: Schriften der BAK 1, Bonn 1968, S. 14).

Lehrfreiheit. Sie wurde aber und wird wohl auch in Zukunft bei aller Gefährdung durch solche formalen und inhaltlichen Beeinträchtigungen immer wieder nur durch den Mut und die Unbestechlichkeit einzelner Hochschullehrer erhalten, die mit unerschrockenem Bekenntnis ihre Einsichten aussprachen und ihrem Berufsstand einst den Namen gaben. [2]

Kommen wir zum Schluß dieses Abschnittes noch zu dem Prinzip der Einheit von Forschung und Lehre, das mit dem der akademischen Lehrfreiheit sehr eng verknüpft ist. Dieses Prinzip wurde erst durch Wilhelm von Humboldt für die Berliner Universitätsgründung im Jahre 1810, die heute seinen Namen trägt, formuliert. Andere Länder haben es übernommen oder kennen es nicht. Nach diesem Prinzip soll nur derjenige an Universitäten lehren, der auch forscht, und umgekehrt. Zweifellos haben sich die erfolgreichsten und berühmtesten Universitätslehrer in aller Welt und zu allen Zeiten durch das Prinzip bestimmen lassen, welches ihnen auf Grund ihrer Forschung unerschütterliche Fachautorität, auf Grund ihrer Lehre unter dem heilsamen Zwang zur Verständlichkeit die Geschicklichkeit der gediegenen Artikulation verleiht. Daß es von Humboldt für alle Hochschullehrer und nicht nur für die Spitzenkräfte verbindlich gemacht wurde, hat ausschlaggebend für den anerkannten Vorsprung der deutschen Universitätswissenschaft im 19. Jahrhundert und die Ausstrahlung ihres Systems auf andere Gründungen, besonders in den USA, gewirkt. Zeitweise schlug es sogar auf den gymnasialen Unterricht durch, wie die zahlreichen Veröffentlichungen gymnasialer Lehrkräfte in den wissenschaftlichen Zeitschriften des 19. Jahrhunderts zeigen. Heute kann man eher umgekehrte Tendenzen feststellen, die schon als „Verschulung“ der Hochschullehre angesprochen worden sind. Sie bedeuten das Auseinandertreten von Lehr- und Forschungstätigkeit. Nicht zuletzt ist dies auch dadurch bedingt, daß die Hochschulen in vielen Teilen ihres Lehrprogrammes gymna-

[2] „Professor“ von lat. publice profiteri = bekennen, lehren. Die Volksetymologie, die den Namen mit einem ähnlichen lateinischen Wort zusammenbringt, hat nur in wenigen Fächern einen Schein sachlicher Berechtigung.

siale Unterrichtsaufgaben und das entsprechende Lehrpersonal von den Gymnasien (Studienräte im Hochschuldienst, Studienprofessoren, Lektoren) übernommen haben. (So besteht ein Philologiestudium, welches Sprachkenntnisse voraussetzt, zu großen Teilen aus reinem Spracherlernen, was ebensogut oder besser im neunjährigen Gymnasialunterricht oder an Volkshochschulen und in Berlitz-Schools zu absolvieren wäre.)

Selbst wenn also der Grundsatz der Einheit von Forschung und Lehre nicht mehr überall und für alle an der Hochschule tätigen Lehrpersonen aufrecht erhalten werden kann, so wird doch auch in Zukunft von seiner prinzipiellen Geltung abhängen, ob die Hochschulen Hochschulen bleiben oder ob sie auch zu „höheren" Schulen werden.

Bibliographien:

O. F. Wiegand, Hochschulreform, Hochschulgesetzgebung, Studienreform in der Bundesrepublik Deutschland. Eine Literaturübersicht (im Auftrag der Univ.-Bibliothek Kiel bearbeitet), Kiel (Universitätsbibliothek) 1970 (ca. 1600 Titel, seit 1960); W. Erman und E. Horn, Bibliographie der deutschen Universitäten. Systematisch geordnetes Verzeichnis der bis Ende 1899 gedruckten Bücher und Aufsätze über das deutsche Universitätswesen, 3 Teile, Leipzig 1904/1905 (Nachdruck Hildesheim 1965); Universitätsformen (Bibliographie) in: Institut für Hochschulkunde Würzburg, Bestände der Bibliothek, Würzburg 1962 ff. (Erscheinungsjahre 1736—1953).

Literatur zur Universität:

H. Rashdall, The universities of Europe in the middle ages, 3 Bde, 3. Aufl. Oxford 1936 (Nachdruck Oxford 1969); G. Kaufmann, Geschichte der deutschen Universitäten, 2 Bde, Stuttgart 1888—1896 (Nachdruck 1960); W. Thieme, Deutsches Hochschulrecht. Das Recht der wissenschaftlichen Hochschulen in der BRD und im Lande Berlin mit einem Überblick über das Hochschulrecht Österreichs, der Schweiz und der Niederlande sowie einem Anhang hochschulrechtlicher Rechtsquellen, Berlin-Köln 1956; W. Wengler und J. Tittel, Die Hochschulgesetze der Welt (Quellen zur Rechtsvergleichung Serie I), Berlin 1968 ff. (Loseblattsammlung).
Reform, Planung, Situation: Die Idee der deutschen Universität.

Die fünf Grundschriften aus der Zeit ihrer Neubegründung durch klassischen Idealismus und romantischen Realismus, Darmstadt 1956; R. Neuhaus (Hg.), Dokumente zur Hochschulreform 1945–1959, Wiesbaden 1961; ders., Dokumente zur Gründung neuer Hochschulen, Wiesbaden 1968; W. Nitsch, U. Gerhard, Cl. Offe und U. K. Preuß, Hochschule in der Demokratie. Kritische Beiträge zur Erbschaft und Reform der deutschen Universität, Berlin-Neuwied 1965; O. Rühle, Idee und Gestalt der deutschen Universität. Tradition und Aufgaben, Berlin 1966; J. Habermas, Protestbewegung und Hochschulreform, Frankfurt a. M. 1969; W. Hennis, Die deutsche Unruhe. Studien zur Hochschulpolitik (Zeitfragen Nr. 6), Hamburg 1969; St. Leibfried, Wider die Untertanenfabrik. Handbuch der Demokratisierung der Hochschule, Köln 1967; St. Leibfried, Die angepaßte Universität. Zur Situation der Hochschule in der Bundesrepublik und den USA, Frankfurt a. M. 1968; H. Schelsky, Einsamkeit und Freiheit. Idee und Gestalt der deutschen Universität und ihrer Reformen, Hamburg-Reinbek 1963; Mit dem Latein am Ende. Spiegel-Serie über Krise und Zukunft der deutschen Hochschulen, hg. v. M. W. Hentschel, Hamburg 1970; W. Schulz (Hg.), Was wird aus der Universität? Standpunkte zur Hochschulreform, Tübingen 1969; E. Heimendahl (Hg.) Die Zukunft der Universität. Lehre und Forschung oder Lehre und Verwaltung (Slg. Dialog 13), München 1966; W. A. Ch. Oehler, Materialien zur Entwicklung der Hochschulen 1950–1967 (Hochschulforschung 1, hg. v. Hochschul-Informations-System), Hannover-Döhren 1969; J. Hitpass und A. Mock, Die Entwicklung der Universitäten bis zum Jahr 2000. Modelle zur Hochschulplanung des Landes Nordrhein-Westfalen, Bielefeld 1969.

Verwaltung: Wissenschaftsrat (Hg.), Empfehlungen zur Struktur- und Verwaltungsorganisation der Universitäten, Tübingen 1968; L. Vogtmann (Hg.), Beiträge zur Hochschulverwaltung (Festgabe für Fr. Graf Stenbock-Fermor), Tübingen 1969; G. Kasper, H. Huber, K. Kaebsch, F. Senger (Hg.), Die deutsche Hochschulverwaltung, Berlin 1943; H. Gerber, O. Kimminich, H. J. Schuster (Hg.) Wissenschaftsrecht — Wissenschaftsverwaltung — Wissenschaftsförderung. Zeitschrift für Recht und Verwaltung der wissenschaftlichen Hochschulen und der wissenschaftspflegenden und -fördernden Organisationen und Stiftungen, Tübingen 1968 ff.

Institutionenübersicht: Deutsches Universitäts-Handbuch (BRD und DDR), Ausgabe 1969/70, 3 Bde, München 1969/1970; Internationales Universitäts-Handbuch, World Guide to Universities (auf 4 Bde berechnet), 1. Bd München 1971.

Forschung und Lehre: Die Einheit von Forschung und Lehre als Problem der modernen Hochschule. Mainzer Universitätsgespräche W. S. 1961 (darin bes.: Th. W. Adorno, Die Einheit von Forschung und Lehre unter den gesellschaftlichen Bedingungen des 19. und

20. Jahrhunderts); H. Plessner, Zur Soziologie der modernen Forschung und ihrer Organisation in der deutschen Universität, in: H. Plessner (Hg.), Untersuchungen zur Lage der deutschen Hochschullehrer, Bd. 1, Göttingen 1956; M. Weber, Wissenschaft als Beruf (1919), in: Gesammelte Aufsätze zur Wissenschaftslehre, hg. v. J. Winckelmann, 2. Aufl., Tübingen 1951.
Studium: Wissenschaftsrat (Hg.), Empfehlungen zur Neuordnung des Studiums in den wissenschaftlichen Hochschulen, Tübingen 1966; G. Tellenbach und R. Mielitz, Empfehlungen zur Neuordnung des Studiums in den philosophischen Fakultäten, mit einer Stellungnahme zu den Empfehlungen des Wissenschaftsrates, Göttingen 1966; H. Th. Jüchter, Studienreform 1966 (Schriften des VDS 6), Bonn 1967; C. F. van Parreren, J. Peek und E. Velema, Erfolgreich studieren. Praktische Hinweise für das Hochschulstudium, Wien-Freiburg-Basel 1969; Chr. Caselmann, Vom Abiturienten zum Studenten. Eine Einführung in das akademische Studium für die Studierenden der geisteswissenschaftlichen Fakultäten, Stuttgart 1964. (Vgl. auch den Anhang des vorliegenden Buches).

Literatur zur Lage der Hochschulangehörigen:

Studenten: H. H. Rupp und W. K. Geck, Die Stellung der Studenten in der Universität, Berlin 1968; Die deutschen Studenten. Der Kampf um die Hochschulreform, hg. v. H.-A. Jacobsen und H. Dollinger, München 1968 (Dokumentation mit Lit.-Verzeichnis); VDS (Hg.), Studenten und die neue Universität, 2. Aufl. Bonn 1966; R. Mielitz, Die Situation der Studienanfänger in der Philosophischen Fakultät, dargestellt am Beispiel der Philosophischen Fakultät Freiburg i. Br. (Sonderheft der neuen Sammlung 4), Göttingen 1967; H. Neuner, Die studentische Selbstverwaltung als Institut des geltenden Hochschulrechts und als Gegenstand von Reformbestrebungen (Münchner Jur. Diss.), Erlangen 1968. Vgl. auch: Argumente für eine verfaßte Studentenschaft (Schriftenreihe des ADS 2), Bonn 1969. *Lektoren:* G. Kandler, Aufgabenbereich und Stellung der Lektoren im Lehrkörper der Universitäten der Bundesrepublik, in: Deutsche Universitätszeitung 9 (1969), S. 3—5 und 12 (1969), S. 4—7; *Wiss. Assistenten:* P. Kaupp, Der Hochschulassistent und seine Probleme. Ergebnisse einer Umfrage an der Joh. Gutenberg-Universität Mainz, Stuttgart 1969; R. Czycholl, E. Diechtl, L. Fischer, D. Keese, P. Penzkofer und F. Walter, Ratgeber für wiss. Assistenten, Band 1 Bayern, 3. Aufl. München 1969; Band 2 Baden-Württemberg, München 1971 (wichtige allgemeine und für die genannten Länder speziellere Information zur Rechtslage und Versorgung der Assistenten); H. M. Schreiber, Aufgabe und Stellung der wiss. Assistenten. Zum Problem des akademischen Mittelbaus, Loccum 1968; U. Vogel, Wissenschaftliche Hilfskräfte. Eine Analyse der Lage der wissenschaftlichen Hilfskräfte an Universitäten der Bundesrepublik, untersucht am Beispiel der Universität Göttingen (Göttinger Abh. z. Soziologie 20), Stuttgart 1970. *Privatdozenten*: A. Busch, Die Geschichte des Privatdozenten. Eine soziologische Studie zur großbetrieblichen Entwicklung der deutschen Universitäten (Göttinger Abh. z. Soziologie 5), Stuttgart 1959. *Professoren:* H. Plessner (Hg.), Untersuchungen zur Lage der deutschen Hochschullehrer, 3 Bde, Göttingen 1956; H. Schelsky, Berufsbild und Berufswirklichkeit des Professors, in: P. Mikat u. H. Schelsky (Hg.) Grundzüge einer neuen Universität, Gütersloh 1966, S. 21—34; W. Bauermeister, Die Nichtordinarien (Schriften des Hochschulverbandes 23), Göttingen 1970; W. Weber, Die Rechtsstellung des deutschen Hochschullehrers (Schriften des Hochschulverbandes 1), 2. Aufl. Göttingen 1965; Wissenschaftsrat (Hg.), Empfehlungen zur Neugliederung des Lehrkörpers an wissenschaftlichen Hochschulen, Tübingen 1964.

2. Lehre

Die Lehre stellt die Vermittlung des in der Forschung akkumulierten Wissens im didaktischen Prozeß dar. Im Unterschied zum primären und sekundären Ausbildungsbereich (Primär- und Sekundärschulen) handelt es sich hier im tertiären Bereich im allgemeinen nicht um die Vermittlung des elementaren und konventionellen Kulturstandards an die heranwachsende Jugend — was man heute betonen muß —, sondern um die Umsetzung spezialisierten Erkenntniswissens mit allen seinen Vorläufigkeiten und Problematiken an Erwachsene, bei denen man das Innehaben des allgemeinen Bildungsstandards schon voraussetzen muß. Man verkennt das Wesen der akademischen Lehre gründlich, wenn man darin eine Fortsetzung gymnasialer Ausbildung sieht, wie es häufig geschieht.

Das Hauptproblem der Hochschullehre besteht in der Überbrückung des Abstandes zwischen der in historischen Synthesen verfügbaren und in der sekundären Ausbildung vermittelten Allgemeinbildung und der aktuellen und immer problematischen Forschungslage an der „Front der Forschung", die nur schwer und vorläufig in Synthesen zu fassen ist. Für den Anfänger im Hochschulbereich bedeutet das die Umstellung von einer Gewißheitserwartung, wie sie im sekundären Bildungssektor gepflegt wird, auf prinzipielle Verunsicherung des Wissens und der Erkenntnis. Dieser Übergang wird sehr oft nicht bewältigt und führt zu Frustration und Mißtrauen gegenüber der so als „charakterlos“ empfundenen Wissenschaft.

Allgemeines Kennzeichen der wissenschaftlichen Lehre im Unterschied zu handwerklicher, technischer und psychagogischer (religiöser, esoterischer) Vermittlung von Kenntnissen und Praktiken ist das demonstrierend-beweismäßige Verfahren. Dies im Gegensatz zum Verfahren der Einführung durch Nachahmung (imitatio) und Einübung in jenen Bereichen. Doch muß man feststellen, daß beträchtliche Wissenschaftsbereiche, vor allem in den „dogmatischen“ Disziplinen – deren Wissenschaftscharakter darum auch umstritten ist – sich auf weite Strecken des letztgenannten Verfahrens bedienen: so in Theologie, Jurisprudenz und praktischer Medizin sowie vielen technischen Disziplinen. Aber auch in der Philosophischen Fakultät läuft heute so mancherlei als wissenschaftliche Lehre, was sich eher als Einübung in einen Jargon mittels Nachahmung begreifen läßt.

Die Formen der Lehre an den Hochschulen sind bisher die Vorlesung und das Seminar gewesen. Heute wird mit mannigfachen Mischformen beider experimentiert.

Was die Vorlesung betrifft, so ist sie stets ein heilsamer Zwang gewesen, Forschungsresultate und die sie gewährleistenden Methoden in mehr oder weniger umfassenden Lehrsynthesen zu durchleuchten und zu artikulieren, d. h. aber immer auch, sie zu reflektieren. Kenner des „alten Stils“ haben dabei vor allem die anregenden Impulse der Lehre auf die Forschung betont, die von der Notwendigkeit ausgingen, die stets hochkomplizierte Forschungslage der relativen „Unvoreingenommenheit“ und im guten Sinne „naiven“ Denkweise und Kritik der Studenten auszusetzen. Die hohe Kunst der Systembildung in den scholastischen Summen, den Dogmatiken und Handbüchern der neuzeitlichen Wissenschaften hat darin ihren Ursprung. Sie war bisher das Mittel, das die abendländische Wissenschaft davor bewahrt hat, sich in nicht mehr kommunikables Spezialwissen auseinanderzuentwickeln. Die Überlegungen zur Hochschuldidaktik haben hieran anzuknüpfen. Erfolg oder Scheitern wird weitgehend davon abhängen, wie weit es gelingt, diesen Besonderheiten der Hochschullehre im Gegensatz zur Sekundärausbildung, die mit pädagogischen Mitteln der Kurrikulumforschung und Lernpsychologie leichter zu bewältigen ist, Rechnung zu tragen.

Von besonderer Bedeutung für die Hochschulen selber, wie aber auch für die Gesellschaft, ist die Verfassungsgarantie der „Freiheit von Forschung und Lehre" (Grundgesetz der BRD, Art. 5, 3), welcher neuerdings die studentische Forderung nach Garantie einer „Freiheit des Lernens" bzw. Studiums an die Seite gesetzt wird. Hier geht es weniger um die Wahrnehmung des obengenannten Teils der akademischen Freiheit als vielmehr um die Möglichkeit zur Einrichtung eigener studentischer Lehrveranstaltungen als Kontrast- oder Ergänzungsprogramm zum Lehrangebot der Hochschullehrer. Zur Begründung dient vor allem der Hinweis auf den angeblichen Forschungscharakter des Lernens („forschendes Lernen"). Die Diskussion um diese Fragen ist noch im Flusse, und sie berührt offensichtlich eine der Grundlagen der Wissenstradierung.

Literatur:

F. Paulsen, Geschichte des gelehrten Unterrichts auf den deutschen Schulen und Universitäten vom Ausgang des Mittelalters bis zur Gegenwart, 2 Bde, 3. Aufl. 1919—1921 (Nachdruck Berlin 1960); G. Kaufmann, Die Lehre an den deutschen Universitäten im 19. Jahrhundert, Leipzig 1898; H. Wehrhahn, Lehre und Verfassungstreue. Freiheit und Schranken wissenschaftlichen Lehrens nach Art. 5 Abs. 3 des Grundgesetzes der Bundesrepublik Deutschland, Tübingen 1955; Hochschuldidaktik, hg. v. Verband deutscher Studentenschaften, Bonn 1968 (mit Beiträgen von W. Corell, V. Gerhardt, H. v. Hentig, L. Huber, H. Th. Jüchter, H.-M. Saß, H. Seiffert, D. Spindler, C. H. Wagemann u. a.); H. Wenke, Die Vorlesung in Vergangenheit und Gegenwart des akademischen Unterrichts, in: didactica I, 3/4 (1967), S. 197—215 (auch in: Hochschulunterricht im Wandel, Göttingen 1967, S. 11—36); H. Prior, Formen des Hochschulunterrichts. Ergebnisse einer Umfrage (Blickpunkt Hochschuldidaktik 2),

Hamburg 1969; H. Seiffert, Hochschuldidaktik und Hochschulpolitik, Neuwied-Berlin 1969 (mit Bibliographie); M. Sader, B. Clemens-Lodde, H. Keil-Specht und A. Weingarten, Kleine Fibel zum Hochschulunterricht. Überlegungen, Ratschläge, Modelle, München 1970; N. L. Gage (Hg.), Handbook of research on teaching, 5. Aufl. Chicago 1967.

3. Seminar

Die Einrichtung des Seminars (lat.: Pflanzstätte) entstammt der Ausbildung der Theologen (noch heute: Priesterseminar), vor allem in der Gestalt der „Disputatorien" oder „academiae" ihres philosophischen Grundstudiums. Es wurde am Ende des 18. Jahrhunderts von Philologen für die praktische Ausbildung der Gymnasiallehrer übernommen und im Laufe des 19. Jahrhunderts in allen sog. Geisteswissenschaften verbreitet. In den Naturwissenschaften entspricht ihm das Praktikum.

Es geht hier um Vertiefung, Ergänzung, Prüfung und Diskussion des in der Lehre und im Selbststudium vermittelten Wissens und um das Vertrautmachen mit der instrumentellen Ausrüstung der Wissenschaft (Geräte, Bibliotheken, etc.). Sekundär wurde der Name „Seminar" auch auf die Behausung solcher Lehrveranstaltungen übertragen. Heute ist zweifellos jeder akademische Lehr- sowie Forschungsbetrieb um die institutionellen Seminare bzw. Institute zentriert.

Für die Teilnahme an Seminarveranstaltungen besteht gewöhnlich eine Stufung der Voraussetzungen unter Berücksichtigung des Ausbildungsstandes. Besondere Prüfungen (Aufnahmeprüfung, Hauptseminaraufnahmeprüfung, z. T. auch zentrale Zwischenprüfung) oder andere Leistungsnachweise (schriftliche Seminararbeiten, Protokolle von Sitzungen, aktive Diskussionsbeteiligung etc., die durch sog. „Scheine" bestätigt werden) berechtigen zum Eintritt in die Seminarveranstaltungen der entsprechenden Stufe. Jedoch wird dies System je nach Fachrichtung oder auch nach Andrang unterschiedlich gehandhabt. Für die Ausbildung in Hinsicht auf eine Staatsprüfung dürfte die Stufung in Pro- (Anfänger) und

Hauptseminare die verbreitetste sein. Daneben können Repetitorien, Tutorien, Ober- und Spezialseminare oder Kolloquien bestehen, die nur in weiterem Zusammenhang mit dem Lehrplan für die Berufsausbildung stehen. Sie geben vielmehr der Entfaltung besonderer Wissens- und Forschungsintentionen sowohl von Seiten des Lehrkörpers wie der Studenten Raum, etwa der Betreuung der Doktoranden oder der Diskussion anstehender aktueller Fragen. In allen diesen Veranstaltungen war ein Gegengewicht gegen die durch die obligatorische Vorlesung allzu leicht in die passive Konsumentenhaltung verwandelte Studienweise angezielt. Diese Passivität zu bekämpfen, die eigene Tätigkeit, Urteilsfähigkeit und Kritik anzuregen, war in den meisten Disziplinen der ausschlaggebende Grund für die Einrichtung der Seminare und Kolloquien. [3]

---

[3] Kritik an der vorwiegend vorlesungsmäßigen Hochschullehre, an mangelnder Hochschuldidaktik, Desinteresse der Studenten und Forderung nach Seminar- bzw. Kleingruppenarbeit datiert nicht erst von heute. „Unser Universitätsunterricht leidet daran, daß die systematisch darstellenden Vorlesungen vom Katheder herunter einen unverhältnismäßig großen Raum im Lehrplan einnehmen; sie beschränken bei der passiven Rezeptivität, die sie bedingen, die wesentlichste Aufgabe des Unterrichts, selbsttätig beobachten, denken und arbeiten zu lehren. Diese Aufgabe muß in den Vordergrund treten." (Ernst Bernheim, Der Universitätsunterricht und die Erfordernisse der Gegenwart, Berlin 1898, S. 70). Schon Bernheim hält den „Eindruck für unabweislich, daß sie (die Universitäten) in ihrer pädagogischen Entwicklung zurückgeblieben sind. Überall sonst sieht man in unserem Unterrichtswesen die Ansichten der großen Pädagogen dieses Jahrhunderts in die Praxis der Lehrmethoden übergeführt, deren Quintessenz ist, die eigene Denktätigkeit und das selbständige Anschauungsvermögen der Schüler zu wecken und großzuziehen . . . der Universitätsunterricht ist jedenfalls bisher am wenigsten davon ergriffen worden." (Ebd. S. 15) Als Folge dieses Mißstandes beklagt er: „die jugendliche Lust an der allseitigen Ausbildung zum erwählten Berufe ist vielfach einem lauen und flauen Wesen gewichen" (S 1), und er fordert als Gegenmaßnahme: „1. kurze Orientierungsvorlesungen . . ., 2. praktische Übungen von den ersten Semestern an . . ., 3. Kombination systematischer Darstellungen mit praktischen Übungen" (S. 73).

Während die Vorlesung gerade heute angesichts der enormen Hörerzahlen noch immer das ökonomischste Instrument der Wissensvermittlung bleiben dürfte, war und ist das Seminar von Hause aus auf die Kleingruppenarbeit abgestellt. Hier sollte ein persönlicher Kontakt zwischen Lehrer und Student möglich sein mit allen seinen Folgen für die jeweils persönliche Bewährung des Wissens und Könnens. Hier qualifiziert sich der Studierende in der eigenen Erarbeitung von Forschungsfragestellungen, der Darstellung von Problemsituationen und Forschungsresultaten sowie in der eigenen Bewertung und Würdigung und gegebenenfalls Weiterentwicklung der Problemstellung, welche sich im „Referat" über einschlägige Bücher und im Vortrag und der Vertretung eigener Thesen niederschlägt. Ebenso muß der Dozent – Tutor, Assistent oder Professor – in der Beurteilung des behandelten Gebietes und der vorgelegten Leistungen hier ständig sein eigenes Wissen und Können unter Beweis stellen. Die Überlastung des Lehrkörpers durch die auch hier sehr angeschwollenen Teilnehmerzahlen hat in vielen Disziplinen allerdings zur Denaturierung des Seminarbetriebs geführt, so daß auch von dieser Seite Mischformen zur Vorlesung hin entstanden sind, die oft die schwachen Seiten beider Einrichtungen potenzieren.

Vielfach wird gegenüber der geläufigen Individualisierung der Leistung (Humboldt: „Einsamkeit und Freiheit") Teamwork bzw. Gruppenarbeit gefordert und erprobt, gewiß auch mit Erfolgen für die Lernintensivität. Das Problem der Gruppenqualifikation im Prüfungswesen ist allerdings noch nicht entsprechend neu durchdacht worden, steht aber an.

Literatur:

Zur Didaktik ist die im vorigen Abschnitt genannte Literatur zu vergleichen. Dazu weiter: H. Seiffert, Aktuelle wissenschaftstheoretische Aspekte der Hochschuldidaktik (Hochschuldidaktik, hg. v. Arbeitskreis für Hochschuldidaktik Hamburg, Braunschweig 1969. – Zu Lage, Ausstattung und Lehrbetrieb der philosophischen Seminare (bzw. Institute) vgl. die interessante Bestandsaufnahme „von außen": J. L. de Azevedo, Informe sobre los Seminarios de

Filosofía en Alemania y en Francia, Montevideo 1955 (auch in: Revista de la Facultad de Humanidades y Sciencias, Montevideo, 14). — Eine Übersicht über die philosophischen Seminare und Institute an den deutschen Universitäten (mit Anschriften) gibt das Vademecum deutscher Lehr- und Forschungsstätten. Handbuch des Wissenschaftlichen Lebens, hg. v. Stifterverband für die Deutsche Wissenschaft, 5. neubearb. u. erw. Aufl. Essen-Düsseldorf 1968, S. 101—103.

4. *Prüfungswesen und akademische Grade und Titel*

Innerhalb der Hochschulen gibt es zwei verschiedene Arten von Prüfungen und daraus resultierenden Prädikaten: die Fakultäts- und Staatsprüfungen. Eine Mischform sind die Diplomprüfungen.

Die Fakultätsprüfungen: Vor- und Zwischenprüfung, Magister-, Lizentiaten- und Doktorprüfungen, Habilitation, bestätigen ein ordnungsgemäßes und erfolgreiches Studium bzw. eine ebensolche Forschungsleitung innerhalb der Hochschule. Sie berechtigen zu nichts, sind aber gegebenenfalls Voraussetzung für Karrieren, sei es des weiteren Studiums, sei es des Eintritts in den Lehrkörper an den Hochschulen.

Die Staatsprüfungen (Philosophikum, Staatexamina) sind dagegen Leistungsnachweise, die die Voraussetzung zum Eintritt in Laufbahnen des Staatsdienstes bilden.

Die Diplomprüfungen als Mischform beider, um die Jahrhundertwende zuerst an Technischen Hochschulen eingeführt, bestätigen Leistungen, die zum Eintritt in staatlich oder verbandsmäßig kontrollierte Karrieren berechtigen.

Entsprechend den verschiedenen Typen werden die Prüfungsanforderungen und -ordnungen von sehr verschiedenen Instanzen definiert: Die Fakultätsprüfungsordnungen von den Fakultäten (die sie von den Kultusbehörden genehmigen lassen müssen), die Staatsprüfungsordnungen von den interessierten staatlichen Behörden (Kultus und Justiz), die Diplomprüfungsordnungen von den Verbänden (Berufsverbänden) und den staatlichen Organen.

Das maßgebliche Organ der deutschen Hochschulen, die

Westdeutsche Rektorenkonferenz, hat in ihrer 64. Sitzung am 23. September 1968 in einer Entschließung „Grundsätze für das Prüfungswesen" aufgestellt, an die sich die Universitäten halten. Danach sollen mit den Fakultätsprüfungen folgende „Prüfungsziele" angestrebt werden:

„*Vor- und Zwischenprüfungen* ... sollen im Verlaufe des Studiums dem Studenten selbst die Kontrolle über seine Befähigung für das gewählte Studium und seinen Leistungsstand ermöglichen. In ihnen soll festgestellt werden, ob der Student die sachlichen und methodischen Voraussetzungen dafür besitzt, sein Studium erfolgreich fortzusetzen. Dieses Ziel kann je nach den Erfordernissen der einzelnen Fächer durch Prüfungen und/oder durch begleitende Kontrollen beispielsweise auf Grund der Teilnahme an Übungen oder Praktika erreicht werden, die in einem förmlich geordneten Verfahren zu einem bestimmten Zeitpunkt abzuschließen sind. Der Zweck der Prüfung erfordert nicht notwendig die Benotung der Leistungen." [4]

Für alle Abschlußprüfungen (unterhalb der Promotion) gilt als Prüfungsziel: „*Abschlußprüfungen* (Staatsexamina, Diplomprüfungen, Magisterexamina) sollen feststellen, ob der Kandidat in die wissenschaftliche Denk- und Arbeitsweise seiner Fächer so weit eingedrungen ist und das hierzu erforderliche Wissen besitzt, daß er sich ohne Anleitung in neue Fragestellungen einarbeiten und Ergebnisse anwenden kann." Von ihnen heißt es weiter: „Sie können Eingangsprüfungen für bestimmte Laufbahnen nur sein, weil und soweit sich Studiengänge an bestimmten Berufsleitbildern ausrichten." [5]

Bezüglich der Anforderungen in Philosophie liegt für die deutschen Hochschulen bisher nur eine gemeinsame verbindliche Richtlinie in den „Rahmenbestimmungen zu den Anforderungen für die wissenschaftliche Prüfung im Fach Philosophie" als Beschluß der Kultusministerkonferenz von 21. 5. 1970 vor, deren Interpretation und Anwendung jedoch in den

---

[4] Westdeutsche Rektorenkonferenz. Dokumente zur Hochschulreform 1970, Bonn-Bad Godesberg 1970, S. 122.

[5] Ebd.

einzelnen Bundesländern und ihren Hochschulen sehr unterschiedlich gehandhabt wird. Hierin werden als *„Zulassungsvoraussetzungen“* verlangt Latein- oder Griechischkenntnisse, „Nachweis der erforderlichen Teilnahme an mindestens zwei Hauptseminaren“ sowie Teilnahme an systematischen und historischen Vorlesungen. Als *Prüfungsanforderungen* sind vier Topoi genannt: „1. Kenntnis und Verständnis der Hauptgegenstände und der Grundfragen der Logik, der theoretischen Philosophie und der praktischen Philosophie (darin eingeschlossen Staats- und Gesellschaftsphilosophie) sowie des Zusammenhanges dieser Sachgebiete. Der Kandidat kann im Einverständnis mit dem Prüfer einen Schwerpunkt wählen. 2. Überblick über die allgemeine Philosophiegeschichte unter Einschluß philosophischer Strömungen der Gegenwart. Schwerpunkte im Bereich der Philosophiegeschichte werden in der Weise gebildet, daß der Kandidat im Einvernehmen mit dem Prüfer mindestens drei grundlegende philosophische Werke, die in der Regel nicht aus einer einzigen Epoche auszuwählen sind, für die Prüfung benennt. Das Studium dieser Werke soll den Kontext im Gesamtwerk des Autors oder den historischen oder den systematischen Problemzusammenhang einbeziehen. 3. Fähigkeit zur Reflexion auf den Methodenpluralismus der Wissenschaften und seiner in den Schulfächern selbst sichtbar werdenden Probleme. 4. Fähigkeit, Probleme der gegenwärtigen Gesellschaft philosophisch zu analysieren.“

Außer diesen mündlich zu prüfenden Kenntnissen wird noch eine schriftliche „Klausurarbeit“ unter Aufsicht des Prüfungsamtes gefordert. Darüber sagt die Rahmenordnung: „Sie kann gestellt werden als Textinterpretation oder als Erläuterung eines systematischen oder historischen Problems. Aus den gemäß Ziffer 1 und 2 der Prüfungsanforderungen vereinbarten Gebieten werden drei Themen zur Wahl gestellt, von denen mindestens eines eine Textinterpretation sein muß. – Die Arbeitszeit beträgt 4–5 Stunden.“ Wird Philosophie als Hauptfach gewählt, so kommt als Hauptleistung noch eine sechsmonatige schriftliche Hausarbeit über ein bestimmtes Thema hinzu.

Wenngleich diese Rahmenbestimmung explizit nur für die

Staatsprüfung in Philosophie gilt (sie ist zugleich Eingangsprüfung für die Lehrbefähigung in Philosophie an den höheren Schulen des Staates), so dürfte sie doch auch als Richtlinie für die Festsetzung allgemeiner Maßstäbe für die Fakultätsabschlüsse, d. h. eben den Magistergrad, oder eine zukünftige Diplomprüfungsordnung in Philosophie gelten. Dabei ist jedoch zu beachten, daß die Fakultätsexamen gegenüber den staatlichen „Fach"-Prüfungen die Tendenz haben, mehrere Fächer zu kombinieren und also eine größere Wissensbreite zu verlangen als jene. Doch befindet sich das Problem der sog. Nebenfächer in der Diskussion. Eine allgemeine Übersicht über die Fakultäts- und Staatsprüfungen für Philosophie an den deutschen Hochschulen existiert leider nicht. [6]

---

[6] Aus einer Umfrage der Allgemeinen Gesellschaft für Philosophie in Deutschland aus dem Jahre 1970, die der Verfasser auszuwerten hatte, kann folgendes entnommen werden (Z = Zwischenprüfung; S = Staatsexamen; M = Magister; D = Doktorpromotion): *Technische Hochschule Aachen:* Z, S, M, D. *Freie Universität Berlin:* M, D. *Technische Universität Berlin:* M, D. *Universität Bielefeld:* (S, M, D, ?). *Universität Bochum:* Z, S, D. *Universität Bonn:* (Z, ?), S, D. *Technische Universität Braunschweig:* S (als Beifach), M, D (mit obligatorischer Vorprüfung). *Technische Universität Darmstadt:* D. *Universität Düsseldorf:* S, M, D. *Universität Erlangen:* Z, (M ?), D. *Universität Freiburg:* Z, S (als Beifach), D. *Universität Gießen:* Z, S (als 3. Fach), D. *Universität Göttingen:* Z, S (als Beifach), M, D. *Universität Hamburg:* S, M, D. *Technische Universität Hannover:* Z (Philosophie Begleitstudium). *Universität Heidelberg:* Z (fakultativ), S, M, D. *Technische Universität Karlsruhe:* D. *Universität Kiel* (D ? keine Prüfungsordnung). *Universität Köln:* Z (fakultativ), S, D. *Universität Konstanz:* Z, S, M, D. *Universität Mainz:* (Z, M ?), D. *Universität Mannheim:* Z, S, M, D. *Universität Marburg:* S (Teilprüfung), D. *Universität München:* D. *Universität Münster:* S, D. *Universität Regensburg:* Z, M, D. *Universität Saarbrücken:* Z, D. *Universität Stuttgart:* Z, S, M, D. *Universität Trier-Kaiserslautern:* (D?). *Universität Tübingen:* (Z, M, ?), D. *Universität Würzburg:* (Z, M ?), D. Da die Angaben sehr unvollständig waren und die Entwicklung der Prüfungsordnungen — auch an den noch nicht berücksichtigten neugegründeten Hochschulen — in vollem Gange ist, wird man sich wegen entsprechender Auskünfte tunlichst direkt an die entsprechenden Hochschulen bzw. Fachdekanate wenden. Studienplanbeispiel s. S. 190.

Über die *akademischen Grade,* welche die Hochschulen bzw. Fakultäten verleihen, kann allgemein folgendes gesagt werden: Einen akademischen Studienabschluß dokumentiert der an einzelnen Universitäten verliehene Grad des *Magister Artium* („M.A."). Man erreicht ihn nach mindestens achtsemestrigem Studium im Hauptfach und entsprechendem Studium zweier Nebenfächer durch eine schriftliche Hausarbeit – entsprechend etwa der Staatsexamensarbeit – und mündliche Prüfung im Haupt- (1 Stunde) und in den Nebenfächern (je 1/2 Stunde). Klausurarbeiten können hinzukommen. Dieser Titel eines „Meister der freien Künste" markierte im Mittelalter die Absolvierung des philosophischen Grundstudiums (in der philosophischen = „Artisten"-Fakultät, die als Voraussetzung für ein ordnungsgemäßes Studium aller höheren Fakultäten (Medizin, Jurisprudenz, Theologie) gefordert war. Der M.A. wurde jedoch von den zünftigen Handwerken okkupiert („Meisterprüfung") und deswegen in den Hochschulen durch den Doktortitel ersetzt. Er hat sich aber in den angelsächsischen Ländern, z. T. auch in Frankreich („Maître"), erhalten (dort gibt es auch noch die alte Vorstufe des „Bakkalaureus") und hält zur Zeit wieder allgemeinen Einzug.

Der *Doktor-Grad,* mit dem Zusatz der Fakultät, verlangt gegenüber dem einfachen Studienabschluß eigenständige gelehrte Forschungsleistungen. Diese sog. „Promotionsleistungen" bestehen in der Abfassung einer Dissertation, in welcher eigenständige Beiträge zur Weiterentwicklung der Wissenschaft, also positive Forschungsresultate vorgelegt werden, sowie in einer mündlichen Prüfung („Examen rigorosum") in gewöhnlich drei Fächern: z. B. Philosophie und zwei Nebenfächern aus den Disziplinen der philosophischen oder der übrigen Fakultäten. Die „Grundsätze für das Prüfungswesen" der Westdeutschen Rektorenkonferenz sagen dazu: Promotionsverfahren sollen feststellen, ob der Kandidat zu selbständiger wissenschaftlicher Arbeit in der Lage ist.[7] Dafür gibt es in den verschiedenen Fakultäten verschiedene Kriterien.

[7] Ebd. S. 122

Über diese muß man sich anhand der „Promotionsordnungen" der jeweiligen Fakultäten bei den einzelnen Hochschulen orientieren, die bei den Dekanaten erhältlich sind. Gewöhnlich sehen Promotionsordnungen eine vierstufige Bewertung der Promotionsleistungen vor: die Dissertation wird bewertet als „opus eximium" oder „dissertatio egregia" (ausgezeichnet – in sehr seltenen Fällen), „opus admodum laudabile" (sehr gut), „opus laudabile" (gut) oder „opus idoneum" (genügend), das Rigorosum in allen Teilprüfungen getrennt mit „summa cum laude" (ausgezeichnet – seltenes Prädikat), „magna cum laude" (sehr gut), „cum laude" (gut) und „rite" (genügend). Aus allen Teilbewertungen wird dann eine Gesamtnote gebildet und in der Urkunde niedergelegt.

Es ist ein verbreiteter Irrtum, daß der sog. Doktorvater jemanden zum Doktor promoviere. Dies tut vielmehr die Fakultät bzw. der Fachbereich durch den Dekan. Der sog. Doktorvater ist als Hochschullehrer vielmehr eher Geburtshelfer der verlangten wissenschaftlichen Leistung, an deren Gelingen er als Fachvertreter ein professionelles Interesse hat, da er die Arbeit, sofern er sie betreut und evtl. angeregt hat, vor seinen Fachgenossen verantworten und vertreten muß. Die Arbeit selber wird im Promotionsverfahren der Fakultät bzw. dem Fachbereich vorgelegt, die einen Haupt- und einen Korreferenten als Gutachter für diese Schrift (der Hauptgutachter wird in der Regel der Doktorvater sein) und eine Prüfungskommission für das Examen bestellt. Meist wird der Prüfende im Hauptfach ebenfalls der Doktorvater sein, aber es sind auch kollegiale Prüfungen möglich; der Dekan wirkt in der Regel als Beisitzer und gegebenenfalls als Schiedsrichter bei der Gesamtbewertung mit.

Reformbestrebungen auf diesem Gebiet[8] gehen dahin, das Verfahren insgesamt unter die Kontrolle paritätisch beschick-

[8] Vgl. etwa die Empfehlungen der Westdeutschen Rektorenkonferenz zur Neuordnung der Promotion vom 27. 4. 1971. Dazu Chr. Berg, Der Tod des Doktorvaters. Zur Empfehlung der Rektorenkonferenz für die neue Promotionsordnung, in: Mitteilungen des Hochschulverbandes Jg. 19/3 (Juni 1971), S. 116–119.

ter Ausschüsse zu stellen und damit die Verantwortung für die Verfahren dem einzelnen Hochschullehrer abzunehmen, darüber hinaus den Kreis derjenigen, die an der Durchführung als Gutachter oder Prüfer beteiligt sein können, auf alle Inhaber des gleichen Grades, die in der Lehre tätig sind, auszudehnen. Auch die Ersetzung des Rigorosums durch eine (ältere) Disputation über die Thesen der Dissertation ist im Gespräch (in Konstanz verwirklicht; im Ausland noch oft üblich), ebenso die Einführung einer vorher obligatorisch abzulegenden anderen Abschlußprüfung wie Staatsexamen oder Magister. Die sich durch unterschiedliche Verwirklichung solcher Reformen an den einzelnen Hochschulen noch verstärkende Diversität der Grade läßt erwarten, daß zur gerechten Würdigung ihrer Aussagekraft neben der Fakultäts- auch die Herkunftsbezeichnung zu nennen sein wird, wie es in den Vereinigten Staaten schon weitgehend üblich ist.

Die Fakultäten haben daneben das Recht, wegen besonderer Verdienste um die Förderung der Wissenschaften, die durchaus zuweilen auch pekuniärer Natur sein dürfen, den Titel *„Doctor honoris causa“* („Ehren halber“) zu verleihen. Die Hochschulen bzw. ihre Senate verleihen außerdem auch die Titel eines *„akademischen Ehrenbürgers“* und des *„Ehrensenators“*, wenn Verdienste um die gesamte Hochschule gewürdigt werden sollen.

Der Doktorgrad kann in vielen Studiengängen noch als üblicher, wenn auch gehobener Abschluß gelten, zumal in der Philosophie. Für Laufbahnen innerhalb der Hochschulen ist er andererseits Eingangsbedingung, insbesondere Voraussetzung für die Position des Assistenten (Assistenzprofessor). Als *„besonderes Qualifikationsverfahren“* für die Rekrutierung des Hochschullehrernachwuchses wird neuerdings die alte *Habilitation* definiert, die früher zum Grad des „Dr. habil.“ (dessen Wiedereinführung diskutiert wird) oder zum Titel des „Privatdozenten“ oder „Dozenten“ führte. Es wird eine umfassende Forschungsarbeit auf einem Spezialgebiet verlangt, welche für dieses Gebiet von maßgeblicher Bedeutung ist. Ihre Erarbeitung nimmt gewöhnlich zwei bis fünf, zuweilen auch mehr Jahre in Anspruch. Nach Annahme durch die Fakultät bzw. den Fachbereich oder ein besonderes Gremium über den Fachbereichen (Habilitationsausschuß) und Eröffnung des Habilitationsverfahrens muß der Habilitand sein Fachgebiet in einem Kolloquium vor diesen Gremien vertreten. Zuweilen gehört dann auch noch der öffentliche Vortrag zum förmlichen Verfahren. Sind diese Hürden genommen, so wird mit abgeschlossener Habilitation gewöhnlich die „Venia legendi", d. h. das Recht, Vorlesungen und Lehrveranstaltungen im definierten Fachgebiet nach eigener Wahl anzukündigen und zu halten, verliehen.

Der Privatdozent erwartet von da an nach gehöriger Bewährung in Forschung und Lehre einen „Ruf" bzw. eine Berufung auf einen ordentlichen Lehrstuhl oder eine andere der heute in der Regel auszuschreibenden Hochschullehrerstellen, um die er sich bewerben kann. Seiner beamtenrechtlichen Stellung nach kann er in dieser Zeit Assistent, Diätendozent, wissenschaftlicher Rat, Kustos u. ä. sein. Er braucht aber nicht unbedingt der Hochschule als Beamter anzugehören. Früher zwei bis fünf Jahre nach der Verleihung der Venia, jetzt auch noch schneller, beantragt die Fakultät nach Einholung besonderer Fachgutachten in der Regel beim zuständigen Kultusministerium die Verleihung des Titels „apl. Professor" (d. h. außerplanmäßiger Professor, nicht im Stellenplan des Universitätshaushalts ausgewiesene Position), falls der Aspirant in der Zwischenzeit keinen Ruf erhalten hat. Der apl. Professor kann dabei in seiner alten Besoldungsposition verbleiben oder in besondere Positionen im Lehrkörper (Dozent, wissenschaftlicher Rat und Professor, Abteilungsvorsteher) eingewiesen werden. Bisher bedeutete die Verleihung des Titels apl. Professor die offizielle Bestätigung der Befähigung zur Wahrnehmung eines ordentlichen Lehrstuhls durch die Fakultät, die nur mangels freier Stellen nicht realisiert werden konnte. Die universitäre Hierarchie ist jedoch durch die modernen Umwandlungen, insbesondere durch die Verhochschulung der Pädagogischen und Kunstakademien, an denen ordentliche Lehrstühle ohne das anspruchsvolle Habilitationsverfahren besetzt werden, einigermaßen in Bewegung geraten, deren Konsequenzen noch nicht überschaut werden können.

Literatur:

H. Wenke, Akademisches Prüfungswesen in Deutschland. Tatbestände und Probleme, in: Jahrbuch für Amerikastudien 12 (1967), S. 123—27; E. Fraenkel, Akademisches Prüfungswesen in Deutschland und in den USA (Ein Vergleich) ebd. S. 61—73; J. Reese, Leistungsbewertung und Leistungserwartung. Die akademische Abschlußprüfung an den Universitäten in soziologischer Perspektive, in: Konstanzer Blätter für Hochschulfragen 7, 3 (1969), S. 60—74; M. Schütz, H. Skowronek und W. Thieme (Hg.), Prüfungen als hochschuldidaktisches Problem. Ergebnisse und Materialien eines Expertenseminars in Hamburg-Rissen vom 31. 1.—2. 2. 1969 (Blickpunkt Hochschuldidaktik I), Hamburg 1969. — *Zur Promotion:* G. Bengeser, Die Doktor-Promotion in Deutschland, 1964. W. K. Geck, Promotionsordnungen und Grundgesetz, 2. Aufl. Köln 1969; R. de Gourmont, La dissertation philosophique. Règles et conseils pour bien faire une dissertation philosophique, 4. Aufl. Paris 1967. Noch nützlich als Quelle: O. Schröder, die Erwerbung der philosophischen Doktorwürde (Dr. phil. - Dr. rer. nat.) an den Universitäten Deutschlands einschließlich der Promotion der Volksschullehrer und der Ausländer. Mit Textabdruck der amtlichen Satzungen, 2. Aufl. Halle 1929. — *Zur Habilitation:* Zur Reform des Habilitationswesens. Empfehlungen der 69. Westdeutschen Rektorenkonferenz, in: Deutsche Universitäts-Zeitung 2 (1969), S. 12—13; Ausbildungsgang und Laufbahn von Hochschullehrern im Ausland, hg. v. d. Alexander-v.-Humboldtstiftung, Bonn 1966.

5. Kolloquium und Kongreßwesen

Neben dem eigentlichen Lehrbetrieb an der Hochschule gibt es immer auch einen mehr forschungsbezogenen Kommunikationsbetrieb, der mehr oder weniger der Lehre zugute kommt. Es handelt sich um die Oberseminare des Graduierteniveaus, die Kolloquien und nicht zuletzt die Kongresse. Sie dienen dem Gedankenaustausch an der „Front der Forschung". Doktordissertationen, die in Bearbeitung stehen, vorbereitete Publikationen, die neueste Literatur oder Vorträge eingeladener Gäste werden besonders in den Kolloquien, die oft auch interdisziplinär sind, diskutiert und kritisiert. Hier klären sich Fragestellungen, Forschungsstrategien, Schwerpunkte der Forschungsinteressen und der allgemeinen Lage. Von hier ist der Übergang fließend zu den allgemeinen oder Fachkongressen. Sie legen in offizieller Form Zeugnis ab vom Stand der Wissenschaft des jeweiligen Fachgebietes. Die übliche Aufteilung in Vorträge, Kolloquien und Sektionen trägt dem Bedürfnis nach Darstellung und Selbstdarstellung prominenter Forschungsrichtungen und Forscherpersönlichkeiten und Schulen, der Diskussion der beherrschenden Themenstellungen sowie der speziellen Behandlung eng begrenzter Probleme, darüber hinaus auch der Präsentation des wissenschaftlichen Nachwuchses Rechnung.

Literatur:

Zur technischen Abwicklung: G. Dehne, Organisation von Tagungen und Kongressen, 2. Aufl., Düsseldorf 1962. – *Übersicht geplanter internationaler Kongresse:* Annual international Congress Calendar, Brüssel 1961 ff. Hg.: Union of International Associations. Verzeichnet für jeweils 7 Jahre im voraus geplante Veranstaltungen. Philosophische Veranstaltungen sind gewöhnlich in der Zeitschrift für philosophische Forschung, Hg. Gg. Schischkoff, angekündigt.

6. *Publikationswesen*

Über die unmittelbare Kommunikation des Kolloquiums- und Kongreßwesens hinausgreifend, schafft das Publikationswesen die distanzierte und grundsätzliche Öffentlichkeit der Wissenschaft. Wenngleich auch dieser Bereich der schriftlichen und gedruckten Kommunikation und Information die Struktur der dialogischen Argumentation aufweist, insofern in Monographien und Aufsätzen Forschungsresultate vorgelegt und diese wiederum im Rezensionswesen analysiert, diskutiert kritisiert und verbreitet werden, so besteht doch der unmittelbaren Diskussion gegenüber ein schwerwiegender Unterschied. Da sich die publizierte Wissenschaft grundsätzlich an alle Interessierten wendet, muß sie auf Vollständigkeit der Argumente bedacht sein. D.h. sie kann nicht ad hominem für einen bestimmten Zuhörerkreis und nach Maßgabe des jeweiligen Diskussionsgeschicks der Beteiligten die Darstellung modeln, sondern muß, vom allgemeinen und verbindlichen Stand der Wissenschaft ausgehend, diesen selber fortentwikkeln. Daher erscheint publizierte Wissenschaft immer schwerfälliger, ausgreifender und grundsätzlicher als der lebendige Dialog. In referierenden Bezugnahmen, im sorgfältigen Zitieren anderer Meinung oder begründender Argumente, kurz in dem oft als übermäßig erscheinenden „Füllsel“ dickleibiger wissenschaftlicher Monographien wird dem Fachmann der Standort des Autors in seiner Wissenschaft, die Bewältigung des Standes und Niveaus derselben und erst auf diesem Hintergrund der eigentlich originelle Beitrag zur Wissenschaft hermeneutisch erschlossen.

Es liegt auf der Hand, daß insofern wissenschaftliche Publikationen anders zu lesen sind als literarische, insbesondere schöngeistige Werke, die als Einheit und gegebenenfalls „Ganzheit“ in jedem Detail ihrer Aussage gewürdigt werden müssen, da sie als Eigenes und Eigentum des Autors diesem im ganzen zugerechnet werden. Eine wissenschaftliche Publikation steht dagegen immer in einem Sachzusammenhang anderer Publikationen, aus dem her sie zu beurteilen ist – und Wissenschaft ist zu einem großen Teile nichts anderes als die Organisation dieses Zusammenhanges. Kurz gesagt: die epische Breite und Gediegenheit wissenschaftlicher Darstellungsweisen täuscht leicht über die Seltenheit tatsächlicher Neuheit und Originalität wissenschaftlicher Einsichten hinweg. So wäre es auch voreilig, sich durch die quantitative Zunahme der wissenschaftlichen Publikationen auf allen Gebieten zu dem Eindruck verleiten zu lassen, dem entspräche eine ebensolche Zunahme eigentlicher „Wissenschaft“. Vielmehr bedeutet dieses ansonsten begrüßenswerte Wachstum zu einem großen Teil eher die Zubereitung oftmals konventioneller und „etablierter“ Fakten und Einsichten für die verschiedensten Zugangsinteressen, -neigungen und -veranlagungen. Diese Tendenz variiert jedoch gemäß den verschiedenen Publikationsgattungen. Der Anfänger tut gut daran, sich über diese verschiedenen Gattungen zu orientieren, damit er von vornherein abschätzen kann, was jeweils darin zu erwarten ist und wieweit er für bestimmte Arbeiten darauf Bezug nehmen muß.

Literatur:

K. Bänninger, Kleine Philosophie des Schrifttums, Bern 1940; R. Escarpit, Das Buch und der Leser. Entwurf einer Literatursoziologie (aus dem Französischen), Köln-Opladen 1961. *Zur technischen Seite:* F. Genzmer, Umgang mit der schwarzen Kunst. Vom Manuskript zum fertigen Druckerzeugnis, 2. Aufl. Berlin 1966; J. Kirchner (Hg.), Lexikon des Buchwesens, 4 Bde (einschließl. 2 Bildbände), Stuttgart 1952—1956. Internationales Verlagsadreßbuch (Handbuch der technischen Dokumentation und Bibliographie 7), 3. Ausgabe München 1967.

7. Bibliothekswesen

a) Allgemeines

Die Sammlung, Organisation und Bereitstellung der wissenschaftlichen Publikationen war stets die institutionelle Grundlage des Wissenschaftsbetriebes. Die großen Bibliotheken waren und sind der Kern der Hochschulen, und man kann wohl allgemein sagen, daß eine Hochschule so gut oder schlecht wie ihre Bibliothek ist.

Zu einer guten Bibliothek genügt aber nicht allein die Thesaurierung und laufende Ergänzung der Literatur. Hinzukommen muß eine wohlorganisierte Erschließung ihrer Bestände durch Kataloge (vgl. Kap. I, 7c), die schnelle Bereitstellung der Bücher in der Ausleihe, sowohl am Ort selber wie im Fernleiheverbund, und nicht zuletzt bequeme Studienmöglichkeiten in einem möglichst einladenden und das Studieren anregenden, mit allen bibliographischen Hilfsmitteln (vgl. Kap. II) ausgestatteten und möglichst lange geöffneten Lesesaal. Jeder Kenner weiß und beklagt, wie weit die Wirklichkeit in allen diesen Punkten hinter den modernen technischen Möglichkeiten zurückbleibt.

Große *Universalbibliotheken* sind heute museale Denkmäler einstiger universeller Bildungsinteressen, auch äußerlich an imponierender Architektur erkennbar. Als Landes- oder Nationalbibliotheken haben sie mehr und mehr die Funktion privilegierter Dokumentationszentren übernommen, was z. T. auch für Universitätsbibliotheken gilt. Die Tendenz im Hochschulbereich geht davon ab und hin zur übersichtlichen und möglichst vollständigen Ressortbibliothek des Forschungsinstituts und des Seminars. Dieses steht dann in mehr oder weniger straff organisiertem Verwaltungs- und Koordinationszusammenhang mit der *Zentralbibliothek*, welche die Anschaffung (Akzession) und Katalogisierung, gegebenenfalls Magazinierung, Ausleihe und Fernleihe der Bücher betreut.

b) Instituts- und Seminarbibliotheken

Das eigentliche Forschungsinstrumentarium der Wissenschaften, selbst da, wo in bestimmten Disziplinen auch noch apparative Forschungsausrüstung notwendig ist, sind die Instituts- und Seminarbibliotheken. Leider sind Dotierung und Ausstattung dieser Bibliotheken noch allzusehr an den akademischen Status und die Spezialinteressen der jeweiligen Lehrstuhlinhaber gebunden, und die Anschaffungspolitik wird weitgehend als Konkurrenzunternehmen zu derjenigen der zentralen Einrichtungen empfunden. Koordination der Anschaffungspolitik zwischen beiden Institutionen bedeutet dann unter fiskalischem Gesichtspunkt meist Vermeidung von Doppelbeschaffungen. Umfassend ausgestattete Forschungsbibliotheken für die Philosophie sind leider noch eine Seltenheit.

Man könnte freilich einen gewissen Unterschied zwischen den mehr auf Forschung ausgerichteten Instituts- und den mehr vordringlich auf Lehre ausgerichteten Seminarbibliotheken machen. Letztere können wohl auch mit einer weniger umfassenden Ausstattung, die sich zudem auf Handbücher, Klassiker und die neueste Literatur des Fachgebietes beschränkt, bestehen, während die unter dem Lehrgesichtspunkt „antiquierte“ Literatur an die Zentralbibliothek abgegeben und dort magaziniert wird.

c) Katalog- und Dokumentationswesen

In jedem Falle ist das Katalog- und Dokumentationswesen eine unabdingbare Voraussetzung der Erschließung aller Bibliotheksbestände. Nun gibt die übliche Aufstellung von Büchern in den Lesesälen der Zentralbibliotheken und erst recht diejenige der Institutsbibliotheken stets schon einen systematischen Zugang zu den Teilen der Wissenschaften. Insofern sind gelungene Bibliothekssysteme immer schon die wahre Enzyklopädie der Wissenschaften gewesen. Einschlägige Bücher stehen hier am gleichen Ort, zusammenhängende Problemkreise sind benachbart. Dem kann man zur Einführung immer folgen.

Einen „abstrakten" Überblick verschafft man sich hier durch den „systematischen" Katalog, der entweder die tatsächliche Bücheraufstellung wiedergibt, soweit sie selber systematisch vorgenommen wurde (das ist nur bei Präsenzbibliotheken und Institutsbibliotheken der Fall), oder aber nach Eingang und Format (numerus currens) magazinierte Bestände systematisch ordnet.

Weiß man jedoch schon, welches Buch man sucht, so benutzt man den alphabetischen (Verfasser-)Katalog, der die vorhandenen Schriften der einzelnen Autoren auflistet. In allen Fällen gibt die Signatur des Katalogzettels den Standort des Buches an, welches man sich dann holt oder mittels Leihschein bekommt. Es ist jedoch zu beachten, daß man auf diesem Wege nur die selbständigen Schriften eines Autors erhält. In Zeitschriften und Sammelwerken vergrabene Beiträge werden in der Regel in Katalogen nicht erfaßt, obwohl dies dringend erforderlich wäre.

Eine dritte Erschließung leistet der alphabetische Schlagwortkatalog. Hier findet man die selbständigen Schriften alphabetisch nach der inhaltlichen Thematik geordnet. Zur Aufstellung solcher Kataloge ist allerdings große Sachkenntnis und eingehende Kenntnisnahme des Inhalts der Schrift erforderlich, wozu meist weder Zeit noch Personal zur Verfügung steht. So behilft man sich oft mit reinen Stichwortkatalogen, bei denen die Ordnungsbegriffe aus den Buchtiteln selber entnommen werden, oder kombiniert diese mit Schlagwortbildungen.

Diese Erschließungsweise nach Stichwörtern ist zwar „objektiv", insofern sie den Autor selber zu Wort kommen läßt, aber sie ist eben deswegen auch zufällig und oft lückenhaft und willkürlich. Die Moral der Titelgebung – vor allem in den Geisteswissenschaften – ist ziemlich schlecht. Es besteht leider eine verbreitete Hochstapelei im Titelanspruch, die den Leser nur zu oft zu falschen Erwartungen und überflüssigen Fehlbestellungen veranlaßt. Hier kann nur an die Autoren appelliert werden, sich präziser Titel und gegebenenfalles ausführlicher und signifikanter Untertitel zu bedienen, wie es vor zweihundert Jahren noch allgemeiner üblich war.

In all diesen Katalogangelegenheiten ist nun sehr viel vom modernen Dokumentationswesen zu erhoffen, das sich der technischen Hilfsmittel der elektronischen Datenverarbeitung bedient. Es erlaubt grundsätzlich die Zusammenfassung des an die einzelne Bibliothek gebundenen Katalogwesens mit dem im nächsten Kapitel zu behandelnden bibliographischen Nachweis und der Erschließung des überhaupt existenten Literaturmaterials.

In der Praxis und vorerst wird man sich dabei natürlich an die Bestände einzelner möglichst vollständiger Bibliotheken halten müssen. Die Universitätsbibliotheken der Neugründungen der letzten Jahre nutzen diese elektronischen Hilfsmittel in der Regel von Anfang an.

Das Hauptproblem ist bei der Literaturdokumentation die Entwicklung geeigneter und möglichst vielseitiger Aufschlüsselungen des zu speichernden Materials und die maschinengemäße Fassung in einem Steuerungsprogramm (software). Alle Einzelheiten einer Schrift, die Gegenstand einer besonderen Fragestellung werden können, müssen für die Datenverarbeitung besonders gekennzeichnet, indiziert werden. Das mag sich beziehen auf den Verfassernamen, das Stichwort oder verschiedene Stichwörter aus dem Haupttitel (oder schlagwortartige Charakterisierung des Inhalts), den Standort in der Bibliothek (Signatur) oder gegebenenfalls bei regionaler Dokumentierung in einer bestimmten Bibliothek, Erscheinungsort und -Jahr, Auflage etc., wie es auch die konventionellen Bibliothekskataloge leisten. In diesen Fällen wird nur eine unverhältnismäßige Beschleunigung der Informationsausgabe durch den Rechner erreicht. Darüber hinaus ist es in der Dokumentationsabteilung des Philosophischen

Instituts in Düsseldorf unter der Leitung von Alwin Diemer gelungen, ein Programm zu entwickeln, das auch Kombinationen dieser und weiterer Indizierungen vom Computer abzurufen gestattet, und zwar ohne strukturierten Thesaurus, d.h. ohne vorgängige Festlegung eines Ordnungsschemas der Speicherung.[9] Dadurch wird die Fragemöglichkeit vervielfältigt. Man kann Listen der Schriften einzelner Autoren, Schrifttumsverzeichnisse zu bestimmten Themen oder Themenkomplexen, Sekundärliteratur über bestimmte Autoren erhalten. Man kann Statistiken der Bearbeitung bestimmter Themen in bestimmten Zeiträumen aufstellen. Man kann, und das dürfte die fruchtbarste Folge sein, Lücken in der Bearbeitung bestimmter Fragestellungen feststellen, also lohnende Fragestellungen überhaupt ermitteln. Je spezieller die Fragestellung dabei formuliert wird, desto präzisere Auskünfte wird man erhalten. Allgemeine Fragestellungen erzeugen um so umfangreichere Auskunftslisten.

Diese Spezialauskünfte, die man im sog. Retrievalverfahren, d.h. in Einzelauskünften mittels Fernschreiber ausgedruckt oder auf Bildschirm erhält, stehen dem Benutzer in Sekundenschnelle zur Verfügung. Man kann natürlich nicht mehr abfragen, als gespeichert wurde. In Düsseldorf wurden bisher nur zwei vollständige Zeitschriftenserien (Zeitschrift für philosophische Forschung, Kantstudien) und die laufende philosophische Zeitschriftenliteratur seit etwa 1970, letzteres in Zusammenarbeit mit dem Dokumentationszentrum in Bowling Green, Ohio, USA, inhaltlich ausgewertet. Jedoch ist die Ausdehnung auf alle alten und neuen Zeitschriften und auch die Buchliteratur für die kommenden Jahre geplant. Als gesonderte Veröffentlichungen liegen bisher Indexbände der beiden genannten Zeitschriftenserien vor, die vom Rechner ausgedruckt worden sind (vgl. Kap. III, 4).

Ein anderes philosophisches Dokumentationsverfahren

---

[9] Es handelt sich um die Systeme „Golem“ und „Album“, die von dem Leiter der genannten Abteilung Dr. Norbert Henrichs in Zusammenarbeit mit der Siemens A.G. für die Literaturdokumentation des Philosophischen Instituts entwickelt wurden.

wird in Bonn unter der Leitung von Gottfried Martin entwickelt. Hier hat man den Gesamttext der Kantausgabe gespeichert und kann entsprechend Einzelauskünfte über jedes Kantische Wort und jeden Begriff, seine Stelle und seine Häufigkeit abrufen. Auch dieses Unternehmen soll auf weitere philosophische Klassiker, zunächst auf Leibniz, ausgedehnt werden.

Literatur:

Zum Bibliothekswesen: G. v. Busse und H. Ernestus, Das Bibliothekswesen der Bundesrepublik Deutschland, Wiesbaden 1968; J. Langfeld (Hg.), Handbuch des Büchereiwesens, Wiesbaden 1961 ff. (Auf mehrere Bände berechnet); G. Leyh (Hg.), Handbuch der Bibliothekswissenschaft, begr. v. F. Milkau, 4 Bde, 2. Aufl. Wiesbaden 1952 ff.; Internationales Bibliotheks-Handbuch (Handbuch der technischen Dokumentation und Bibliographie 8), 2. Ausgabe München 1968; Die Fachliteratur zum Buch- und Bibliothekswesen (Handbuch der technischen Dokumentation und Bibliographie 2) 8. Ausgabe München 1968. — *Zur Dokumentation:* M. Spangler, General bibliography on information storage and retrieval (Technical information Series No. R. 62 C D 2), Shenectady 1962 (ca. 1550 Titel); B. C. Vickery, Über die Theorie von Dokumentationssystemen, München 1968; — *zur philosophischen Dokumentation:* N. Henrichs, Philosophische Dokumentation. GOLEM — ein Siemens-Retrieval-System im Dienste der Philosophie, Düsseldorf 1967; Ders., Philosophische Dokumentation. Literatur-Dokumentation ohne strukturierten Thesaurus, in: Nachrichten für Dokumentation, 21 (1970) 1, S. 20—25; A. Diemer, Philosophische Dokumentation, in: Zeitschrift für philosophische Forschung 21 (1967), S. 437—443. — *Zum Katalogwesen:* K. Löffler, Einführung in die Katalogkunde, 2. Aufl. Stuttgart 1956; D. M. Norris, A history of cataloguing and cataloguing methods 1100—1850, London 1939; E. J. Samurin, Geschichte der bibliothekarisch-bibliographischen Klassifikation, 2 Bde, Leipzig 1967.

II. Bibliographische Hilfsmittel

Zur ersten Orientierung über eine bestimmte Problemstellung kann man sich im allgemeinen damit begnügen, der Aufstellung der entsprechenden Bücher in einer wohlassortierten Fachbibliothek zu folgen. Gute wissenschaftliche Monographien und erst recht Handbücher liefern darüber hinaus gewöhnlich umfassende bibliographische Verweise auf die benutzte oder auch überhaupt vorhandene Literatur, denen man dann nachgehen kann.

Sobald es dabei jedoch um Vollständigkeit und vor allem Aktualität geht, muß man darüber hinaus die bibliographischen Hilfsmittel selbst zu Rate ziehen. Und das wird wohl auch für einige Jahrzehnte noch so bleiben, bis das Dokumentationswesen die Bibliographie in sich aufgenommen hat.

Für den Kenner ist die Bibliographie zweifellos das imposanteste Unternehmen der Kulturmenschheit, alle geistigen Leistungen individuell zu kennzeichnen und sie in einem organischen Zusammenhang verfügbar zu halten. Unter einem gewissen Aspekt handelt es sich dabei um die institutionalisierte Unsterblichkeit der Autoren. Das Alphabet und die Zahlenreihe sind die einfach zu handhabenden tragenden Ordnungsschemata.

Durch die Vielfalt der sogleich zu behandelnden Gattungen von Bibliographien braucht man sich nicht verwirren zu lassen. Diese sind ebensoviele verschiedene Wege zum gleichen Ziel, nämlich zur Beantwortung der Frage: Wer hat was worüber wann (und gegebenenfalls wo) geschrieben? Oder einfacher: Was wurde worüber geschrieben und gedruckt? Obwohl die Menge des Geschriebenen schon seit der Antike die Fassungskraft des einzelnen – auch des einzelnen Bibliographen – stets überstieg, kann man doch in dem Gedanken einigen Trost finden, daß die Menge der Bücher und Bibliographien keineswegs die Menge möglicher und individualisierbarer Gedankeninhalte bezeichnet. Diese verhält sich zu jener eher umgekehrt proportional. Und da es in der Wissenschaft und Philosophie gerade um das letztere geht, wird man die Bedeutung aller Bücherkunde nicht über-, aber auch nicht unterschätzen, wenn man sie als notwendiges Instrument betrachtet, das davor schützt, vorgetane Gedankenarbeit aus Unkenntnis zu wiederholen oder einem unreflektierten Originalitätswahn zu erliegen. Sie ist das geistige Band, das jede wissenschaftliche Leistung mit dem Corpus Doctrinae der Wissenschaftstradition verbindet und auf sie verpflichtet.

Im Folgenden seien die wichtigsten allgemeineren und spezielleren Bibliographien für das Studium im allgemeinen und das der Philosophie insbesondere und ihr Nutzen für die verschiedenen Fragestellungen charakterisiert.

Literatur:

W. Dux, Methodik und Technik der Bearbeitung und Nutzung von Bibliographien. Eine Anleitung für die Praxis, Leipzig 1967; H. Baer, Bibliographie und bibliographische Arbeitstechnik. Eine Einführung, 2. Aufl. Frauenfeld 1964; R. Weitzel, Bibliographische Suchpraxis. Eine Einführung, Stuttgart 1962.

1. Bibliographien der Bibliographien

Der allgemeinste bibliographische Zugang zu einer Wissenschaft oder Fragestellung ist der Weg über die Bibliographie der Bibliographien. Sofern man wenigstens den Namen der gesuchten Disziplin oder die Bezeichnung des interessierenden Problems kennt, sucht man diese in der Bibliographie auf: falls sie alphabetisch angeordnet ist, direkt an der Alphabetstelle, sonst im Register. Man findet dann Hinweise auf spezielle Bibliographien zum Thema, aus denen man sich die geeigneten heraussucht und dort weiterfahndet. Solche Bibliographien befinden sich in der Regel in den Lesesälen großer Bibliotheken.

Th. Bestermann, A world bibliography of bibliographies, 5 Bde, 4. Aufl. Lausanne 1965–1966. Alphabetisch, über 60 000 Titel, registriert Seitenzahl und Zahl der enthaltenen Titel der Bibliographien. „Philosophie“ in Bd III, Sp. 4809–4827.

H. Bohatta u. *Fr. Hodes,* Internationale Bibliographie der Bibliographien, Frankfurt a. M. 1950. Ca 16 000 Titel, systematisch, innerhalb der Disziplinen nach Schlagwörtern.

W. Totok, R. Weitzel u. *K.-H. Weimann,* Handbuch der bibliographischen Nachschlagewerke, 3. Aufl. Frankfurt a. M. 1966. Über 2500 Titel, systematisch, präzise Charakterisierungen, bewährtes Hand- und Lehrbuch.

G. Schneider, Handbuch der Bibliographie, 4. Aufl. Leipzig 1930. Das zuerst 1923 erschienene Werk ist wegen seiner gelehrten Einleitung und Annotationen noch immer nützlich. Ca 5000 Titel.

L.-N. Malclès, Les sources du travail bibliographique, 3 Teile Genf 1950–1958 (Nachdruck 1966). Systematisch, umfassend, mit weiterführenden Charakterisierungen. Kurzfassung: Manuel de Bibliographie, Paris 1963.

C. M. Winchell, Guide to reference books, 8. Aufl. Chicago 1967. Systematisch, ca 7000 Titel, mit Anmerkungen.

J. K. Kirpiceva, Handbuch der russischen und sowjetischen Bibliographien (Teilübersetzung aus d. Russ. v. R. Stein), Leipzig 1962. Ca 600 Titel.

G. Ottino und G. Fumagalli, Bibliotheca Bibliographica Italica, Rom-Turin 1889–1902 (Nachdruck Graz 1957).

J. Petzholdt, Bibliotheca bibliographica. Kritisches Verzeichnis der das Gesamtgebiet der Bibliographie betreffenden Literatur des In- und Auslandes in systematischer Ordnung,

Leipzig 1866 (Nachdruck Niewkoop 1961). Ca 5500 Titel, klassisches und vorbildliches Werk, mit histor. Anmerkungen.

Th. Bestermann (Hg.), Index bibliographicus. Directory of current periodical abstracts and bibliographies / Répertoire des revues courantes de bibliographies analytiques et signalétiques, 2 Bde, 4. Aufl. Brüssel 1959 f. Verzeichnet periodische Bibl. und Referateorgane nach Dezimalklassifikation mit erläuternden Siglen.

The bibliographic Index. A cumulative bibliography of bibliographies, New York 1938 ff. Vierteljahresverzeichnis, kumuliert zu Jahresbänden, endgültig zu Vierjahresbänden. Umfassendste laufende Bibliographie.

Verzeichnis laufend erscheinender Bibliographien, hg. v. d. Deutschen Forschungsgemeinschaft, Wiesbaden 1963.

K. Fleischhack (Hg.), Bibliographie der versteckten Bibliographien aus deutschsprachigen Büchern und Zeitschriften der Jahre 1930–1953, Leipzig 1956. Ca 10 000 Titel. Dazu Supplemente: Bibliographie der deutschen Bibliographien, Jahresverzeichnis der selbständig erschienenen und der in deutschsprachigen Büchern und Zeitschriften versteckten Bibliographien, 1954 ff.

E. Zimmermann (Hg.), Bibliographische Beihefte der Zeitschrift für Bibliothekswesen und Bibliographie, Frankfurt a. M. 1957 ff. (seit 1959 als „Bibliographische Berichte“).

P. K. Garde, Directory of reference works published in Asia / Répertoire des ouvrages de référence publiés en Asie (Unesco bibliographical handbooks 5), Paris 1956. 1619, nicht nur bibliogr. Werke. Philosophie S. 15 f.: Japanische und indische Lexika.

2. *Allgemein- und Universalbibliographien*

In den Allgemein- und Universalbibliographien findet man außer den Bibliographien, die ja nur einen speziellen Teil der Bücher ausmachen, auch die thematische Literatur und weitere Hilfsmittel zu ihrer Erfassung verzeichnet, also z. B. Handbücher, Quellenwerke, Lexika aus allen Wissensbereichen, die man ergänzend zu den Bibliographien der Bibliographien heranziehen kann. Darüber hinaus sind sie ihrem Anspruch nach Gesamtbestandsaufnahmen der Literatur; in den älteren Werken noch geradezu auf dieses Ziel hin angelegt, in den neueren angesichts der wachsenden Buchproduktion auf besondere Literaturen: Nationalliteraturen besonderer Zeitalter (z. B. Inkunabeln, bzw. Wiegendrucke von Erfindung der Buchdruckerei bis ca. 1500) beschränkt. Da sie somit gleichsam die offiziellen Register existenter Bücher sind, kann man sie auch zur Verifizierung ungenauer Titelangaben benutzen, was im Bestellverkehr der Bibliotheken in der Regel der Fall ist. Entstanden sind diese Verzeichnisse zumeist aus Buchhandelskatalogen (z. B. Meßkataloge Frankfurt a. M. 1564–1749, Leipzig 1794–1860), und ihre heutige Bearbeitung liegt noch immer weitgehend in der Hand von Buchhändlervereinigungen.

Wir beschränken uns hier auf die Nennung der wichtigsten und noch umfassenden älteren Werke, die meist für die Philosophie noch sehr ergiebig sind, und auf die bedeutendsten deutschen Werke. Für die Nationalbibliographien des Auslandes sei auf das Verzeichnis bei Totok-Weitzel-Weimann, S. 29–76 verwiesen.

Deutsche Bibliographie. Wöchentliches Verzeichnis (hg. von der deutschen Bibliothek Frankfurt a. M., Verlag der Buchhändlervereinigung), Frankfurt a. M. 1947 ff. Erschien 1947–1952 unter dem Titel „Bibliographie der Deutschen Bibliothek“ und verzeichnet seit 1965 in drei Reihen Erscheinungen (A) innerhalb und (B) außerhalb des Buchhandels sowie (C) Karten. Die Vierteljahresregister nehmen auch die Verzeichnisse der „Österreichischen Bibliographie“ und des „Schweizer Buchs“ auf. Dieses laufende

Verzeichnis wird in mehrfacher Weise zusammengefaßt: *Deutsche Bibliographie. Halbjahresverzeichnis*, Frankfurt furt a. M. 1951 ff. Hier seit 1965 nur Reihe A vollständig, B in Auswahl aufgenommen. *Deutsche Bibliographie. Bücher und Karten*, Frankfurt a. M. 1953 ff. Fünfjahres-zusammenfassung (1. Bd 1945–1950 als Sechsjahresband). Hochschulschriften und Zeitschriften sind nicht aufgenommen. *Deutsche Bibliographie. Das deutsche Buch. Auswahl wichtiger Neuerscheinungen*, Frankfurt 1950 ff. Zweimonatsauswahl, nach Sachgruppen geordnet und mit informativen Annotationen.

Deutsche Nationalbibliographie (bearb. und hg. v. der Deutschen Bücherei Leipzig), Reihe A, B, Leipzig 1946 ff. Der Deutschen Bibliographie entsprechendes Unternehmen der DDR mit gleichfalls gesamtdeutschem Anspruch. Reihe A wöchentliches Verzeichnis der Buchhandelsschriften, Reihe B halbmonatliches Verzeichnis der Schul- und Hochschulschriften, amtlichen Drucksachen und nicht im Buchhandel erschienenen Schriften. Zusammenfassung als *Jahresverzeichnis des deutschen Schrifttums* (bearb. und hg. v. der Deutschen Bücherei und dem Börsenverein der deutschen Buchhändler zu Leipzig), Leipzig 1948 ff. Das Werk setzt die vorausgehende *Deutsche Nationalbibliographie*, Reihe A B, Leipzig 1931–1945, das in Halbjahresverzeichnissen zusammengefaßt war, in Anlage und Erscheinungsweise fort. Es knüpft an das alte *Wöchentliche Verzeichnis der erschienenen und der vorbereiteten Neuigkeiten des deutschen Buchhandels*, Leipzig 1843–1930 an, das auf der Grundlage des Börsenblattes des deutschen Buchhandels bearbeitet war.

Katalog der Taschenbücher, Köln und Stuttgart 1956 ff. Jahreskatalog der seit 1945 in der BRD erscheinenden Taschenbücher. Anordnung nach Autoren, mit Titelregister.

Internationale Bibliographie der Zeitschriftenliteratur aus allen Gebieten des Wissens, Osnabrück 1965 ff. Halbjährliches Verzeichnis der deutschen und fremdsprachlichen Zeitschriftenliteratur. Anordnung alphabetisch nach Schlagwörtern, Verfasserregister. Das Werk setzt die *Internationale Bibliographie der Zeitschriftenliteratur, begr. von F. Dietrich,* Leipzig 1897–1947, dann Osnabrück 1948–1964 fort. Der berühmte „Dietrich“ war das umfassendste internationale Aufsatzverzeichnis und bleibt für die bibliographische Erschließung derselben das unentbehrliche Quellenwerk. Durch 20 Ergänzungsbände ist der Berichtszeitraum bis 1861 erweitert. Das ca 300 Bde umfassende, halbjährlich erschienene Werk gliederte sich in drei Abteilungen: *Abt. A:* Bibliographie der deutschen Zeitschriftenliteratur mit Einschluß von Sammelwerken, 128 Bde 1896–1964; *Abt. B:* Bibliographie der fremdsprachigen Zeitschriftenliteratur, 22 Bde 1911–1921/25 und Neue Folge 51 Bde 1925–1964 (Berichtslücke 1943/44–1948/49). *Abt. C:* Bibliographie der Rezensionen und Referate, 77 Bde 1900–1943. Nur die Abt. A und B werden seit 1965 weitergeführt.

Das Große Duden-Lexikon Bd 9: Bibliographie, Mannheim 1969. Sehr dienliches bibliographisches Handbuch für den Hausgebrauch, auch selbständig erschienen. Enthält ca 1100 philosophische Stichwörter, bearb. von L. Geldsetzer und Mitarbeitern. Vorläufer: Meyers Bücherlexikon, Mannheim 1963.

Hinrichs' Bücherkatalog, 13 Bde Leipzig 1875–1913. (Bd 1–3 Nachdruck Graz 1964). Alphabetisch nach Verfassern und anonymen Sachtiteln angeordnetes, fast vollständiges Verzeichnis, auch Zeitschriften registrierend. Berichtszeitraum 1851–1912.

Chr. Gottl. Kayser, Vollständiges Bücherlexikon, enthaltend alle von 1750 bis 1910 in Deutschland und in den angrenzenden Ländern gedruckten Bücher, 36 Bde nebst 36 Register-Bdn (anfangs als „Teile“), Leipzig 1834–1911 (Nachdruck Graz 1961–1963). Alphabetisch angeordnetes Verzeichnis mit systematischen Registern, Konkurrenzwerk zum „Hinrichs“, aber in der Berichtszeit 1750–1910 weiter ausgreifend.

W. Heinsius, Allgemeines Bücher-Lexikon oder Vollständiges alphabetisches Verzeichnis aller von 1700–1892 erschienenen Bücher, 19 Bde Leipzig 1812–1894 (Nachdruck Graz 1962–1963). Alphabetisch nach Verfassern, in Anhängen nach Sachtiteln angeordnetes Verzeichnis deutschsprachiger Schriften. Für den Zeitraum 1700–1750 die vorgenannten ergänzend.

J. S. Ersch, Handbuch der Deutschen Literatur seit der Mitte des 18. Jahrhunderts bis auf die neueste Zeit, 6 Bde Leipzig 1822–1840 (Nachdruck Hildesheim 1969 ff.). 6-teilige bearbeitete Ausgabe des zuerst in Amsterdam und Leipzig 1812–1814 erschienenen Werkes. Nach Wissenschaften geordnet mit ausführlichen Personen- und Sachregistern. Bd (und Teil) I: Literatur der Philologie, Philosophie und Pädagogik, bearb. v. E. G. A. Böckel (1822). Eine 3. selbständige Ausgabe des philosophischen Teils bearbeitet von Chr. A. Geissler erschien 1850 als „Bibliographisches Handbuch der philosophischen Literatur der Deutschen von der Mitte des 18. Jahrhunderts bis auf die neueste Zeit" (Nachdruck hg.v. L. Geldsetzer, Düsseldorf 1965, vgl. Abschn. 4).

J.-C. Brunet, Manuel du libraire et de l'amateur de livres, 6 Teile nebst Suppl. in 2 Teilen, 5. Aufl. Paris 1860–1880. Nachdruck Kopenhagen 1966, mit 3 Suppl. (Teil 9): Dictionnaire de géographie ancienne et moderne, (von P. Deschamps). Ca 60000 Titel, mit gründlichen Anmerkungen. Teil 1–5 alphabetisch nach Verf., Teil 6 systematisch nach Disziplinen mit Verweisen auf Hauptteil. Suppl. ebenso angeordnet. Zuverlässiges und gründliches Werk, bes. für franz. und lat. Literatur des 16.–18. Jahrhunderts.

F. A. Ebert, Allgemeines bibliographisches Lexikon, 2 Bde, Leipzig 1821–1830. Ca 24000 Titel, mit Anmerkungen, nach Verfasseralphabet angeordnet. Wertvoll für deutsche und angelsächsische wissenschaftl. Literatur.

Theoph. Georgi, Allgemeines europäisches Bücherlexikon, 5 Teile nebst 3 Teilen Suppl., Leipzig 1742–1758 (Nachdruck Graz 1966/67). Unvollendete europäische Gesamtbibliographie in tabellarischer Anordnung nach Verfassern oder Sachtiteln. Ca 120 000 Titel, Teil 1–4 deutsche und lateinische, Teil 5 französische.

M. Lipenius, Bibliotheca realis universalis omnium materiarum, rerum et titulorum, in theologia, iurisprudentia, medicina et philosophia occurentium, Frankfurt 1679–1685. Nachdruck Hildesheim 1965. Ca 125 000 Titel, nach den vier klass. Wissenschaften geordnet.

C. Gesner, Bibliotheca universalis, sive catalogus omnium scriptorum locupletissimus, in tribus linguis, latina, graeca, et hebraica, Tomi 1–3 und Appendix, Zürich 1545–1555. Nachdruck Tomus 1 und Appendix, zus. mit der „Epitome" des Gesamtwerkes von J. Simler von 1555, Osnabrück 1966. Erstes Gesamtverzeichnis der bedeut. Literatur der gen. Sprachen. 1. Tomus alphabetisch nach Vornamen der Verfasser, Tomus 2–3 systematisch nach 21 (eigentlich nur 20, Medizin erschien nicht) Disziplinen, dazu Gesamtindex.

3. Bibliographien der philosophischen Bibliographien

Selbständige Schriften über diesen Gegenstand sind selten. Gewöhnlich wird die Materie in den in den Abschnitten 1, 2 und 4 genannten Werken mitbehandelt. Um so mehr treten die verfügbaren Schriften hervor.

M. Jasenas, A history of the bibliography of philosophy (Studien und Materialien zur Geschichte der Philosophie 14), Hildesheim (voraussichtlich 1972).

W. Totok, Bibliographischer Wegweiser der philosophischen Literatur, Frankfurt a. M. 1959. (36 S.) Behandelt alle relevanten bibliographischen Sparten mit vorzüglicher systematischer Anleitung.

I. M. J. Bocheński und F. Monteleone, Allgemeine philosophische Bibliographie (Bibliographische Einführungen in das Studium der Philosophie I), Bern 1948 (42 S.). Sehr nützliche, meist annotierte Übersicht aller Sparten, wertvoll neben Totok.

D. H. Borchardt, How to find out in Philosophy and Psychology, Oxford 1968 (97 S., 186 Titel). Gibt einen guten Überblick über Lexika, abgeschlossene und laufende Bibliographien, nationale Bibliographien, Bibliographie einzelner Disziplinen und Bibliographie gelehrter Gesellschaften und Institutionen, dazu separate Titelliste.

4. Abgeschlossene philosophische Bibliographien

Neben den laufenden Bibliographien, die man zur Erschließung der aktuellen Literatur benötigt, sind die abgeschlossenen Bibliographien das wichtigste Arbeitsinstrument des Fachphilosophen. Die berühmtesten abgeschlossenen Bibliographien sind klassisch zu nennende Dogmatiken des die Philosophie „ausmachenden" Literaturmaterials geworden. Es ist erforderlich, sich den jeweils dokumentierten Zeitraum zu merken, da die einzelnen abgeschlossenen Bibliographien sich darin ergänzen.

Hier seien nur die die gesamte Philosophie betreffenden Bibliographien genannt, während die Bibliographien zu den einzelnen Disziplinen und einzelnen philosophiegeschichtlichen Epochen in der „speziellen Bücherkunde" des zweiten Bandes aufgeführt werden sollen. Es versteht sich jedoch von selbst, daß die Gegenstände der Disziplinen und Epochen auch in den hier erwähnten philosophischen Allgemeinbibliographien als deren Bestandteile anzutreffen sind.

Fr. Ueberweg, Grundriß der Geschichte der Philosophie, 5 Bde, 12. Aufl. (Bd 2: 11. Aufl.) Berlin 1923–1928 (Nachdruck Basel 1951–1953 u. ö.). Neubearbeitung in Vorbereitung. Unentbehrliche Titelsammlung im Anschluß an die historische Darstellung der einzelnen Bände. Primärliteratur im Hauptteil.

W. Totok, Handbuch der Geschichte der Philosophie, Bd I:

Altertum (indische, chinesische, griechisch-römische Philosophie), Frankfurt a. M. 1964; Bd II/1: Mittelalter, Frankfurt a. M. 1970; Bd II/2 und Bd III in Vorbereitung. – Ergänzung des Ueberweg. Bibliographie der Primär- und Sekundärliteratur der Philosophen und der philosophiegeschichtlichen Epochen seit 1920.

G. A. De Brie (Hg.) Bibliographia philosophica 1934–1945. Vol. I: Bibliographia historiae philosophiae; Vol. II: Bibliographia philosophiae, Utrecht 1950–1954. Ca 48 000 Titel. Ergänzung des Ueberweg für den genannten Zeitraum, erfaßt Bücher und Aufsätze, oft mit Angabe von Rezensionen, aus dem europäischen (außer dem slavischen) Raum.

G. Varet, Manuel de bibliographie philosophique. Vol. I: Les philosophies classiques; Vol. II: Les sciences philosophiques, Paris 1956. Ca 20 000 Titel, geschichtliche und systematische Bestandsaufnahme, auch mit guter Einführung in bibliographische Hilfsmittel und Personenregister.

I. M. J. Bocheński (Hg.), Bibliographische Einführungen in das Studium der Philosophie, Bern 1948–1953. 23 Hefte, systematisch, jeweils mit Namensregister, teilweise umfassend und auch für Spezialforschungen grundlegend. (Die einzelnen Hefte werden in der speziellen Bücherkunde genannt).

H. Flasche und *U. Wawrzinek,* Materialien zur Begriffsgeschichte. Eine Bibliographie deutscher Hochschulschriften von 1900–1955 (Archiv für Begriffsgeschichte 5), Bonn 1960. Ca 10 000 Titel, sehr verdienstliche Bestandsaufnahme der zu wenig ausgenützten Materialien dieser Sparte, alphabetisch nach Stichwörtern geordnet.

Philosophie. Ein Verzeichnis von Büchern und Aufsätzen, Hannover 1954. Ca 4500 Titel, Eingänge der Stadtbibliothek.

Philosophie und Grenzgebiete 1945–1964 (Koehler und Volckmar-Fachbibliographien), Köln-Stuttgart 1965. Ca

10 000 Titel, Sortimentskatalog, nur deutschsprachige selbständige Schriften, systematisch nach Disziplinen und historisch nach Zeitaltern, Sach- und Autorenregister. Sehr nützlich und zuverlässig.

Grundkatalog Philosophie 1965. Bibliographie der im Buchhandel erhältlichen Literatur, vorwiegend in deutscher, englischer und französischer Sprache (Sortimentskatalog der Werbegemeinschaft Elwert und Meurer Berlin), o.O. (1965). 3182 num. Titel, systematisch und historisch mit Personen- und Sachregister. Ergänzt vorgenannten Katalog für gen. Sprachbereiche. Wird durch „Jahreskataloge" fortgeführt, jetzt im „Grundkatalog Philosophie 1970/71", Berlin 1971 zusammengefaßt, 4288 num. Titel mit Personen- und Sachregister.

E. E. Gietz u. a. (Hg). Bibliografía filosofica del siglo XX. Catálogo de la exposición bibliografica internacional de la filosofía del siglo XX, Buenos Aires 1952. Ca 4000 Titel, Ausstellungskatalog der Universität Buenos Aires, Literatur des 20. Jh.

B. Rand, Bibliography of philosophy, psychology and cognate subjects, 2 Vols. New York 1905 (Bd 3 des „Dictionary of Philosophy" von Baldwin), Nachdruck Gloucester, Mass. 1960/61. Ca 70 000 Titel, I. alphabetisch nach Autoren, II. alphabetisch innerhalb der Disziplinen.

G. F. Mclean, An annotated Bibliography of Philosophy in catholic Thought 1900—1964 (Philosophy in the twentieth century, catholic and christian 1), New York 1967.

G. F. Mclean, A Bibliography of Christian Philosophy and contemporary Issues (Philosophy of the twentieth century, catholic and christian 2), New York 1967.

J. C. Plott und *P. D. Mays,* Sarva-Darśana-Sangraha. A bibliographical guide to the global history of philosophy, Leiden 1969. Annotierte Auswahlbibliographie der philosophischen Epochen mit besonderer Betonung der orientalischen Sprachgebiete. Bevorzugt engl. Übersetzungen.

R. Herbertz, Die philosophische Literatur. Ein Studienführer, Stuttgart 1912. 1250 Titel, systematische Einführung in die Geschichte und die einzelnen Disziplinen, kenntnisreiche Anmerkungen zu allen Titeln, Namenregister. Formal noch vorbildlich, sonst nur historisch von Wert.

J. Hoffmans, La philosophie et les philosophes. Ouvrages généraux, Brüssel 1920. 2700 Titel, systematisch, für die Berichtszeit noch interessant.

J. S. Ersch und Chr. A. Geissler, Bibliographisches Handbuch der philosophischen Literatur der Deutschen von der Mitte des 18. Jhs. bis auf die neueste Zeit (1850), 3. Aufl. Leipzig 1850 (Nachdruck in Instrumenta Philosophica Series Indices Librorum I, Düsseldorf 1966). Ca 3000 Titel, systematisch angeordnet, verzeichnet auch Übersetzungen phil. Lit. ins Deutsche, Namen- und (sehr nützliches) Sachregister.

V. Ph. Gumposch, Die philosophische Literatur der Deutschen von 1400 bis auf unsere Tage (1850), Regensburg 1851 (Nachdruck in Instr. Phil. S.I.L. II, Düsseldorf 1967). Innerhalb der philosophiegeschichtl. Epochen nach Strömungen und geograph. Schwerpunkten geordnet. Biograph. und literarhist. Anmerkungen, Personenregister. Ergänzung zu den von Ueberweg vernachlässigten Literaturbereichen.

M. Hissmann, Anleitung zur Kenntnis der auserlesenen Literatur in allen Teilen der Philosophie, Göttingen-Lemgo 1778. Ca 2000 Titel, systematisch mit Anmerkungen.

L. M. Kahl (Hg.), Bibliotheca philosophica Struviana, 5. Aufl. Göttingen 1740 (Nachdruck in Instr. Phil. S. I. L. V, Düsseldorf 1970). Ca 4000 Titel, systematisch einführend in die Disziplinen der theoret. und prakt. Philosophie, reiche Anmerkungen, Personenregister.

P. Bolduanus, Bibliotheca philosophica, sive elenchus scriptorum philosophicorum atque philologicorum illustrium, Jena 1616 (Nachdruck in Vorber.). Ca 9000 Titel, innerhalb der Disziplinen und gewichtiger philos. Themenbereiche reine Titellisten. Erste derartige Bestandsaufnahme in der Philosophie.

5. *Laufende philosophische Bibliographien*

Die sog. laufenden Bibliographien ergänzen die abgeschlossenen Bibliographien für die jeweils aktuelle philosophische Literatur. Sie werden in der Regel von Zeit zu Zeit in selbständigen abgeschlossenen Bibliographien aufgearbeitet oder auch in Jahres- oder Mehrjahresindexbänden kumuliert. Äußerlich werden die laufenden Bibliographien in der Form von Zeitschriften oder Beiheften zu solchen geführt, wie auch sonst anspruchsvolle Fachzeitschriften für ihren Bereich mehr oder weniger die Sparte „Neuerscheinungen" oder „Literaturberichte" gleichsam als laufende Bibliographie pflegen. Da Gesamtbestandsaufnahmen langwieriger Arbeiten bedürfen, befinden sich die laufenden Bibliographien gewöhnlich in ein- bis mehrjährigem Rückstand gegenüber den Erscheinungsterminen der Schriften. Die Informationslücke läßt sich durch Beobachtung der Literaturberichte in den Fachzeitschriften und allgemeineren Referateorganen (Times Literary Supplement, Literaturbeilage der „Welt", Wissenschaftlicher Literaturanzeiger) oder Verlagsankündigungen[1] schließen.

Bibliographie de la philosophie, Bulletin trimestriel / Bibliography of Philosophy, A quarterly Bulletin, Paris 1937—1953, Neue Serie 1954 ff. Auf Vollständigkeit ausgehende

---

[1] Solche regelmäßig in den buchhändlerischen Fachzeitschriften: BRD: Börsenblatt für den Deutschen Buchhandel, Frankfurt a. M.; DDR: Börsenblatt für den deutschen Buchhandel, Leipzig; USA: Publishers Weekly, New York; England: Bookseller, London; Frankreich: Bulletin de livre, Paris; Italien: Giornale della libreria Mailand; Schweiz: Schweizer Buchhandel, Bern; Österreich: Anzeiger des Österr. Buch-, Kunst- und Musikalienhandels, Wien; UdSSR: Nowie knigi SSSR, Bulletin der Organisation „Mechdunarodnaja kniga" Moskau; Bulgarien: Bulgarski knigi, Monatsbulletin, Sofia.

internationale Buch- und Zeitschriftenaufnahme, wertete bis 1953 ca 750 Journale aus, Mitarbeiter in 40 Ländern. Anordnung nach Verfassern, im 2. Teil jeweils Aufschlüsselung nach Zeiträumen, Ländern, Klassikern und Begriffen. Seit 1954 Referateorgan für Bücher, systematisch nach Disziplinen, Jahresindices.

Répertoire bibliographique de la Philosophie, Löwen 1949 ff. Bietet in systematischer Anordnung Buch- und Zeitschriftenliteratur aus dem europäischen Sprachbereich (sonstiges nur sporadisch), Auswertung von ca 220 Journalen. Die Jahreshefte bringen bes. Rezensionenverzeichnis. Das Répertoire ist zugleich Beilage der „Tijdschrift voor filosofie“ und bildete vorher Supplement zur „Revue néoscolastique“ (s. u.).

Revue néo-scolastique de philosophie, Löwen 1894 ff. Supplément: „Sommaire idéologique des ouvrages et des révues de philosophie“ für 1895—1914. Von 1934 an (außer 1941—1945) weitergeführt als „Répertoire bibliographique“ (s.o.).

The philosopher's index. An international index to philosophical periodicals, Bowling Green, Ohio, 1967 ff. Reine Zeitschriftenauswertung, ca 140, international in Zusammenarbeit mit der Dokumentationsabt. des Philos. Instituts Düsseldorf. Anordnung alphabetisch nach inhaltlichen Schwerpunkten (Begriffe und Personen, System Golem, vgl. Kap. I, 7). Dazu Verfasserindex und nach Verf. geordnete Inhaltszusammenfassungen, meist im Original übernommen.

Bibliographie Philosophie, Berlin(-Ost) 1967 ff. Erfaßt Zeitschriftenaufsätze und Buchrezensionen, Anordnung nach Dezimalklassifikation, systematische Unterscheidung „marxistischer“ und „gegenwärtiger nichtmarxistischer Philosophie“.

M. B. Reszova (Red. d. Akad. d. Wiss. Moskau), Novaja inostrannaja literatura po filosofii (Neue ausländische Literatur zur Philosophie), Moskau 1960 ff. Ca. 7000 Titel pro Jahrgang im monatlichen Verzeichnis der Bibliothekseingänge.

P. H. Nowell-Smith (Hg.), Philosophical books. A quarterly review, Leicester 1960 ff. Ca 100 Titel pro Jg.

Rassegna bibliografica di storia della filosofia ricavata dalle riviste, hg. v. Istituto di Filosofia dell' Universita di Parma, Parma (jetzt: Padua) 1966 ff. Ab 1966 jährlich berichtend, alphabetisch nach Persönlichkeiten geordnet.

Annual bibliography of philosophy. Beilage des „Journal of philosophy Jg. 1934–1937. Auswertung von ca 75 Journalen, ca 1500 Titel pro Jahr.

Philosophie, Psychologie, Pädagogik. Monatlicher Anzeiger aller Neuerscheinungen auf dem Gebiete der Philosophie, Psychologie und Psychotechnik, Leipzig 1925–1944. Nur deutschsprachiges Schrifttum.

Bibliographie der Philosophie und Psychologie des Jahres, Leipzig 1920–1938. Hauptsächlich deutschsprachiges Schrifttum.

6. Forschungsberichte und Referateorgane

Während man sich anhand der laufenden Bibliographien über das Erscheinen neuer Literatur überhaupt informiert, tut man doch gut daran, sich anhand der hier zu nennenden Organe auch inhaltlich über die Lage und die Tendenzen seiner Wissenschaft zu orientieren. Dies gilt um so mehr, als bei der erwähnten Titelunsicherheit vieler Schriften kaum auf den Inhalt zu schließen ist. So ist als Reaktion auf die Lage das Referatewesen[2] überall in voller Blüte und wird wohl auch auf lange Sicht die reine Bibliographie ersetzen. Dies wäre noch leichter und schneller zu bewältigen, wenn die Autoren ihren Büchern und Aufsätzen (wie in letzteren schon weitgehend üblich) bündige Zusammenfassung der von ihnen selbst für wichtig und bemerkenswert gehaltenen Thesen und

[2] Vgl.: An Index to book reviews in the humanities, Detroit 1960–1962. Ca 100 000 Titel.

Motive beifügten, die — eine Neubelebung des alten ausführlichen Untertitels — jeweils bei bibliographischen Angaben mitabzudrucken wären. Damit wäre u. a. ein purgatorischer Effekt auf die wissenschaftliche Artikulation zu erzielen. Einstweilen, und historisch zurückreichend, hat man besonders in den Forschungsberichten, aber auch in den Referateorganen, sehr nützliche synthetische Vorgaben für die Geschichte der jeweiligen Wissenschaft und Disziplin, die als Einführung und Übersicht immer mehr Bedeutung gewinnen. Die hier aufgeführten klassischen Referate- und Rezensionsorgane älterer Zeit sind noch immer wegen ihrer Seltenheit zu wenig ausgeschöpfte historische Quellenwerke.

Bibliographie de la Philosophie, Bulletin trimestriel / Bibliography of Philosophy, A quarterly Bulletin, (Neue Form), Paris 1954 ff. Systematisch nach philos. Disziplinen geordnete Kurzanalysen selbständiger Schriften. Neuauflagen und Übersetzungen ohne solche. Jahresindices nach Verfassern und Schlagwörtern, behandelten Personen und Verlagen. Umfassendste internationale Bestandsaufnahme mit Redaktionen in ca 40 Ländern.

G. Schischkoff (Hg.), Philosophischer Literaturanzeiger. Ein Referateorgan für die Neuerscheinungen der Philosophie und ihrer Grenzgebiete, Meisenheim 1949 ff. Ausgewählte, sehr ausführliche Referate, dazu Liste eingesandter Schriften. Repräsentativ für deutschen Sprachraum.

H. G. Gadamer und *H. Kuhn* (Hg.), Philosophische Rundschau. Eine Vierteljahresschrift für philosophische Kritik, Tübingen 1953 ff. Umfangreiche kritische Rezensionen einzelner oder mehrerer Schriften nach thematischen Schwerpunkten.

Bulletin signalétique (früher: analytique), Abt. III: Philosophie und Grenzgebiete, Paris 1940 ff. Ausschließlich Zeitschriftenauswertung, ca 400. Systematisch geordnet mit Jahresregistern nach Verfassern und Schlagwörtern.

The philosopher's index. An international index to philosophical periodicals, Bowling Green, Ohio, 1967 ff. (s. o. 5.) Bringt im 2. Teil jedes Heftes die (meist originalen) Zusammenfassungen der Aufsatzinhalte auf der Grundlage elektronischer Datenverarbeitung.

J. Kemp (Hg.), Philosophical Books, Leicester, England, 1960 ff. Dreimal jährlich erscheinendes britisches Rezensionsorgan.

Actualités scientifiques et industrielles. Philosophie. Chronique annuelle, Paris 1937 ff. Besprechung internationaler Neuerscheinungen, systematische Gliederung.

D. Runes (Hg.), Philosophic Abstracts, New York 1939–1954. Nach Ländern geordnete Literaturbesprechungen. USA überwiegend.

Die Philosophischen Bemühungen des 20. Jahrhunderts, Basel und Darmstadt 1962 ff. Darstellungen zum Verhältnis der Philosophie zu Einzelwissenschaften und zu philosophischen Strömungen. Bisher H. Noack, Die Philosophie Westeuropas, 2. Aufl. 1965; A. Troller (Hg.), Die Begegnung von Philosophie, Rechtsphilosophie und Rechtswissenschaft, 1971.

M. F. Sciacca (Hg.), Les grands courants de la pensée mondiale contemporaine, 4 Bde Mailand (Bd 3 und 4 auch Paris) 1961–1964. Gibt in Bd 1 und 2 „Les tendances principales" Übersichten über die Gegenwartsströmungen der Philosophie und die Lage in den einzelnen Disziplinen, in Bd 3 und 4 „Portraits" Charakterisierungen einzelner Philosophen, jeweils mit Bibliographien, von kompetenten Fachleuten bearbeitet.

R. Klibansky (Hg.), Philosophy in the Mid-Century. A Survey / La Philosophie au milieu du vingtième siècle. Chroniques, 4 Bde Florenz 1961–1962. Bde 1–3 bieten sehr kompetente Darstellungen des Standes der philosophischen Disziplinen, Bd 4 der philosophiegeschichtlichen Arbeit, mit Bibliographien.

Philosophische Forschungsberichte, Berlin 1930–1933. Seinerzeit vorbildliche Übersicht über die Entwicklung einzelner philosophischer Disziplinen mit Besprechung der jeweiligen Literatur und bes. Titelverzeichnis.

A Hoffmann (Hg.), Literarische Berichte aus dem Gebiete der Philosophie, Erfurt 1923–1932. Bibliographie und Forschungsberichte über einzelne Disziplinen, Länder und Philosophen.

M. Frischeisen-Köhler und *W. Moog* (Hg.), Jahrbücher der Philosophie. Eine kritische Übersicht der Philosophie der Gegenwart, 3 Bde, Berlin 1913–1914 und 1927. Auswahlbesprechung der wichtigsten Neuerscheinungen.

A. Lorenz (Hg.), Vademecum philosophicum, Leipzig 1913. Buchhandelskatalog, 12 566 Titel. Neu bearb. als Bibliotheca philosophica, Leipzig 1929.

A. Ruge, Die Philosophie der Gegenwart. Eine internationale Jahresübersicht, Heidelberg 1910–1915. Ca 17 000 Titel aus dem Berichtszeitraum 1908–1913. Besprechungen von Büchern und Aufsätzen.

Acta Eruditorum, Leipzig 1682—1731, hg. v. O. *Mencke* (ab 1707 von *J. B. Mencke).* Rezensiert insges. ca 10 000 Titel. Fortgeführt als „Nova Acta Eruditorum“, hg. v. *Fr. O. Mencke,* Leipzig 1732–1776. Ca 4500 Titel. Zur ersten Reihe existieren 10, zur zweiten 8 Supplementbände, die in unregelmäßiger Folge zwischen 1692 und 1757 erschienen; dazu Indices generales auctorum et rerum, 6 Bde, Leipzig 1693—1745. Das vollständige Werk umfaßt 117 Bde.

A. Baillet, Jugements des sçavans sur les principaux ouvrages des auteurs, 9 Bde, Paris 1685–1686. Neu mit Zusätzen von Ménage u. a. hg. v. de la Monnoye, Paris 1722–1730, auch Amsterdam 1725. (Nachdruck der letzteren Ausgabe, 8 in 4 Bdn, Hildesheim 1970). Nach Disziplinen geordnete Referate über Kritiken der bedeutenden Literaturwerke in Dialogform.

7. Nationale philosophische Bibliographien

Die Wiederherstellung des internationalen Charakters der Wissenschaft drängt die nationale Fachbibliographie auf die Bearbeitung von Randgebieten und auf historische oder buchhändlerisch orientierte Bestandsaufnahmen zurück. Daneben gewinnt die Bibliographie nach Sprachbereichen einige Bedeutung, wobei freilich noch immer gilt: je entlegener die Sprache, desto weniger wird ihr Schrifttum im internationalen Dialog ausgewertet. Allerdings erwartet man heute, daß anspruchsvolle Werke in die geläufigen Sprachen übersetzt werden. Dennoch würde eine umfassendere Auswertung der hier zu nennenden Hilfsmittel die Philosophie insgesamt sehr bereichern. [3]

Deutschland (einschließlich Österreich und deutschsprachige Schweiz)

Philosophie und Grenzgebiete 1945–1964 (Koehler und Volckmar-Fachbibliographien) (vgl. Kap. II, 4). Ähnlich: Philosophischer Handkatalog, hg. v. d. dt. Verlegern phil. Schrifttums, Leipzig 1926.

J. S. Ersch und *Chr. A. Geissler*, Bibliographisches Handbuch der philosophischen Literatur der Deutschen von der Mitte des 18 Jh. bis auf die neueste Zeit (1850), 3. Aufl. Leipzig 1850. Nachdruck in: Instrumenta philosophica Series Indices Librorum I, Düsseldorf 1966.

V. Ph. Gumposch, Die philosophische Literatur der Deutschen von 1400 bis auf unsere Tage (1850), Regensburg 1851. Nachdruck in: Instr. Phil. S. I. L. II, Düsseldorf 1967.

E. Heuss u. a. (Hg.), Bibliographie der philosophischen, psy-

[3] Vgl.: *H. F. Conover*, Current national bibliographies, Washington 1955 (ca 250 Titel); *M. L. Černá*, Národné bibliografie, 1950 (1250 Titel); O. *Pinto*, Le bibliografi nazionalie (Biblioteca di bibliografia italiana), 2. Aufl. Florenz 1951 (400 Titel). Fortsetzung bis 1959 in: Bibliofilia 59 (1957), S. 35–54 und 65 (1963), S. 55–80. *R. Weitzel*, Die deutschen nationalen Bibliographien, 3. Aufl. Frankfurt a. M. 1963.

chologischen und pädagogischen Literatur der deutschsprachigen Schweiz, 1900–1940 (Jahrbuch der Schweizerischen philosophischen Gesellschaft, Beiheft 2). Verzeichnet Bücher, Aufsätze und Dissertationen alphabetisch nach Verfassern, systematisches Register. Fortgesetzt 1941–1944 unter gleichem Titel ohne Zusatz „deutschsprachigen" unter Aufnahme französ. und italien. Schrifttums, hg. v. *H. Zantop* (Jahrbuch d. Schweiz. philos. Ges. 5, 1945).

Italien

Istituto di studi filosofici (Hg.), Bibliografia filosofica italiana 1850–1900, Rom 1969. Gibt Überblick über die ital. philos. Zeitschriften und Literatur, nach Persönlichkeiten alphabet. geordnet, nach dem Vorbild der folgenden Bibliographie.

Bibliografia filosofica italiana dal 1900 al 1950, 4 Bde, Rom 1950–1956. Ca 40 000 Titel, alphabetisch nach Verfassern, mit Verzeichnis und Charakterisierung der ital. Zeitschriften von E. Zampetti.

A. Padovani und *M. F. Sciacca* (Hg.), Bibliografia filosofica italiana, Anno 1949 ff., Mailand 1951 ff. Fortsetzung des obengen. Werkes, umfassende Bestandsaufnahme mit gleicher Anordnung. Seit 1961 hg. v. A. Baholin.

M. F. Sciacca, Italienische Philosophie der Gegenwart (dt. v. E. Schneider) (Bibliographische Einführungen in das Studium der Philosopie, hg. v. Bocheński, Nr. 7), Bern 1948. 250 Titel, orientiert systematisch über Klassiker, Bibliographische Hilfsmittel, Quellenwerke, z. T. mit Anm.

A. Levi und *B. Varisco,* Saggio di una bibliografia italiana dal 1. gennaio 1901 al 30 giugno 1908, Modena-Bologna 1908. Ca 3000 Titel, innerhalb der phil. Disziplinen nach Verfassern alphabetisch, im philosophiegesch. Teil den Klassikern zugeordnete Bibliographie. Kein Register.

A. Levi, Bibliografia filosofica italiana (1908–1915), Modena 1909–1916. Ca 4000 Titel, Fortsetzung von obigem, gleiche Anordnung.

R. Pompa, L'Italia filosofica contemporanea o cenni bibliografico-critici intorno filosofi italiani viventi, 2 Bde, Salerno 1878–1879. Ca 500 Titel.

Frankreich

Documentation et Disciplines Philosophiques (Hg.: Centre de Documentation Sciences Humaines), Paris 1970.

R. Bayer (Hg.-Dir.), Manuel de la recherche documentaire en France, Tome II, 1re partie – 7e section: Philosophie, Bayeux-Baris 1950. Verzeichnis der französischen philosophischen Literatur nach Disziplinen, mit Standortangabe in den öffentlichen Bibliotheken und Forschungseinrichtungen.

Niederlande

J. J. Poortman, Repertorium der Nederlandse wijsbegeerte, Amsterdam-Antwerpen 1948. Verzeichnet Schriften und Aufsätze in niederländischer (einschl. flämischer) und lateinischer Sprache seit dem Mittelalter. 1. Teil nach Begriffen und Disziplinen, 2. Teil alphabetisch nach Verfassern, dann Sekundärlit.

Catalogus van boeken in noord-Nederland verschenen van de vraegsten tijd tot op heden. Teil III: Wijsbegeerte en onderwijs, Den Haag 1911. 500 Titel, Ausstellungskatalog.

Schweden

A. Vannérus, Svensk filosofi. Bibliografisk förteckning. Omfattende tiden till och med aar 1900, Stockholm 1930. Alphabetisch nach Verfassern, schwedische und schwedische Philosophie betreffende ausländische Literatur.

Polen[4]

Bibliografia filozofii polskiej (hg. v. A. Kadler, I. Raczyńska

[4] Vgl. ergänzend zu den im folgenden genannten Fachbibliographien der Ostblockländer: Neuerscheinungen wissenschaftlicher Li-

u. a., Polnische Akademie d. Wiss.), Warschau 1955 ff. Registriert in 4 Teilen alphabetisch nach Verfassern die auf polnischem Gebiet in den Grenzen von 1772 erschienene Literatur. I. bis 1749, II. bis 1830, III. bis 1864, IV. bis zur Gegenwart.

A. Grzegorczyk und *L. Kasiński,* Bibliografia filosofii w Polsce 1945–1946, Krakau 1947. 300 Titel.

Sowjetunion

Novaja sovjetskaja literatura po filosofija (Neue sowjetische Literatur zur Philosophie), hg. v. d. Akad. d. Wiss., Moskau 1954 ff.

Aktuelle Probleme der marxistisch-leninistischen Philosophie in der UdSSR. Monatsübersicht aus sowjetischen philosophischen Zeitschriften, Berlin(-Ost) 1962 ff. In 8 Abteilungen gegliedert, wertet 10 sowjet. Zeitschriften aus, z. T. ausführliche Referate der Aufsätze.

Bibliographie der sowjetischen Philosophie (Sovietica I–III), Dordrecht 1959. I. Th. Blakeley, Die ‚Voprosy filosofii' 1947–1956. Ca 1000 Titel, registriert die Beiträge dieser führenden philosophischen Zeitschrift. II. ders., Bücher 1947–1956, Bücher und Aufsätze 1957–1958 sowie Namenverzeichnis 1946–1958. Ca 1300 Titel. III. Bücher und Aufsätze 1959–1960. Ca 1300 Titel.

Tschechoslowakei

A. Pavlov und *B. Jakowenko,* Kurze Bibliographie der neuen tschechoslowakischen Philosophie (Intern. Bibliothek für Philosophie I, 3) Prag 1935. Ca 3000 Titel.

---

teratur aus den Ländern der Volksdemokratien: Albanien, Bulgarien, Polen, Rumänien, Tschechoslowakische Republik, Ungarn, Volksrepublik China (hg. v. d. Zentralstelle f. wiss. Lit.), Berlin (-Ost) 1952 ff.

Ungarn

J. Buday, A maggyar filozófiai irodalom bibliografiája 1901–1925 (Bibliographie der ungarischen philosophischen Literatur 1901–1925), Budapest 1929. Ca 5000 Titel, verzeichnet philosophiegeschichtlich, nach einzelnen Philosophen und nach Disziplinen alle in Ungarn (auch übersetzte ausländ.) erschienene Literatur. 106 Zeitschriften sind ausgewertet.

Bulgarien

Abstracts of Bulgarien scientific literature. Philosophy and Pedagogics, I–IV, Sofia 1958–1961. Ca 500 Titel, bearb. v. d. bulgar. Akad. d. Wiss.

Griechenland

G. E. Voumvlinopoulos, Bibliographie critique de la philosophie grecque depuis la chute de Constantinople à nos jours 1453–1953, Athen 1966. Nach Jahrhunderten den Klassikern zugeordnete Primär- und Sekundärliteratur. Mit Namenindex.

Großbritannien und USA

T. E. Jessop, A bibliography of David Hume and of Scottish philosophy from Francis Hutcheson to Lord Balfour, London 1938. Ca 2000 Titel.

A List of one hundred philosophical source books in english from the early 20th century back to the pre-socratic period, Washington (Library of Congress) 1945. 100 Titel.

Select list of books on theology and philosophy published in Great Britain and Ireland in 1957 (Intern. Ass. of theological libraries) 1958. 200 Titel.

B. Rand, Selected works on the history of philosophy in the English language, Boston 1906. 450 Titel. (Vgl. auch Rands größeres Werk in Abschnitt 4).

R. B. Winn, Amerikanische Philosophie (Bibliographische Einführungen in das Studium der Philosophie 2), Bern 1948. 100 Titel, Auswahl klass. Titel mit ausführlicher Inhaltsangabe und biograph. Anmerkungen.

Spanien, Portugal und Hispanoamerika

L. M. Gómez, Bibliografía filosófica española e hispanoamericana 1940–1958 (Libros ‚Pensamiento', Serie Difusión 1), Barcelona 1961. Ca 16 000 Titel. Verzeichnet historisch nach philosophiegeschichtlichen Epochen und systematisch nach Disziplinen die Gesamtliteratur des Sprachbereiches, Bücher und Aufsätze, 67 Zeitschriften wurden ausgewertet, Namenindex, gründlich und zuverlässig, auch mit Seitenangaben.

L. Vidarct, La filosofia española. Indicaciones bibliográficas, Madrid 1866. 250 Titel.

R. Schmidt-Koch, Filosofía alemana traducida al español (Sociedad kantiana de Buenos Aires), Berlin 1935. 600 Titel. Erweitert von I. Brugger, Buenos Aires 1942. 1000 Titel.

H. J. Becco, Exposición del libro americano de filosofía (Sexto congreso interamericano de filosofia), Buenos Aires 1959. 1200 Titel. Ausstellungskatalog.

Bibliografía argentina de publicaciones filosóficas, años 1937 a 1943, Buenos Aires 1943. 500 Titel.

E. Valverde Téllez, Bibliografía filosófica mexicana (Obras de E. Valverde Téllez III), Mexico 1907. Ca 1000 Titel. 2. Aufl. León 1913, 2 Bde, 2000 Titel.

Filosofía española y portuguesa de 1500 a 1650. Reportorio de fuentes impresas, Madrid, 1948. 1250 Titel.

F. de Figueiredo, Para a historia da philosophia em Portugal. Subsidio bibliographico, Porto 1922. 550 Titel.

Judentum, Palästina

G. Vajda, Jüdische Philosophie (Bibliographische Einführungen in das Studium der Philosophie 19), Bern 1950. 500 Titel. Registriert allg. Hilfsmittel, geschichtlich, die Klassiker mit Sekundärliteratur, gelegentliche Anmerkungen, Namenregister.

Arabische Länder

P. J. de Menasce, Arabische Philosophie. (Bibl. Einf. in das Stud. d. Phil. 6), Bern 1948. 500 Titel. Bibliograph. Hilfsmittel und Primär- und Sekundärlit. zum Gesamtkomplex und den Klassikern, Namenregister.

Japan

D. Holzman u. a., Japanese religion and philosophy. A guide to japanese reference and research materials (University of Michigan, Center for japanese studies, Bibliographical series 7), Ann Arbor 1959. Ca 1000 Titel.

China

Wing-Tsit Chan, An outline and an annotated bibliography of chinese philosophy (Yale University, Far eastern publications), 3. Aufl. New Haven 1959. 1500 Titel, geschichtlich registrierende Übersicht der Primär- und Sekundärlit. der 4 großen Epochen der chines. Philosophie.

K'ai-Ming Ch'iu, A classified catalogue of chinese books in the chinese-japanese library of the Harvard-Yenching institute at Harvard University, Bd II: Philosophy and Religion, Cambridge, Mass. 1939. 2700 Titel.

Indien

J. Herbert, Wat kan het westen van het oosten leren?, Deventer 1949. 150 Titel.

Brief list of references on hindu philosophy (Library of Congress), Washington 1923. 53 Titel.

G. Krsna Sastri und *O. Schrader,* Bibliography of sakhya-yogasamuccaya works, Adyar 1906. 152 Titel.

H. Sastri und *S. Ch. Gui,* A descriptive catalogue of sanskrit manuscripts in the library of the Calcutta sanskrit college. Bd III: Philosophy manuscripts, Kalkutta 1900. 583 Titel.

A. C. Burnell, A classified index to the sanskrit manuscripts in the Palace at Tagore, Teil II: Philosophy and Law, Madras 1879. 1000 Titel.

F. Hall, A contribution towards an Index to the bibliography of the indian philosophical systems, Kalkutta 1859. 748 Titel.

8. Philosophische Personalbibliographien

Die Zuordnung wissenschaftlichen und allgemeinen Schrifttums zu den Autoren gehört zum Traditionsbestand abendländischer Wissenschaftlichkeit. Sie ist zu allen Zeiten eifrig gepflegt worden. Das geht so weit, daß immer wieder Namen das Gewicht sachlicher Argumente angenommen haben, ganz besonders in der Philosophie und ihren prononcierten Schulbildungen. Davon abgesehen, sind aber Namen das bequemste Individualisierungsmittel geistiger Erzeugnisse. Man sieht das sehr deutlich an den Schwierigkeiten, die das pseudonyme und anonyme Schrifttum[5] und die neuerdings zunehmenden

[5] Als Hilfsmittel sind zu benutzen: *E. Weller,* Lexicon pseudonymorum. Wörterbuch der Pseudonymen aller Zeiten und Völker, 2. Aufl. Regensburg 1886 (Nachdruck Hildesheim 1963). Ca. 32 000 Titel. *H. Coston,* Dictionnaire des pseudonymes, Paris 1961. Ca 6000 Titel, meist zeitgenöss. Pseudonyme. *M. Holzmann* und *H. Bohatta,* Deutsches Anonymen-Lexikon, 7 Bde, Weimar 1902–1928 (Nachdruck Hildesheim 1962). Ca. 83 000 Titel. *M. Holzmann* und *H. Bohatta,* Deutsches Pseudonymen-Lexikon, Wien und Leipzig 1906 (Nachdruck Hildesheim 1961). — Klassiker: *V. Placcius,* Theatrum anonymorum et pseudonymorum, Hamburg 1708. *J. C. Mylius,* Bibliotheca anonymorum et pseudonymorum detectorum, 2 Tomi, Hamburg 1740.

Kollektivarbeiten für die Bibliographen mit sich bringen. Gerade die Zuschreibung pseudonymen und anonymen Schrifttums zu bestimmten Autoren ist immer wieder als Forschungsaufgabe aufgefaßt worden, und ihre Lösung bedeutet bei berühmten Werken allemal eine Sensation. Aber auch die konventionelle Zuschreibung bleibt vor allem für die mittelalterliche und antike Literatur auf weite Strecken hypothetisch, und man darf vermuten, daß sehr viele berühmte Autoren der Vergangenheit gewissermaßen synthetische Personen sind. Gelegentliche Initiativen einer Philosophie oder Wissenschaft „ohne Beinamen" – man meinte eine allumfassende Philosophie oder eine nicht an Personen orientierte Literaturgeschichte – sind bisher stets an ihrer Konturlosigkeit gescheitert, was eben auch das denkökonomische Interesse an der Individualität der Autoren unterstreicht.

So ist es verständlich, daß der Zugang zur Philosophie über die Klassiker oder die Autoren, deren Namen man gewöhnlich vor der Sache, die sie vertreten, kennt, der Königsweg bleibt. Dem trägt die Vielfalt der zur Verfügung stehenden Hilfsmittel – bis hin zum obligatorischen Personenregister jedes anspruchsvollen wissenschaftlichen Buches – Rechnung. Zu nennen sind vor allem die Philosophiegeschichtswerke, allenfalls mit Ausnahme der Problemgeschichte, und die philosophischen Lexika (vgl. Kap. III, 3), die in der Regel Personen und Begriffe gleicherweise behandeln. Die Monographien zu einzelnen Philosophen, die gewöhnlich Bibliographien enthalten, sind Legion, und die Arbeit daran absorbiert einen großen Teil philosophischer Forschung.[6]

Philosophische Zeitschriften enthalten gelegentlich zu Jubiläumsgelegenheiten Gesamtbibliographien der Primär- und Sekundärliteratur bedeutender Persönlichkeiten, die als „versteckte" Bibliographien (vgl. Kap. III, 1: „Fleischhack") auf-

---

[6] Als repräsentativ seien genannt: *R. Schmidt* (Hg.), Die Philosophie der Gegenwart in Selbstdarstellungen, Leipzig 1922–1929 in 7 Bdn; *P. A. Schilpp* (Hg.), Philosophen des 20. Jahrhunderts (aus dem Engl. übersetzt), Stuttgart 1955 ff. (bisher über M. Buber, E. Cassirer, A. Einstein, K. Jaspers).

gesucht werden müssen.[7] Das gleiche gilt notabene für Festschriften (vgl. Kap. III, 6). Für die unmittelbare Gegenwart greift man auch zu den Registern der Prominenz der verschiedenen Länder, wo man autorisierte Auskünfte darüber erhält, wer wer ist, und was er gegebenenfalls schrieb.[8] Nach rückwärts sind auch die großen (meist nationalen) Bio-Bibliographien[9] wichtige und unentbehrliche Quellen, ganz besonders die Gelehrtenlexika.[10]

---

[7] So etwa die Zeitschrift für philosophische Forschung, hg. v. G. Schischkoff, 1946 ff. zu 58 Philosophen (vgl. das Gesamtregister in: Philosophische Dokumentation aus dem Phil. Institut der Univ. Düsseldorf, I Zeitschriftenbibliographien 1, Meisenheim 1968, S. 267 f.

[8] Für Deutschland: Who's who in Germany, 3. Aufl. New York — München 1969. Wer ist wer? Das deutsche Who's who?, 14. Aufl. Berlin 1962. Kürschners deutscher Gelehrten-Kalender, 10. Aufl. Berlin 1966 (neue Ausg. in Vorb.); Who's who in Europe? Dictionnaire biographique de personnalités européennes contemporaines, Brüssel 1964 ff; International Who's who, London 1935 ff. Diese Werke erscheinen in ein- oder mehrjährigem Abstand neu bearbeitet.

[9] *M. Arnim,* Internationale Personalbibliographie 1850—1935, Leipzig 1936. 2. Aufl., erweitert und fortgeführt (Bd 3 von *G. Bock* und *F. Hodes)* Leipzig-Stuttgart 1944—1963. Ca. 90 000 Namen, verzeichnet Belegstellen der Primärliteratur; Chamber's biographical Dictionary. New Edition (by *J. O. Thorne*), Edinburg 1961. Ca 15 000 Namen; *J. M. Ethridge* (Hg.), Contemporary authors. The international bio-bibliographical guide to current authors and their works, Detroit 1962 ff. Jährl. ca 5000 Namen; Dizionario letterario Bompiani degli autori di tutti i tempi e di tutte le letterature, Mailand 1956—1957, 3 Bde, ca. 75 000 Namen (auch französische Ausgabe 1957—1958); *J. C. F. Hoefer,* Nouvelle Biographie génerale, 46 Tomes in 23 Bdn, Paris 1852—1883 (Nachdruck Kopenhagen 1963 ff). Auch die Allgemeinenzyklopädien und Konversationslexika können gute Dienste tun. Zuverlässig und brauchbar noch immer: Meyers Lexikon, 6. Aufl. Leipzig 1909—1913, 24 Bde einschl. Suppl. (sehr verbreitete Ausgabe!). Von den Nationalbiographien seien genannt die Allgemeine deutsche Biographie (ADB), hg. v. *R. v. Liliencron* und *F. X. v. Wegele,* 56 Bde, Leipzig 1875—1912 (mit Generalregister); Neue deutsche Biographie, hg. v. d. Hist. Kommission bei d. Bayer. Akad. d. Wiss., Berlin 1953 ff. Auf 12 Bde berechnet, teils die ADB ergänzend, exakte bi-

Speziell für die philosophischen Autoren sind folgende Verzeichnisse zu nennen:

W. Ziegenfuß (unter Mitwirkung von G. Jung), Philosophen-Lexikon. Handwörterbuch der Philosophie nach Personen, Berlin 1949—1950, 2 Bde. Enthält Kurzbiographien und Werkdarstellungen, oft Selbstdarstellungen der neueren Autoren, dazu jeweils Verzeichnis der Primär- und Sekundärliteratur, jedoch von unterschiedlicher Zuverlässigkeit. Das Werk war schon 1937 unter Benutzung von Vorarbeiten E. Hauers geschrieben und zum großen Teil in 6 Lieferungen erschienen, bis es unterdrückt wurde.

R. Eisler, Philosophen-Lexikon. Leben, Werke und Lehren der Denker, Berlin 1912. Ebenso aufgebaut wie der „Ziegenfuß", der diesen „Eisler" erweitert und aktualisiert hat.

L. Noack, Philosophie-geschichtliches Lexikon. Historisch-biographisches Handwörterbuch zur Geschichte der Phi-

---

bliograph. Angaben. Zu den übrigen Nationalbiographien vgl. Totok-Weitzel-Weimann, Handbuch d. bibl. Nachschlagewerke, S. 145—153.

[10] *G. A. Zischka,* Allgemeines Gelehrten-Lexikon. Biographisches Handwörterbuch zur Geschichte der Wissenschaften (Kröners Taschenbuch 306), Stuttgart 1970. Ca 1500 Namen; *C. G. Jöcher,* Allgemeines Gelehrten-Lexicon, 4 Teile, fortgesetzt von *J. C. Adelung, H. W. Rotermund* und *O. Günter* in 7 Bdn, Leipzig 1750—1897 (Nachdruck Hildesheim 1960—1961). Ca 60 000 Namen, verzeichnet auch ungedruckte Lit. des Mittelalters, dafür noch unersetzliche Quelle. Dienlich sind auch noch die Ausgaben des Vorläufers dieses Werkes von J. B. Mencke (Compendieuses Gelehrten-Lexicon, Leipzig 1715, 2. Ausg. verm. v. Chr. G. Jöcher, 1726, 3. Ausg. 1733, ca 50 000 Namen; *Th. Pope Blount,* Censura celebriorum authorum, London 1690 (2, Aufl. Genf 1694, 3. Aufl. 1710, ca. 15 000 Namen); *J. P. Nicéron,* Mémoires pour servir à l'histoire des hommes illustres dans la république des lettres. Avec un catalogue raisonné de leurs ouvrages, Paris 1729—1759. Ca 25 000 Nennungen. Deutsche Ausgabe von *S. J. Baumgarten,* Halle 1749—1771. *P. Freher,* Theatrum virorum eruditione clarorum, 2 Bde, Nürnberg 1688. (Nachdruck Hildesheim in Vorb.). Enthält Viten und zahlreiche Portraits.

losophie, Leipzig 1879 (Nachdruck Stuttgart-Bad Cannstatt 1968). Sehr sparsame bibliographische Angaben.

Hvem taenkte hvad. Filosofiens Hvem-Hvad-Hvor, 2. Aufl. Kopenhagen 1964. Biographische und Werkdarstellungen der Philosophen, nennt jedoch nur Hauptschriften. Interessant durch die beigegebenen Portraits. Ein philosophiegeschichtlicher Gesamtüberblick wird vorausgeschickt.

L. Geldsetzer, Philosophengalerie. Bd I: Bildnisse und Bibliographien von Philosophen aus dem 11. bis 17. Jahrhundert, Düsseldorf 1967. 114 Kurzbiographien und Werkdarstellungen mit alten Kupferstichen und Bibliographien der Hauptschriften, Gesamtausgaben der Werke und wichtigster Sekundärliteratur (Bd II in Vorbereitung).

J. O. Riedl (Hg.), Catalogue of Renaissance philosophers 1300–1650, comp. by *R. A. Baker* a. o., Milwaukee 1940. Darstellung nach Schulzugehörigkeit mit biographischen und bibliographischen Anmerkungen, Namenregister.

M. E. Cosenza, Biographical and Bibliographical Dictionary of the Italian Humanists and of the World of Classical Scholarship in Italy, 1300–1800, 5 Bde, 2. Aufl. Boston 1962 (1. Ausgabe in Mikrofilm 1954). Bd 1–4: Katalogabdruck, Bd 5: Synopsis and Bibliography, enthaltend knappe biographische Anmerkungen.

I. Krońskiej (Red.), Słownik Filozofów, Bd I, Warschau 1966. Vollständiges Alphabet der Philosophen, ausführliche Darstellungen des Werkes mit Primär- und Sekundärliteratur in der Originalsprache. Auf 6 Bände berechnet.

G. Varet und *P. Kurtz* (Hg.), International Directory of Philosophy and Philosophers, New York 1965 (2. Ausg. in Vorb.). Internationaler Überblick über die philosophischen Forschungs- und Lehrinstitutionen und ihr Personal.

Th. Kiernan, Who's who in the history of philosophy, New York 1965. Sehr knappe Darstellungen, gelegentlich Nennung der Hauptwerke.

Who is Who in Philosophy, New York 1942.

A. G. A. Balz, Southern teachers of philosophy, Lexington 1954. Ca 1500 Nennungen zeitgenössischer amerikanischer Fachphilosophen.

A. J. Bahm, Directory of American Philosophers, 4 Bde, New Mexico (Albuquerque) 1962 ff, zweijährig erscheinendes Adressenverzeichnis amerikanischer Philosophen (5. Bd 1970).

J. G. Walch, Anhang zum Philosophischen Lexikon, worinnen die Leben der berühmtesten Philosophen nach alphabetischer Ordnung enthalten, in: Philosophisches Lexikon, 2. Aufl. Leipzig 1733. Klassiker dieser Gattung, interessant noch für die zeitgenössische Einschätzung der Philosophen, gibt sparsam Sekundärliteratur an.

B. Martin, Biographia Philosophica, being an account of the lives, writings and inventions of the most eminent Philosophers and Mathematicians, London 1764. Klassiker.

I. Spach, Nomenclatur scriptorum philosophicorum atque philologicorum. Hoc est: succincta recensio eorum, qui philosophiam omnesque eius partes quovis tempore idiomate usque ad annum 1597 descripserunt, illustrarunt, et exornarunt, methodo artificiosa secundum locos communes ipsius philosophiae, Argentinae 1598. Ca 10000 Nennungen, klassisches Werk und Quelle für die späteren. Nachdruck Hildesheim (in Vorb.).

9. Bibliothekskataloge

Neben den gedruckten Bibliographien sind die gedruckten oder auch verzettelten Kataloge der großen Bibliotheken und gut assortierten Fachbibliotheken wichtige Informationsquellen für den suchenden Leser. Sie haben den großen Vorteil, zugleich den Nachweis der Existenz und den besonderen Standort eines Werkes zu liefern – leider gewöhnlich nur der selbständigen Schriften –, was bei allgemeinen Bibliographien nur zuweilen und niemals sicher der Fall ist. Gedruckte Kataloge veralten allerdings schnell, und es ist bei ihrer Benutzung immer auf das Bearbeitungsdatum zu merken. Ergänzungen für Neuzugänge werden in der Regel geführt und komplizieren die Benutzung. Gegenüber den reinen Bibliographien kommt auch gewöhnlich ein gewisses Wertungs- und Auswahlmoment je nach den finanziellen Ressourcen bzw. dem Depotprivileg der entsprechenden Bibliothek hinzu.

Die großen hier zu nennenden Bibliothekskataloge werden dem Studierenden nur in Ausnahmefällen bei speziellen Studien, bes. zur Kontrolle bibliographischer Angaben zu interessieren haben. Es kann aber nicht dringend genug geraten werden, sich mit dem Bibliothekskatalog des Instituts oder Seminars, an welchem man studiert, eingehend vertraut zu machen. Die Ordnung und Aufstellung der Literatur liefert immer zugleich auch ein geistiges Bild des Zusammenhanges der wissenschaftlichen Materialien. Es entspricht einer alten mnemotechnischen Regel, sich solche Zusammenhänge auch räumlich vor Augen zu führen, wozu Bibliotheken selber, wenn sie systematisch aufgestellt und gut geführt sind, ein sehr brauchbares Mittel darstellen.

Deutscher Gesamtkatalog. Neue Titel, Berlin 1892–1944. Seit 1938 unter diesem Titel (vorher seit 1911 „Berliner Titeldrucke“, vordem nur „Verzeichnis der aus der neuerschienenen Literatur von der Kgl. Bibliothek zu Berlin erworbenen Druckschriften“). Die meist wöchentlichen Akzessionsverzeichnisse sind teils in Jahresregistern, seit 1931 in Jahres- und Fünfjahreskatalogen zusammengefaßt. Fortgesetzt in „Berliner Titeldrucke“ Reihe A und B, Berlin (-Ost) 1960 ff. Entsprechende Unternehmungen für die Nachkriegszeit bilden die Zentralkataloge der einzelnen Bundesländer. Sie weisen die Bücherbestände mehrerer großer Bibliotheken nach, für Deutschland deshalb wichtig, weil es keine „Nationalbibliothek“ mit repräsentativem Bestand gibt.

Catalogue général des livres imprimés de la Bibliothèque Nationale, Paris 1897 ff. Alphabetischer Katalog der französischen Nationalbibliothek, noch unvollendet, seit 1965 durch Fünfjahresserien ergänzt.

British Museum. General Catalogue of printed books, 51 Bde, London 1931–1954. Ergänzt durch die „Photolithographic edition to 1955“ Bde 52 ff. unter gleichem Titel, London 1959 ff. und „Additions“, London 1964. Mit sehr dienlichem Sachregister „Subject Index of the modern works added to the Library of the British Museum“, hg. v. G. K. Fortescue u. a., London 1902 ff. Gesamtverzeichnis der repräsentativen britischen Nationalbibliothek. Neben dieser Ausgabe ist auch der originale erste Katalog in 95 Bdn nebst 13 Bdn Suppl., 1905 (Nachdruck Ann Arbor, Mich. 1946–1950) mit Ergänzungen für die Schriften gelehrter Gesellschaften und Zeitschriften zu benutzen.

A Catalog of books represented by Library of Congress printed cards, 167 Bde und 42 Bde Supplemente, Ann Arbor, Mich. 1942–1948. Katalog der für die USA repräsentativen Kongreßbibliothek (mit einigen Ausnahmen). Es erscheinen laufende Ergänzungen für diese nach Verfassern geordnete Serie. Daneben auch ein Sachkatalog: „The Library of Congress Catalog: Books: subjects“, Washington 1950 ff. Erweitert und ergänzt wird dieser Katalog durch The National Union Catalog. A cumulative author list represented by Library of Congress printed cards and titles reported by other American Libraries, Washington 1956 ff.

Primo catalogo collettivo delle biblioteche italiane, Rom 1961 ff. Zentralkatalog der großen italienischen Bibliotheken.

10. Buchhandels- und Antiquariatskataloge

Die Buchhandels- und Antiquariatskataloge, welche teils Verlagsneuerscheinungen annoncieren, teils alte Bücher zum Kauf anbieten, sind für den Kenner eine Quelle subtilen Vergnügens. Er erfährt hier ebensowohl die neuesten Nachrichten aus dem Bereich des geistigen Schaffens, wie er Raritätsgrad, Gesuchtheit und Wert älterer Literatur und sich darin ausdrückende Schätzung bestimmter Autoren und Werke ständig zu verfolgen vermag. Die Hoffnung auf einen „guten Fang" eines seltenen und gesuchten Titels stachelt die Aufmerksamkeit bei der Lektüre an, und dies wiederum — es sei dem Anfänger verraten — prägt Titel, Autoren, Auflagen und Preise dem Gedächtnis sicher ein, so daß die bücherkundige Gelehrsamkeit von dieser Seite aufs angenehmste unterstützt wird.

Das Antiquariatswesen ist in Deutschland sehr gut entwikkelt, und man kann leicht in jeder größeren Stadt Angebotslisten erhalten oder sich in eine Antiquariatskartei zur Belieferung eintragen lassen. Das gleiche gilt vom normalen Neuerscheinungsbuchhandel, der die Kundschaft auch mit Verlagsprospekten versorgt, die selber die Funktion solcher Kataloge haben. Die speziellen Sortimentskataloge des Buchhandels selber werden im allgemeinen in der Wissenschaft noch zu wenig beachtet und genutzt, obwohl sie den wissenschaftlichen Bibliographien oft nicht nachstehen.[11] Einige davon waren daher schon vorne unter den Bibliographien genannt worden. Hier seien sie noch einmal besonders aufgeführt.

Philosophie und Grenzgebiete 1945—1964 (Koehler und Volckmar-Fachbibliographien), Köln-Stuttgart 1965. Ca 10 000 Titel ausschließlich deutschsprachige selbständige Literatur.

---

[11] Seit dem Entstehen des modernen Bibliographiewesens aus den Meßkatalogen des Buchhandels wird in den meisten Ländern die umfassende „Nationalbibliographie" von buchhändlerischer Initiative getragen. Vgl. über diese Unternehmungen Totok-Weitzel-Weimann, Handbuch der bibliographischen Nachschlagewerke S 29—76: „Allgemeine Nationalbibliographien".

Grundkatalog Philosophie 1965. Bibliographie der im Buchhandel erhältlichen Literatur, vorwiegend in deutscher, englischer und französischer Sprache (hg. von der Werbegemeinschaft Elwert und Meurer) Berlin 1965. 3182 num. Titel. Jährliche Ergänzungshefte als Jahreskatalog Philosophie. Jahresbibliographie der im Buchhandel erhältlichen Literatur, vorwiegend in deutscher, englischer und französischer Sprache (1966–1969). Je ca 1000 Titel, mit Personen- und Sachregistern. Die Jahresbände sind wieder zusammengefaßt im Grundkatalog Philosophie 1970/71, Berlin 1971.

Jahreskatalog der Wissenschaftlichen Buchgesellschaft Darmstadt. Seit mehreren Jahren erscheinende Publikation mit umfangreichem Philosophie-Teil (1971: S. 1–61), Annotiertes Verzeichnis der den Mitgliedern angebotenen lieferbaren oder zur Subskription gestellten Fachliteratur, auch Lizenz-Nachdrucke.

„PH-Philosophie“. Verlagskatalog Philosophie des Nachdruckverlages G. Olms, Hildesheim-New York (1970). Annotierter Nachdruck- und Subskriptionskatalog klassischer philosophischer Werke aller Jahrhunderte. Ähnliche Nachdruckkataloge für Philosophie versenden die Verlage Scientia (Aalen, Württ.), Minerva (Frankf. a. M.), Frommann-Holzboog (Stuttgart–Bad Cannstatt).

Philosophie, Jahreskatalog der Universitätsbuchhandlung E. Albert, Freiburg. Jeweils ca 1000 Titel von Neuerscheinungen, gegliedert nach Einführungen, Gesamtdarstellungen und Lexika sowie nach Epochen, mit Register.

Philosophie. Mehrmals jährlich erscheinender Katalog des Zentralantiquariats der DDR, Leipzig, mit reichem Antiquariats-, Nachdrucks- und Neuerscheinungsangebot.

La Philosophie aux Presses Universitaires de France, Paris. – Gesamtkatalog des bedeutenden Verlages, gegliedert nach Philosophiegeschichte, Texten, philosophischen Disziplinen und Zeitschriften, mit Autorenindex.

Catalogue général des Livres de Fonds et d'Ouvrages en Nombre, Librairie philosophique J. Vrin, Paris. Jahreskatalog des philosophischen Fachverlages, gegliedert alphabetisch nach Autoren, Zeitschriften sowie Serien.

Englische Bücher, hg. v. British Council. Im Anschluß an die Frankfurter Buchmesse herausgegebenes Verzeichnis mit umfangreichem Teil „Philosophy, Psychology and Religion".

PWN Books on Philosophy, Logic and Semantics, Warschau. Fachkatalog der „Foreign Trade Enterprise ARS POLONA" (Verband der polnischen wissenschaftlichen Verleger). Ausführlich annotierter Katalog in engl. Sprache.

III. Gattungen philosophischer Publikationen

Es ist gewiß unüblich, die philosophische Literatur unter dem Aspekt der Darbietungsweise nach ihren Gattungen zu betrachten. Doch dürfte dies für den Anfänger deshalb nützlich sein, weil er hierdurch die Mittel an die Hand bekommt, eher abzuschätzen, was er von den einzelnen Publikationsformen zu erwarten und welche er für bestimmte Studien am effektivsten zu nutzen habe. Anders als in der „schönen" Literatur bezeichnen Gattungen hier nicht primär sachliche oder inhaltliche Verschiedenheiten etwa philosophischer Denktypen [1], vielmehr geht es in ihnen immer um Philosophie. Die Gattungen sind nur jeweils bestimmte Instrumente zum Philosophieren bzw. zur Darstellung der Resultate, und insofern ist es oft eine Frage des persönlichen Stils, welcher man sich mit Vorliebe bedient. Erst sekundär mag solche Vorliebe eines Autors oder ganzer Epochen für bestimmte Gattungen auch das Philosophieren selber zu modeln und zur Signatur eines ganzen philosophischen Zeitalters zu werden. So hat sich die Philosophie der Renaissance in weiten Teiler als philologischer Kommentar zu Texteditionen der Klassiker artikuliert, die deutsche Aufklärung und der deutsche Idealismus pflegten unter dem Ideal des „systematischen" Philosophierens die Form des enzyklopädischen Handbuches, die nachfolgende Zeit im 19. Jahrhundert die philosophiegeschichtliche Darbietung — und

[1] Vgl. jedoch J. Marias, Les genres littéraires en Philosophie, in: Revue internationale de Philosophie 23 (1969) S. 495—508, welcher meint: „La philosophie se trouve ... intrinsèquement liée au genre littéraire ... dans lequel elle s'incarne" (S. 494).

man tut dem 19. Jahrhundert Unrecht, wenn man dies als pure Philosophiegeschichtsschreibung auffaßt. Die Jahrhundertwende bringt gründliche historische Bildung in die Fixierung und Kritik der philosophischen Begriffe ein, und so sind Werke wie Eislers und Mauthners philosophische Lexika gültige Darstellungen ihres Philosophierens.

Auch essayistisches und aphoristisches Philosophieren ist seit Nietzsches Verdikt gegen die Systemphilosophie – und nicht zuletzt befördert durch Wittgensteins Sentenzen – wieder im Schwange, mitgetragen auch von der Erfahrung und der Hoffnung, daß das, was von einem philosophischen Denken bleibe, doch stets auf zitierfähige Sätze hinauslaufe. Man wird daneben nicht verkennen, daß die Wahl einer Darstellungsform natürlich auch dem Geschmacke und der Mode eines Publikums, seien dies die engeren Fachgenossen oder die sog. Gebildeten, Rechnung trägt. Wenn diffizile Detailerörterungen oder strenge Architektonik nicht mehr goutiert werden, verbleibt einem Philosophieren mit missionarischem Anspruch immer noch das ganze Spektrum eigentlicher literarischer Formen: vom Roman bis zum Fernsehfeature, um hierin Wirkung zu erzielen.

Was immer auch die gewählte und bevorzugte Form der Darbietung von Philosophie einzelner Autoren oder ganzer Epochen sei, stets gibt es unter der Masse von Büchern und Geschriebenem Werke, die – mit Hegel zu sprechen – für die Philosophie ihrer Zeit einen „Ruck" bewirken. An diesen klassischen Werken führt beim Studium kein Weg vorbei. Sie bleiben die immer aktuellen Studientexte, vielfältig kommentiert und kritisiert, doch auch immer neu gesehen, gelesen, verstanden und hermeneutisch fruchtbar gemacht. Auf die Erstellung und dauernde Aktualisierung solcher Texte wird in der Philosophie stets viel Arbeit und Mühe verwendet, und sie dienen in der Regel auch der „Einübung" in der philosophischen Lehre.

Solche Texte können, wie gesagt, aus allen Gattungen hervorgehen, und sie bilden dann in ihnen die eigentlichen Meilensteine des Ganges der Philosophiegeschichte. Deren Bearbeitung als Literargeschichte hat selber immer wieder die

Funktion einer Dogmatik kanonischer Texte innegehabt. Was in die maßgeblichen Philosophiegeschichtswerke aufgenommen war, das war Philosophie, was draußen blieb, entging leicht dem Interesse der Forschung und der Tradierung in der Lehre. Nur in diesem Sinne unterscheiden wir auch die Philosophiegeschichte als Literargeschichte der Philosophie, wie sie hier als Gattung aufgenommen wurde, von der Philosophiegeschichte als ihrer historischen Darstellung im allgemeineren Sinne. Die Literatur der Philosophiegeschichte selber und ihrer Epochen wird in der speziellen Bücherkunde einen eigenen Teil ausmachen.

Man wird vielleicht unter diesen Gattungen diejenige der „Einführungen" in die Philosophie vermissen, in der ja auch der Anspruch erhoben wird, die Philosophie als solche darzubieten. Die Einführungen sind jedoch als propädeutische Disziplin ebenfalls der Architektonik der Philosophie in der speziellen Bücherkunde zugewiesen worden, da sie mit den übrigen Disziplinen, in die sie in der Regel einführen, enger zusammenhängen. Die Problematik dieser Zuweisung sei ohne weiteres zugestanden, sie betrifft aber die Stellung der Propädeutik und Einführung – „womit der Anfang im Philosophieren zu machen sei" – in der Philosophie und jeder Einzelwissenschaft überhaupt, worüber an betreffender Stelle noch einiges zu sagen sein wird.

Auch über die „Monographien" wurde hier nicht eigens gehandelt. Die darunter zu verstehenden selbständigen, ein bestimmtes Thema ausführlicher und abgerundet erörternden und somit meist umfangreicheren Schriften werden zunehmend in den Serien und Beiheften zu Zeitschriften, in besondere Textausgabenreihen oder in Hochschulschriftenreihen (vgl. die Abschnitte 5, 8 und 9 b) veröffentlicht und kommen dort zur Sprache. Ebenso wie die unselbständigen, in Zeitschriften und Sammlungen veröffentlichten Forschungsbeiträge bilden sie eine die hier darzustellenden philosophischen Publikationsgattungen übergreifende Kategorie.

1. Allgemeinenzyklopädien und -lexika

Seit ihren Ursprüngen in den „Bestandsaufnahmen“ der Natur und Menschenwelt antiker Universalgelehrter, seit der scholastischen „Margarita Philosophica“ des Karthäusers Reich, seit Alsteds und der französischen „Enzyklopädisten“ Enzyklopädien ist die Gesamtübersicht über die Vielfalt des Seienden ein höchst philosophisches Interesse gewesen. Die Ordnung der Dinge sollte dabei in der Ordnung ihrer Darstellung sich widerspiegeln. Und so sind Enzyklopädien von Hause aus „systematisch“, denn dieser Begriff des Systematischen meint ursprünglich eben diese Ordnung der lehrenden Darstellung. Erst die Erfahrung der Vielfalt möglicher und stringenter Ordnungssysteme und ihr Niederschlag in einer Pluralität von Weltanschauungen in der Neuzeit hat in den Enzyklopädien die systematische durch die alphabetische Ordnung abgelöst. Das alphabetische Register, einst wie heute formales aber unentbehrliches Hilfsmittel zum schnellen Auffinden eines Topos in ausgebreiteten Darstellungen, hat im abendländischen Kulturkreis als konventionelles und doch allgemein verbindliches, weil überall bekanntes und leicht zu handhabendes Prinzip den Sieg über alle anderen, immer strittigen und immer neu zu bewährenden Ordnungsprinzipien davongetragen. Man hat sich allzu leicht dabei beruhigt. Der Fraktionierung alles Seienden in Einzelheiten entspricht das Pathos des neuzeitlichen Spezialistentums, dessen Früchte man in den Enzyklopädien nutzen kann: auch die Arbeitsergebnisse philosophischen Spezialistentums. In den großen Universalenzyklopädien und Konversationslexika besonders des 19. Jahrhunderts ist aufgehoben, was überhaupt über Einzelheiten wißbar und interessant erschien. Für die heutigen gilt es im allgemeinen nur noch cum grano salis, aber die Dienlichkeit zu Ein- und Hinführung bleibt.

Insbesondere sind diese Werke bibliographisch von Interesse, und in dieser Hinsicht macht ihre mehr oder weniger große Gediegenheit ihren Ruhm und ihre Notorietät aus. Die Spitzenwerke verbinden alle Vorteile des sachinformierenden Lexikons mit der abgeschlossenen Bibliographie, insbesondere auch der Bio-Bibliographie.

Literatur:

R. L. Collison, Encyclopaedias. Their history throughout the ages, 2. Aufl. New York 1966; G. Meyer, Das Konversationslexikon, eine Sonderform der Enzyklopädie. Ein Beitrag zur Geschichte der Bildungsverbreitung in Deutschland, Göttingen 1966; B. Wendt, Idee und Entwicklungsgeschichte der enzyklopädischen Literatur. Eine literarisch-bibliographische Studie, Würzburg 1941; E. H. Lehmann, Geschichte des Konversationslexikons, Leipzig 1934; K. Hjort, Lexikon, Wörterbuch, Enzyklopädie, Konversationslexikon. Versuch einer Begriffsklärung, in: Muttersprache 77 (1967), S. 353 ff.

Meyers Konversationslexikon, 6. Aufl., 20 Bde nebst 4 Bdn Suppl. und Kriegsnachtrag Teil 1—3, Leipzig und Wien 1902—1916 (1. Ausg. 1840—1855). Verbreitetste und bibliographisch gediegenste Ausgabe des nachher noch 1924—1933 und (unvollständig, mit nationalsozialistischer Tendenz) 1936—1942 erschienenen Werkes. Nachfolger war das Große Duden-Lexikon, 9 Bde (Bd 9: Bibliographie, auch separat), Mannheim 1969, das jetzt durch das im Erscheinen begriffene Werk Meyers Enzyklopädie in 25 Bdn, Mannheim 1971 ff. (1971 2 Bde bis Atz) abgelöst wird. — In der DDR erschien parallel dazu Meyers Neues Lexikon, 8 Bde, Leipzig 1961—1964, jetzt in neuer Bearbeitung und auf 18 Bde berechnet im Erscheinen (1. Bd Leipzig 1971).

Brockhaus Enzyklopädie in 20 Bdn, Wiesbaden 1966 ff. 17. völlig neu bearbeitete Ausgabe des Großen Brockhaus, dessen 1. Ausg. 1796—1810 erschien. Bis Herbst 1971 12 Bde (bis Mos) verfügbar. Auch die 16. Ausgabe in 12 Bdn (nebst 2 Erg.-Bdn), Wiesbaden 1952—1963, sowie die reichhaltigere 15. Ausgabe in 20 Bdn (nebst Erg.-Bd), Leipzig 1928—1935, sind noch immer ergiebige bibliographische Quellen.

Der Große Herder. Nachschlagewerk für Wissen und Leben, 10 Bde (nebst 2 Erg.-Bdn), Freiburg i. Br. 1952—1962. 5., neubearbeitete Ausgabe von Herders Konversationslexikon, das zum erstenmal 1854—1857 erschien. Katholische Tendenz, gute Bibliographien zu den einzelnen Artikeln. Über Philosophie ausführlich Erg.-Bd 12, S. 1187—1308.

Schweizer Lexikon, 7 Bde, Zürich 1945—1948. Konversationslexikon der Schweiz mit guter Bibliographie.

J. G. Krünitz, Ökonomisch-technologische Enzyklopädie, 242 Bde, Berlin 1773—1858. Im Gegensatz zum Titel verbreitet sich diese umfangreichste europäische Enzyklopädie, die sehr selten ist, über alle Gebiete. Nennenswerte Bibliographie fehlt.

J. S. Ersch und J. G. Gruber (Hg.), Allgemeine Enzyklopädie der Wissenschaften und Künste. 167 Teile in 3 Sektionen nebst 14 Teilen Suppl.-Kupfer zu Sekt. 1, Leipzig 1818—1889. Leider unvollendet gebliebenes Werk, Sekt. 1 A—G, Sekt. 2 H bis Ligatur, Sekt. 3 O bis Phyxios umfassend. Ausführliche, z. T. bedeutende Beiträge mit umfangreicher Bibliographie. Sprache, Literatur und Biographie im Vordergrund. Nachdruck Graz 1969 ff.

J. H. Zedler (Hg. u. Verleger), Großes vollständiges Universal-Lexikon aller Wissenschaften und Künste, 64 Bde nebst 4 Bdn Suppl. (bis Caq), Halle und Leipzig 1732—1754 (Nachdruck Graz 1961—1964). Vor allem für die alte Bibliographie noch bedeutendes Quellenwerk mit reichen Primär- und Sekundärliteraturangaben. Die philosophischen Artikel beruhen meist auf dem Lexikon von Walch (vgl. Kap. III, 3).

J. Th. Jablonski, Allgemeines Lexikon der Wissenschaften und Künste, 2 Bde, Leipzig 1721 (2. vermehrte und verbesserte Auflage 1748). Knappe Sachinformationen ohne Bibliographie. Klassiker des populären Genres.

Grand Larousse Encyclopédique, 10 Bde, Paris 1960—1964. — Modernstes Werk der großen französischen Larousse-Tradition, von der auch das Grand dictionnaire universel du 19e siècle, 17 Bde, Paris 1866—1890, sowie der Larousse du 20e siècle, 6 Bde (nebst Suppl.), Paris 1928—1953, ihren Wert behalten haben.

La Grande Encyclopédie. Inventaire raisonné des sciences, des lettres et des arts, 31 Bde, Paris 1885—1902. Umfangreiche gezeichnete Artikel mit guter Bibliographie, bes. für Literatur und Biographie.

D. Diderot und *d'Alembert* (Hg.), Encyclopédie ou Dictionnaire raisonné des sciences, des arts et des métiers. 35 Bde (einschl. 11 Bde Bildtafeln, 5 Bde Suppl. und 2 Bde Inhaltsverzeichnis), Paris 1751–1780. Das klassische Aufklärungswerk der „Enzyklopädisten". Umfangreiche Essays zu den einzelnen Artikeln, keine Biographie. Nachdruck Stuttgart - Bad Canstatt 1969 ff. Mehrere weitere Auflagen und Bearbeitung, auch in der Form der „Encyclopédie méthodique", nach Disziplinen geordnet. – Teilausgabe: D. Diderot, Enzyklopädie, Philosophische und politische Texte aus der Encyclopédie française (dtv 4026), München 1969.

The Encyclopaedia Britannica. 11. Aufl. 29 Bde einschl. Indexband, Cambridge 1910–1911. Repräsentativste Ausgabe des zuerst 1768–1771 erschienenen Werkes. Umfangreiche gezeichnete Artikel bedeutender Fachgelehrter mit vorzüglicher Bibliographie. Seit der 14. Aufl. London und Chicago 1929 laufende Neueditionen der einzelnen Bände.

A. Rees (Hg.), The Cyclopaedia or universal Dictionary of Arts, Sciences, and Literature. 45 Bde, London 1819 ff. Seltenes, dem Werk von Ersch und Gruber an Gediegenheit und bibliographischer Information entsprechendes Werk des Bearbeiters der 5. Aufl. von Chamber's „Cyclopaedia" (die zuerst in 2 Bdn London 1728 erschien).

Collier's Encyclopedia, 24 Bde, New York 1950 ff. In den Neudrucken ständig überarbeitetes, zuverlässiges amerikanisches Werk mit signierten Artikeln. Bibliographie systematisch geordnet in Bd 24.

Algemene Winkler Prins encyclopedie, 7. Aufl. 10 Bde (nebst Suppl.), Amsterdam 1956–1960. Diese zuerst 1870–1882 erschienene niederländische Enzyklopädie bietet in signierten, teilweise sehr ausführlichen Artikeln gute Bibliographien, auch von Aufsätzen. Neue Ausgabe als Grote

Winkler Prins. Encyclopedie in twintig delen, Amsterdam 1966 ff.

Svensk uppslagsbok, 2. Aufl. 32 Bde, Malmö 1947–1955. Schwedisches Werk mit reicher Bibliographie. Zuerst in 30 Bdn nebst Suppl. in den Jahren 1929–1937 erschienen.

Enciclopedia Italiana, 35 Bde nebst 5 Bdn Suppl. und Indexband, Rom 1949–1961. Zuerst 1929–1949 erschienenes gediegenes Werk mit vorzüglichen Illustrationen und reichen Bibliographien zu den teilweise umfangreichen Artikeln.

Diccionario Enciclopedico U.T.E.H.A., 10 Bde, Mexico 1950–1952.

Grande Enciclopédia Portuguesa e Brasileira, 40 Bde, Lissabon - Rio de Janeiro 1935–1960.

Enciclopedia Espasa. Enciclopedia universal illustrada Europeo-Americana, 72 Bde einschl. 13 Bde Suppl. nebst 10 Bdn Appéndices, (Madrid) - Barcelona 1905–1958. Umfassendste neuere Enzyklopädie, nach dem Verlag „Espasa" genannt, zuverlässige und reiche Bibliographie zu den kurz gehaltenen Artikeln.

Bolschaja sovietskaja enciklopedija (Große Sowjetenzyklopädie), 2. Aufl. 51 Bde nebst 2 Bdn Suppl., Moskau 1949–1962. Repräsentatives Werk der Sowjetunion mit guter internationaler Bibliographie. Die 1. Ausgabe erschien 1926–1947 in 65 Bdn. 3. Ausgabe Moskau 1969 ff., auf 30 Bde berechnet.

J. H. Alsted, Encyclopaedia septem tomis distincta, 2 Bde, Herborn 1630. Klassisches, mit dem Titel die moderne systematische Enzyklopädie begründendes Werk, das in seinen 7 Abteilungen die „philosophischen" Wissenschaften unter allen materialen und methodologischen Aspekten behandelt. Eine 2. Auflage erschien 1649 zu Lyon unter dem Titel „Scientiarum omnium encyclopaedia" (Tomus I–IV). (Nachdruck der 1. Auflage, Hildesheim, in Vorb.)

L. Beyerlinck, Magnum Theatrum vitae humanae, hoc est rerum divinarum humanarumque syntagma catholicum, philosophicum, historicum, dogmaticum, 8 Bde einschl. Indexband von C. Princtius, Köln 1631, auch Venedig 1707. Alphabetisch geordnete Summe des historisch-literarischen Wissens der Zeit, basierend auf dem vorausgegangenen „Theatrum vitae humanae" des C. Lycosthenes (hg. v. Th. Zwinger, Basel 1565). — Schon um 1260 entstand des Vincent von Beauvais „Speculum quadruplex". Nachdruck der Ausg. Douai 1624 in 4 Bdn, Graz 1965.

2. *Handbücher, philosophische Enzyklopädien*

In den Einzelwissenschaften und in der Philosophie setzen die Handbücher die Tradition der in der Neuzeit universal gewordenen Allgemeinenzyklopädien fort. Sie nennen sich im 19. Jahrhundert gerne „Enzyklopädie und Methodologie" der betreffenden Wissenschaft. Ihr Charakteristikum ist der sachliche, oft sogar systematische Zusammenhang der Darstellung, die Architektonik geblieben. Es wundert darum nicht, daß die eigentliche Blütezeit der philosophischen Enzyklopädie auch in der „Systemzeit" der Philosophie der späten Aufklärung und des Deutschen Idealismus liegt.[2] In die Bestimmung von Stelle und Gewicht der Teile der Philosophie und ihrer Materialien floß allzeit viel Schulgeist hinein. Von daher sind die philosophischen Enzyklopädien zugleich auch immer Schuldokumente gewesen, und sie sind daher auch noch stets als historische Markierungen der philosophiegeschichtlichen Strömungen, ihrer Wertungen und Bevorzugungen bestimmter Topoi der Philosophie zu benutzen, und zwar um so besser, je mehr man die Topoi selber (etwa durch Lexika) schon kennt. Als Hand- und Lehrbücher sind sie zumeist auch mit didaktischem Anliegen abgefaßt, d. h. oft auf die Fassungskraft des Anfängers in Diktion und Begriffs-

[2] Vgl. W. Tr. Krug, Enzyklopädisch-szientifische Literatur, 4. Heft, die enzyklopädisch-philosophische Literatur enthaltend, Leipzig 1805 (XV, 70 S., ca 600 Titel).

erläuterungen abgestellt. Dazu enthalten sie in der Regel auch weiterführende bibliographische Hinweise. Alle Wissenschaftskultur ist immer wieder auf die Konsolidierung der Wissensfortschritte in solchen Enzyklopädien und Handbüchern angewiesen. Um so mehr zeigt der gegenwärtige Verfall dieser literarischen Form in vielen Einzelwissenschaften — auch in der Philosophie — eine Krise der Wissenschaft an, die unter dem Motto unausweichlicher Spezialisierung und der Unmöglichkeit der Synthese noch als Positivum ausgegeben wird. Es bleibt zu hoffen, daß hier die Diagnose zugleich zum Heilmittel werde. Die aufkommende Tendenz zu Auswahltextausgaben, die grob nach Themen eines Wissenschaftsbereiches geordnet sind, schafft für Handbücher keinen Ersatz und ist nur eine, wenn auch selber nützliche, Verlegenheitslösung.

Hier seien die wichtigsten neueren, aber auch die klassischen, für das historische Studium noch wichtigen philosophischen Enzyklopädien und Handbücher genannt.

F. Heinemann (Hg.), Die Philosophie im 20. Jahrhundert. Eine enzyklopädische Darstellung ihrer Geschichte, Disziplinen und Aufgaben, 2. Aufl. Stuttgart 1963.

A. Diemer, Grundriß der Philosophie. Bd I: Allgemeiner Teil, Bd II: Die philosophischen Sonderdisziplinen, Meisenheim 1962—1964. Bietet Überblick über Themen, Probleme und Lösungsansätze in den philosophischen Disziplinen. Bd III als bes. Bibliographieband in Bearbeitung.

H. Meyer, Systematische Philosophie. Bd I: Allgemeine Wissenschaftstheorie und Erkenntnislehre. Bd II: Grundprobleme der Metaphysik. Bd III: Sittlichkeit, Recht und Staat, Paderborn 1955—1960. Bd IV: Psychologie, Grundlagen und Hauptgebiete, hg. v. V. Rüfner, Paderborn 1969.

Philosophia Lovaniensis. Grundriß der Philosophie in Einzeldarstellungen, hg. von den Professoren des Institut supérieur de philosophie an der Universität Löwen. Deutsche Ausg. besorgt von P. M. Roesele, Einsiedeln - Zürich -

Köln 1949 ff. Darstellungen der philosophischen Disziplinen in neuscholastischer Sicht.

J. Hessen, Lehrbuch der Philosophie. München - Basel 1947 ff. I. Wissenschaftslehre, 3. Aufl. 1964. II. Wertlehre, 2. Aufl. 1959. III. Wirklichkeitslehre, 2. Aufl. 1962.

M. Dessoir (Hg.), Lehrbuch der Philosophie, 2 Bde, Berlin 1925. I. Die Geschichte der Philosophie (bearb. v. E. v. Aster, E. Cassirer, M. Frischeisen-Köhler, J. Geyser, E. Hoffmann). II. Die Philosophie in ihren Einzelgebieten (bearb. v. J. B. Rieffert: Logik, E. Becher: Erkenntnistheorie und Metaphysik, M. Schlick, Naturphilosophie, K. Koffka: Psychologie, E. Utitz: Ästhetik und Philosophie der Kunst, P. Menzer: Ethik, P. Tillich: Religionsphilosophie, A. Vierkandt: Gesellschafts- und Geschichtsphilosophie.

A. Baeumler und *M. Schroeter* (Hg.), Handbuch der Philosophie, 4 Bde, München - Berlin 1925—1934. Abt. I *Die Grunddisziplinen* (= Bd I, 1934), bearb. v. F. Brunstädt: Logik, F. Kuntze: Erkenntnistheorie, A. Baeumler: Ästhetik, J. Stenzel: Metaphysik des Altertums, A. Dempf: Metaphysik des Mittelalters, H. Heimsoeth: Metaphysik der Neuzeit. Abt. II *Natur, Geist, Gott* (= Bd II, 1927), bearb. v. H. Weyl: Philosophie der Mathematik und Naturwissenschaft, H. Driesch: Metaphysik der Natur, E. Rothacker: Logik und Systematik der Geisteswissenschaften, E. Wolff: Philosophie des Geistes, E. Przywara: Religionsphilosophie katholischer Theologie, E. Brunner: Religionsphilosophie evangelischer Theologie. Abt. III *Mensch und Charakter* (= Bd III, 1931), bearb. v. B. Groethuysen: Philosophische Anthropologie, E. Howald: Ethik des Altertums, A. Dempf: Ethik des Mittelalters, Th. Litt: Ethik der Neuzeit, F. Seifert: Psychologie, Metaphysik der Seele, F. Seifert: Charakterologie, E. Krieck: Erziehungsphilosophie. Abt. IV *Staat und Geschichte* (= Bd IV, 1934), bearb. v. J. Stenzel: Philosophie der Sprache, O. Spann: Gesellschaftsphilosophie, A. Baumgarten: Rechtsphilosophie, G. Holstein und K. Larenz: Staatsphilosophie, E. Rothacker: Geschichtsphilosophie, A. Dempf: Kulturphilosophie, M. Schröter: Philosophie der Technik. Die einzelnen Faszikel sind auch selbständig erschienen. Teilweise ausgezeichnete Darstellungen mit reicher Bibliographie. Abt. V *Die Gedankenwelt Asiens,* bearb. v. H. H. Schäder, H. Zimmer, A. Forke und G. Misch, nicht mehr selbständig erschienen. Daraus als Faszikel: A. Forke, Die Gedankenwelt des chinesischen Kulturkreises, München-Berlin 1927.

C. Baeumker, L. Baur u. a. (Hg.), Philosophische Handbibliothek. 10 Bde, München 1920–1925. I. J. A. Endres: Einleitung in die Philosophie, 3. Aufl. 1923. II. F. Sawicki: Geschichtsphilosophie, 3. Aufl. 1923. III–IV: J. Schwertschlager: Philosophie der Natur, 1921–1922. V. J. Lindworsky: Experimentelle Psychologie, 5. Aufl. 1931. VI. L. Baur: Metaphysik, 3. Aufl. 1935. VII. M. Wittmann: Ethik, 1922. VIII: M. Ettlinger: Geschichte der Philosophie von der Romantik bis zur Gegenwart, 1924. IX: J. P. Steffes: Religionsphilosophie, 1925. X. H. Meyer: Geschichte der alten Philosophie. Bedeutendes Werk neuscholastischer Richtung.

N. Hartmann (Hg.), Systematische Philosophie, Stuttgart-Berlin 1942. Bearb. v. A. Gehlen: Zur Systematik der Anthropologie, E. Rothacker: Probleme der Kulturanthropologie, N. Hartmann: Neue Wege der Ontologie, O. F. Bollnow: Existenzphilosophie, H. Wein: Das Problem des Relativismus, H. Heimsoeth: Geschichtsphilosophie. Einführende Darstellungen dieser z. T. schon klassischen Positionen.

S. Daval und *B. Guillemain,* Philosophie. 6 Bde in 3 Abteilungen, Paris 1962 ff. „Classe de Philosophie“ I. La connaissance, 4. Aufl. 1968, II. L'action, 3. Aufl. 1968. „Classe de Mathématique et techniques mathématiques“ I. La connaissance 2. Aufl. 1970, II. L'action, 2. Aufl. 1969. „Classe de sciences expérimentales“ I. La philosophie des sciences, 6. Aufl. 1970. II. Philosophie morale, Philosophie générale, 5. Aufl. 1970. Gediegenes Unterrichtswerk mit Textauswahl. Neue Auflage in Vorb.

R. M. Chisholm u. a. (Hg.), Philosophy, 2. Ausg. Englewood Cliffs N. J. 1965. Bearb. v. R. M. Chisholm: Theory of knowledge, H. Feigl: Philosophy of science, W. K. Frankena: Ethical Theory, J. Passmore: Philosophical Scholarship in the United States 1930–1960, M. Thompson: Metaphysics. Einführungen führender angelsächsischer Fachleute.

G. W. F. Hegel, Enzyklopädie der philosophischen Wissenschaften im Grundrisse, Heidelberg 1817 (2. Aufl. 1827, 3. Aufl. 1830), neu hg. v. H. Glockner, Stuttgart 1927, auch in Sämtliche Werke Bd 6, Stuttgart 1956. Klassisches Werk der dialektischen Enzyklopädistik.

W. T. Krug, Handbuch der Philosophie und der philosophischen Literatur, 2 Bde, 3. Aufl. Leipzig 1828 (1. Aufl. 1820–1821, 2. Aufl. 1822), Nachdruck in Instrumenta Philosophica Series Thesauri III, Düsseldorf 1969, mit Einl. v. L. Geldsetzer und neuem Sachregister von U. Geldsetzer. Klassisches Werk der ausgehenden Aufklärung mit reichen Literaturanhängen.

J. Chr. Gottsched, Erste Gründe der gesamten Weltweisheit, darinnen alle philosophische Wissenschaften in ihrer natürlichen Verknüpfung in zwei Teilen abgehandelt werden, 5. Aufl. 1748–1749 (1. Aufl. 1734)

D. G. Morhof, Polyhistor sive de notitia auctorum et rerum commentarii, quibus praeterea varia ad omnes disciplinas consilia et subsidia proponuntur, Lübeck 1688–1692 (2. Aufl. 1965, 3. u. w. Aufl. revidiert v. J. Möller, 1708, 1714, 1732 und 1747, jeweils erweitert und bibliographisch aktualisiert). Klassisches Schulbuch der philosophischen Disziplinen, seit den Möllerschen Bearbeitungen ca. 8000 Titelverweise mit teils ausführlichen Besprechungen. Letzte Ausgabe besorgt von J. J. Schwabe, Nachdruck Aalen 1970.

J. H. Alsted, Compendium philosophicum, exhibens Methodum, Definitiones, Canones, Distinctiones et quaestiones per universam Philosophiam, Herborn 1626. Philosophisch orientierte Kurzfassung und Vorläufer des größeren Werks des berühmten Enzyklopädisten. Enthält als Bd 3 ein philosophisches Lexikon.

G. Reich, Margarita philosophica, Basel 1517. Nachdruck in Instrumenta Philosophica Series Thesauri I, Düsseldorf, in Vorb. – Ausgabe letzter Hand des berühmten mittelalterlichen Schul- und Lehrbuches, das die freien Künste enzyklopädisch darbietet. Es erschien zuerst 1503, dann in mehreren, auch posthumen Auflagen.

3. *Philosophische Lexika*

Von einem Lexikon erwartet man die Verzeichnung der bedeutenden Bestandteile einer Sprache. Betrachtet man auch die Wissenschaften und die Philosophie als „Sprachspiele", wie es schon früher (Condillac) und heute besonders unter Wittgensteins Einfluß geschehen ist, so kann man auch von den Lexika der Fachtermini der philosophischen Sprache das gleiche erwarten. Und wie in den allgemeinen Sprachlexika kann man mit mehr oder weniger Erläuterungen mittels der den Bedeutungskreis charakterisierenden – sie „definierenden" – übrigen Begriffe die Stellung eines Terminus zu anderen Termini fixieren. Aus dem Zusammenhang dieser Verweisungen, den Wort- bzw. Begriffsfeldern der einzelnen Termini, deren vieldimensionale Struktur noch keineswegs durchschaut ist, obwohl sie in je spezifischer Weise vom Fachmann intellektuell beherrscht und gehandhabt werden müssen, baut sich die Architektonik der jeweiligen Wissenschaft bzw. der Philosophie auf.

Die Existenz von Lexika der Fachterminologien bringt für den Anfänger immer den großen Vorteil, in sehr ökonomischer Weise sich die Bestandteile der Artikulation einer Wissenschaft Stück für Stück vorzunehmen und assimilieren zu können. Für die Wissenschaft bedeutet die Pflege einer solchen

Betrachtungsweise den Zwang zu einer dauernden Reflexion auf ihre Artikulationsmittel und den Zusammenhang derselben mit der Kultur- und Alltagssprache.

Bei den philosophischen Lexika tritt nun gegenüber allen einzelwissenschaftlichen oder sprachlichen Lexika eine Eigentümlichkeit hervor: Die Philosophie ist eine sehr alte Einrichtung. Dennoch gibt es in ihr keinen „modernen" Begriffsstand, der irgendwelche älteren sog. synchronischen Querschnitte ihres Begriffsstandes obsolet machen würde. Vielmehr ist ihr Wortmaterial relativ konstant geblieben und bleibt es ungeachtet unablässiger Versuche der Ausweitung durch Jargonbildungen. Einen neuen Terminus in dies konservative System einzuführen, bedeutet in der Philosophie allemal eine Revolution, von denen es im Laufe von zweitausend Jahren natürlich einige gegeben hat.

Die Sparsamkeit, Überschaubarkeit und Konstanz der philosophischen Termini, wie sie vor allem in den kleineren philosophischen Lexika aller philosophiegeschichtlichen Epochen, die sie pflegten, zum Ausdruck kommt, täuscht jedoch über den ungeheuren Reichtum und die Komplexität der Bedeutungen und Bedeutungsnuancen hinweg, die sich mit solch sparsamer Terminologie verbinden. Dies macht den eigentlichen Unterschied der philosophischen gegenüber jeder anderen Terminologie aus. In die Nuancierung der Begriffe, nicht in Neuschöpfung neuer Termini, ist die Hauptarbeit der Philosophiegeschichte eingegangen. So kommt es auch, daß der Fortschritt der Erkenntnis in der Philosophie sich so gerne in die Form der Interpretation klassischer philosophischer Gedankengebäude kleidet. Man mißversteht die alten Ausleger, wenn man sie als (zetetische) Erforscher der Meinungen ihres Meisters ansieht, vielmehr adaptieren sie alte Termini neuen Denkmöglichkeiten und wenden so eine verbindliche Begriffsdogmatik auf neue Probleme an.

Welches sind nun die Mittel, die es dennoch erlauben, den knappen Wortschatz philosophischer Sprache zur Artikulation so unendlich vielfältiger Gedanken brauchbar zu machen? Einige seien genannt; die meisten sind noch nicht erforscht. Jede Nationalsprache, in welche die griechische

Grundterminologie übersetzt worden ist, neigte dazu, ihre oft mühsam konstruierten Pendants als Begriffsnuancen der schließlich doch inkorporierten und angepaßten griechischen Grundtermini verwendet zu finden. So ist uns die lateinische Terminologie des Cicero heute keineswegs mehr Übersetzung derjenigen des Aristoteles; und das Thomasianische und Wolffsche, besonders aber das Böhmesche Deutsch ist mehr als bloße Übersetzung der lateinischen Schulterminologie. Es entlehnen also die Nationen zugleich mit der alten Terminologie die Sache Philosophie, und die nationalsprachlichen Übersetzungsversuche werden daneben zu nuancenreichen Artikulierungshilfen.

Ein weiteres Mittel zur Differenzierung der Terminologie ist die Verbindung bestimmter Termini mit dem Namen bedeutender Philosophen, die durch ihren eigentümlichen Gebrauch diesem Terminus eine wirkungsvolle Ausdeutung verliehen haben. So unterscheiden sich für den Fachmann die Platonische, die Aristotelische, die Demokritische, die Lockische, die Kantische, die Hegelsche „Idee“ in sehr charakteristischer Weise voneinander, und der Unterschied ist nur durch ausführliche Bezugnahme und Kenntnis der jeweiligen Philosophie dieser Denker zu explizieren. Da dies mutatis mutandis für alle philosophischen Begriffe gilt, sieht man leicht ein, daß sog. philosophiegeschichtliche Studien und Kenntnisse in der Philosophie unentbehrliche Voraussetzungen der systematischen Arbeit sind.

Nicht von ungefähr steht darum auch die *(semasiologische)* Erforschung der historischen Schicksale der philosophischen Termini im Mittelpunkt des gegenwärtigen philosophischen Interesses, wovon die sogleich zu nennenden anspruchsvollen lexikalischen Unternehmungen Zeugnis ablegen. Im Prinzip erfordert jeder philosophische Terminus monographische Behandlung, und es existieren schon jetzt große Mengen solcher Monographien.

Die andere – in der sprachwissenschaftlichen Lexikographie *onomasiologisch* genannte – Betrachtungsweise der philosophischen Terminologie steckt dagegen noch in den Anfängen. Ihre besondere Schwierigkeit liegt darin, daß die philosophischen „Sachen“ in der Regel geistige Gebilde sind, die kaum anders als durch verbale Artikulation zu demonstrieren sind. D.h. man kann in der Philosophie nicht ohne weiteres feststehende Dinge oder Sachen mit ihren historisch verschiedenen Bezeichnungen vergleichen. Was die philosophische „Sache“ sei, muß immer erst terminologisch aufgewiesen werden, und letzteres führt wieder auf die erwähnten Probleme der semasiologischen Betrachtungsweise zurück. Dennoch wird man die schon relativ alte problemgeschichtliche (besser: dogmengeschichtliche) Betrachtung sowie die Denkformen-, Modell- und Metaphernforschung in der Philosophie als fruchtbare Vorarbeiten oder Neuansätze in dieser Richtung ansehen können. Hierin wird nämlich versucht, bestimmte „Sachzusammenhänge“ unter den Titeln „Problem“, Denkform, Denkmodell, anschauliches Bild usw. jenseits ihrer terminologischen Einkleidung zu fixieren und sie als Konstanten im Wechsel der Benennungen festzuhalten. Eigentliche Lexika dieser Forschungsrichtung gibt es jedoch noch nicht. Sie dürften das Ergebnis noch intensiver und langwieriger Forschungen sein.

Die verschiedenen Arten philosophischer Lexika reichen von den einfachen Wörterbüchern, gegebenenfalls mit Erläuterungen eines vagen durchschnittlichen Verständnisses der Termini, über strikte Schulwörterbücher, die den Sprachgebrauch bestimmter philosophischer Schulen verzeichnen — dies aber wohl immer mit dem Anspruch, die philosophischen Begriffsbedeutungen schlechthin anzugeben — über die sog. Definitionarien, d. h. Sammlungen von Zitatstellen aus den Klassikern, in denen die entsprechenden Begriffe definiert oder erläutert werden, bis zu den Indices großer Gesamtausgaben der Werke einzelner Denker oder ganzer Schulen oder Epochen. Zumeist verbindet sich damit mehr oder weniger die Tendenz, den einzelnen Begriffen den bibliographischen Nachweis der einschlägigen Literatur beizugeben. In diesem Sinne sind die entsprechenden Lexika auch als Bibliographien von erheblicher Bedeutung. Das gilt besonders in dem Falle, daß auch die Namen der Philosophen selber als Begriffe mit aufgeführt werden oder das Lexikon überhaupt als biographisches Lexikon bearbeitet ist, wie etwa dasjenige von Ziegenfuß.

Kennzeichen der philosophischen Lexika bleibt in jedem Falle die alphabetische Anordnung der Begriffe, die den sicheren und nicht wertenden Zugang zu ihnen garantiert. Die Gattung der älteren, nach sachlichen Zusammenhängen gliedernden (also nicht-alphabetischen) „Onomastica" wird heute kaum noch gepflegt.

Bibliographie:

G. A. Zischka, Index Lexicorum. Bibliographie der lexikalischen Nachschlagewerke, Wien 1959 (Philosophie S. 40—43). Nittenrichs, Bibliographie der Hermeneutik (Kleine Phil. Bibliographien aus dem Phil. Institut der Universität Düsseldorf I), Düsseldorf 1968, Sp. 17—32: „Wörterbücher der Philosophie".

Literatur:

W. Gerber, Artikel „Philosophical Dictionaries and Encyclopedias" in: P. Edwards (Hg.), The Encyclopedia of Philosophy, New York - London 1967, Bd 6, S. 170—198; L. Geldsetzer, Zur philosophischen Lexikographie der Gegenwart, zur Geschichte ihrer Theorie und über das philosophische Lexikon des Stephanus Chauvin (1713), Düsseldorf 1967 (auch als Einleitung zum Nachdruck dieses Lexikons); ders., Über das philosophische Lexikon des Johannes Micraelius und die philosophische Lexikographie, Düsseldorf 1965 (auch als Einleitung zum Nachdruck des Lexikons des Micraelius).

J. Ritter (Hg.), Historisches Wörterbuch der Philosophie. Völlig neu bearbeitete Ausgabe des „Wörterbuchs der philosophischen Begriffe" von R. Eisler (s. u.), Basel 1971 ff. Unter Mitarbeit zahlreicher Fachphilosophen, enthält gezeichnete und mit der einschlägigen Bibliographie versehene Artikel zu den Begriffen. Wohl *das* repräsentative deutschsprachige philosophische Lexikon.

E. Rothacker (Begründer), Archiv für Begriffsgeschichte (Bausteine zu einem historischen Wörterbuch der Philosophie), Bonn 1955 ff. Bisher 14 Bde. Die einzelnen Bände enthalten größere Monographien über einzelne philosophische

Begriffe, Bd 5 eine „Bibliographie deutscher Hochschulschriften 1880–1955“ (Bonn 1960) von H. Flasche und U. Wawrzinek. Ab Bd 11 halbjährlich erscheinend und hg. v. H.-G. Gadamer, J. Ritter und K. Gründer.

G. Klaus und *M. Buhr* (Hg.), Philosophisches Wörterbuch, 2 Bde, 8. Auflage Leipzig 1971 (1. Aufl. 1964). Repräsentatives Lexikon marxistischer Schulrichtung mit sehr dienlichem Anhang „Verzeichnis der angeführten Personen und der zitierten Literatur“. – Als Taschenbuchausgabe: Reinbek 1971.

R. Eisler, Wörterbuch der philosophischen Begriffe, 3 Bde, 4. Aufl. Berlin 1927–1930 (3. Aufl. 1910). Noch immer sehr nützliches Definitionarium mit guter Bibliographie, jahrzehntelang das führende Lexikon der Philosophie. Neben der 3bändigen Ausgabe existiert ein einbändiges „Handwörterbuch der Philosophie“, Berlin 1913, 2. Aufl. als Mikrobuch hg. v. R. Müller-Freienfels, Düsseldorf 1949.

G. Schischkoff, Philosophisches Wörterbuch (Kröners Taschenausgabe Bd 13), 18. Aufl. Stuttgart 1969. Einführendes Wörterbuch, auch mit biographischen Stichwörtern und Auswahlbibliographie, auf der Grundlage des Wörterbuchs von H. Schmidt bearbeitet.

J. Hoffmeister, Wörterbuch der philosophischen Begriffe, 2. Aufl. Hamburg 1955. Standardlexikon für das Studium mit begriffsgeschichtlichen Ausblicken und Auswahlbibliographie.

A. Diemer und *I. Frenzel* (Hg.), Das Fischer-Lexikon „Philosophie“, 2. völlig neu bearb. Ausgabe Frankfurt a. M. 1967. Längere, namentlich gekennzeichnete Artikel über einzelne Disziplinen und Richtungen der Philosophie mit bibliographischem Anhang und Register.

R. Eucken, Geschichte der philosophischen Terminologie im Umriß, Leipzig 1879 (Nachdruck Hildesheim 1964). Noch immer lehrreiches Werk über Gesamtgeschichte der philosophischen Sprache seit Griechen und Römern und über die Geschichte einzelner Termini.

M. Müller und *A. Halder* (Hg.), Kleines Philosophisches Wörterbuch (Herderbücherei 338), Freiburg i. B. 1971. 10. Aufl. des früher unter dem Titel „Herders Kleines Philosophisches Wörterbuch“ (9. Aufl. 1967) erschienenen Büchleins.

W. Brugger (Hg.), Philosophisches Wörterbuch. Unter Mitwirkung der Professoren des Berchmannskollegs in Pullach, 13. neubearb. Aufl. Freiburg i. Br. 1967. Bekanntes Schullexikon neuscholastischer Richtung.

A. Neuhäusler, Grundbegriffe der philosophischen Sprache. 2. verb. Aufl. mit einem Leitfaden zur Geschichte der Philosophie und zu den philosophischen Hauptdisziplinen, München 1967. Elementares Wörterbuch mit Auswahlbibliographien zu den Stichwörtern, die jeweils auch in englisch, französisch und italienisch angegeben sind.

M. Stockhammer, Philosophisches Wörterbuch, Köln 1967. Bietet Begriffserörterungen ohne Bibliographie.

M. Apel, Philosophisches Wörterbuch. 5. Aufl., völlig neu bearb. v. P. Ludz (Slg. Göschen 1031/1031a), Berlin 1958. Dienliche Studienhilfe für Anfänger.

F. Mauthner, Wörterbuch der Philosophie. Neue Beiträge zu einer Kritik der Sprache, 2 Bde München-Leipzig 1910. 2. verm. Aufl. in 3 Bdn Leipzig 1923. Noch immer geschätztes Werk mit teils umfangreichen Artikeln zu den philosophischen Begriffen und ihnen zugrunde liegenden alltagssprachlichen Anschauungsformen.

K. W. Clauberg und W. Dubislav, Systematisches Wörterbuch der Philosophie, Leipzig 1923. Um axiomatische Definitionen bemühtes Werk aus der Schule des logischen Positivismus.

W. Ziegenfuss und *G. Jung,* Philosophen-Lexikon. Handwörterbuch der Philosophie nach Personen, 2 Bde, Berlin

1949/1950. Gern benutztes, ausschließlich biographisches Lexikon, schildert Werk und Bedeutung der Philosophen — teils in Selbstdarstellungen — mit Angabe der Schriften und Sekundärliteratur. Dafür wichtiges, zuweilen leider ungenaues Quellenwerk.

L. Noack, Philosophie-geschichtliches Lexikon. Historisch-biographisches Handwörterbuch zur Geschichte der Philosophie, Leipzig 1879, Nachdruck Stuttgart-Bad Cannstatt 1968. Vor allem für die Philosophen des 19. Jahrhunderts noch ergiebiges Quellenwerk mit sparsamen Literaturangaben bei den einzelnen Artikeln.

P. Edwards (Hg.), The Encyclopedia of Philosophy, 8 Bde, New York - London 1967. Repräsentatives angelsächsisches Lexikon mit gezeichneten Sach- und Personenartikeln und ausführlicher Bibliographie bes. aus dem entsprechenden Sprachbereich.

D. D. Runes (Hg.), The Dictionary of Philosophy, 15. Aufl. London - New York 1964. Gediegenes Lexikon mit namentlich gezeichneten Sach- und Personenartikeln und Literaturangaben vorwiegend positivistischer Schulrichtung.

H. Thomas, Biographical Encyclopedia of Philosophy. Garden City N. Y. 1965. Kurze Beschreibungen der Ideen der großen Philosophen.

J. O. Urmson (Hg.), The Concise Encyclopedia of Western Philosophy and Philosophers, New York - London 1960, 3. Aufl. 1967. Begriffs- und Personenlexikon, auch mit vielen Portraits.

J. M. Baldwin und *B. Rand,* Dictionary of Philosophy and Psychology, 4 Bde, New York 1901—1905, Nachdruck Gloucester Mass. 1960/1961. Jahrzehntelang führendes amerikanisches Lexikon. Noch wertvolles Quellenwerk. Bd 3/4 ist bibliographischer Anhangband von B. Rand. Auch die einzelnen, teils gezeichneten Artikel enthalten bibliographische Verweise. Eine dreibändige Ausgabe in der Bearbeitung von P. Smith erschien 1940—1949.

A. Lalande (Hg.), Vocabulaire technique et critique de la philosophie, 10. Aufl. Paris 1968. Repräsentatives französisches Lexikon (1. Aufl. 1902—1923), gibt Übersetzung der Fachtermini in die europäischen Sprachen, Gliederung der Bedeutungsnuancen und Definitionsvorschläge der „Französischen Gesellschaft für Philosophie" sowie eine „Kritik" mit begriffsgeschichtlichen Anhängen.

P. Foulquié (in Zusammenarbeit mit R. Saint-Jean), Dictionnaire de la langue philosophique, 2. erw. Aufl. Paris 1969. Sprachwissenschaftlich orientiertes Textstellenlexikon, orientiert über kontextuelle Ausdrucksweisen philosophischer Schriftsteller.

Ad. Franck (Hg.), Dictionnaire des Sciences Philosophiques par une société de professeurs et de savants, 6 Bde Paris 1844—1852. 2. Aufl. in 2 Bdn Paris 1875; 3. Aufl. in 1 Bd Paris 1885. Klassisches gelehrtes Werk mit gezeichneten biographischen und Sachartikeln. Sparsame Bibliographie. Noch immer nützliches Quellenwerk zur philosophischen Biographie.

G. Giacon (u. a., Hg.), Enciclopedia Filosofica (Centro di Studi Filosofici di Gallarate), neubearb. 2. Aufl. Florenz 1968/69 in 6 Bdn (1. Aufl. in 4 Bdn, 1957/58). Repräsentatives italienisches Werk, bringt gezeichnete Sach- und Personenartikel mit sehr guter Primär- und Sekundärbibliographie, dazu systematischen (nach philos. Disziplinen und geschichtlichen Epochen), analytischen und Abbildungsindex. Vorwiegend neuscholastische Orientierung.

N. Abbagnano, Dizionario di Filosofia, 2. Aufl. Turin 1964. Umfangreiches, existentialistisch orientiertes Lexikon, auch mit begriffsgeschichtlichen Ausblicken, kaum Literaturangaben.

J. Ferrater Mora, Diccionario de Filosofia, 5. Aufl. Buenos Aires 1965 in 2 Bdn (1. Aufl. 1941). Außerordentlich reichhaltiges, mit guten bibliographischen Anhängen versehenes Lexikon, bringt Sach- und Personenartikel und mehrere

Indices. Wertvoll durch seine begriffsgeschichtlichen Nachweise und feinsinnig didaktische Behandlung der Bedeutungsnuancen.

F. W. Konstantinow (Hg.), Filosofskaja Enziklopedija, Moskau 1960 ff. Repräsentatives russisches Lexikon in russ. Sprache, enthält Personen- und Sachartikel mit ausführlichen bibliographischen Anhängen aus allen bezügl. Sprachen. Bisher 4 Bde (4. Bd Moskau 1967, bis „Szigeti").

M. M. Rosental und *P. F. Judin* (Hg.), Kratkij filosofskij slovar (Kurzes philosophisches Wörterbuch), 5. Aufl. Moskau 1963. Verbreitetes und in viele europäische Sprachen übersetztes Begriffs- und Personenwörterbuch, ohne Bibl.

I. W. Blauberg und *W. A. Kopnin*, Kratkij slovar pod filosofi (Kurzes Wörterbuch zur Philosophie), Moskau 1966. Einführendes russ. Lexikon.

K. G. Ballestrem, Russische philosophische Terminologie (in englischer, russischer, deutscher und französischer Sprache), Dordrecht 1964. Gibt die russ. Terminologie mit den genannten Äquivalenten. – Zum gleichen Zwecke: *P. W. Zarew,* Kratkij anglo-russkij filosofskij slovar (Kurzes englisch-russisches philosophisches Wörterbuch, Moskau 1969).

J. Šandov (Hg.), Stručný Filosofický Slovník, Prag 1966. Tschechisches philosophisches Wörterbuch mit Personen- und Begriffsartikeln und tschech. Bibliographie.

S. M. Afnan, Philosophical terminology in Arabic and Persian, Leiden 1964. Englische Begriffserklärungen der klassischen arabischen und persischen Terminologie.

F. E. Peters, Greek philosophical Terms. A Historical Lexicon, New York - London 1967. Erklärt klass. phil. Terminologie.

Shivaji Narahara Bhave, Shri Dnyaneshwari shabdartha kosha (Wörterbuch der philosophischen Begriffe in Dnyaneshwari), Wardha 1951. Indisches Wörterbuch der Philosophie.

Tetsugaku Dai Zisyo (Umfassendes Wörterbuch der Philosophie), 4 Bde, 7. Aufl. Tokio 1931. Größtes japanisches Werk dieser Gattung.

Fan Ping Ch'ing, Che Hsüeh Tz'u Tien (Wörterbuch der Philosophie), 3. Aufl. Schanghai 1961 (1. Aufl. 1926). Chinesisches philosophisches Lexikon (1110 S.). Es enthält Personen- und Sachartikel, die Stichwörter jeweils auch in Englisch, Französisch und Deutsch, und entsprechende Personen- und Sachregister in englischer Sprache mit chinesischen Äquivalenten sowie in Chinesisch.

Ch'orhak Taesajon, Dictionary of Philosophy, Seoul 1963. (2. Aufl. 1964). Repräsentatives koreanisches Gemeinschaftswerk mit Personen- und Sachartikeln, die Stichwörter auch in englischer, französischer und deutscher Übersetzung je nach Herkunft, mit Bibliographien in der Originalsprache, ca. vierhundert Philosophenportraits, einem chronologischen Index der philosophischen Hauptwerke sowie gleichzeitiger allgemeinwissenschaftlicher, kultureller und politischer Erscheinungen von Thales bis 1945 und einem Gesamtregister nach den europäischen Stichwörtern. Vorbildliches Werk.

Wichtige ältere Lexika

W. T. Krug, Allgemeines Handwörterbuch der philosophischen Wissenschaften nebst ihrer Literatur und Geschichte, 2. Aufl. Leipzig 1832–1834 in 4 Bdn nebst 2 Bdn Suppl. 1838 (1. Aufl. in 5 Bdn 1827–1829). Vor allem wegen der bibliographischen Anmerkungen zu Personen und (oft über den heutigen Philosophiebegriff hinausreichenden) Themen noch wichtiges Quellenwerk. Nachdruck Stuttg.-B. C. 1971.

J. G. Walch, Philosophisches Lexikon, 4. Aufl., besorgt v. J. Chr. Hennings, Leipzig 1775, in 2 Bdn (1. Aufl. 1726). Repräsentatives Lexikon der deutschen Schulphilosophie der Aufklärung, wichtige Literaturnachweise. Nachdruck Hildesheim 1968.

M. Fernández García, Lexikon Scholasticum Philosophico-Theologicum, in quo Termini, Definitiones, Distinctiones et Effata a B. Joanne Duns Scoto exponuntur, declarantur. Quaracchi (bei Florenz) 1910 (Nachdruck Hildesheim in Vorb.). Gediegenes und über die Terminologie des Duns Scotus hinaus die lateinische scholastische Schulterminologie darstellendes Werk. – Einen ähnlichen Zweck erfüllt noch *Signoriello,* Lexicon peripateticum philosophico-theologicum, in quo scholasticorum distinctiones et effata praecipua explicantur, 5. Aufl. Rom 1931 (1. Aufl. 1854). – Worterklärungen und Erörterungen ohne Bibliographie gibt B. Wuellner, A Dictionary of Scholastic philosophy, 2. Aufl. Milwaukee 1966.

St. Chauvin, Lexicon philosophicum, 2. Aufl. Leeuwarden 1713. Nachdruck in Instrumenta Philosophica Series Lexica II, Düsseldorf 1967. Wichtiges Quellenwerk cartesianischer Schule, bes. für die Naturphilosophie jener Zeit.

J. Micraelius, Lexicon philosophicum terminorum philosophis usitatorum, 2. Aufl. Stettin 1662, Nachdruck in Instrumenta Philosophica Series Lexica I, Düsseldorf 1966. Enthält Definitionen der älteren lateinischen Schulterminologie mit systematisch-architektonischem Index. Bedeutende Quelle zum Verständnis der Terminologie im Übergang von der Scholastik zur Neuzeit.

R. Goclenius, Lexicon Philosophicum, quo tamquam clave philosophiae fores aperiunter, Frankfurt 1613, Nachdruck Hildesheim 1964. Wie Micraelius wichtige Quelle für die lateinische ältere Terminologie. Der Nachdruck bringt auch das griechische philosophische Lexikon des Goclenius von 1615 im Anhang mit Index.

J. Bapt. Bernardus, Seminarium totius Philosophiae, 3 Bde Venedig 1582–1585. 2. Ausg. in 2 Bdn hg. v. J. Schoer und F. Faber Genf 1599–1606 (Nachdruck in Instr. Phil. Ser. Lex., Düsseldorf, in Vorb.). Erstes umfassendes Definitionarium aus den Schriften der Klassiker, bes. Platon, Aristoteles, Stoiker, Araber.

4. Philosophische Zeitschriften

Die Zeitschriften enthalten in der Regel das, was ihrer Zeit gehört: Forschungsmitteilungen aus dem Zusammenhang umfassenderer Arbeiten der Gelehrten, Gelegenheitsstudien, Diskussionen aktueller Fragen, Anzeige und Kritik (Rezension) neuer Veröffentlichungen, Überblicke über die jeweilige Lage der Wissenschaft.

So wie die Zeitschriften in der Neuzeit die unmittelbare briefliche Kommunikation im kleinen exklusiven Gelehrtenkreis zugunsten einer weiteren interessierten Öffentlichkeit abgelöst haben, stehen sie nunmehr in Gefahr, nur noch zur nachträglichen Dokumentation längst unter den Fachleuten ausgetauschter „Preprints“ (photokopierter Manuskripte) zu werden. Aber auch so erfüllen sie die wichtige Aufgabe eines institutionellen und den jeweiligen Stand der Wissenschaft konsolidierenden und ausdrückenden Dialogs.

Diesen Stand kennenzulernen – und ebenso auch die historische Entwicklung der Wissenschaften prägnant zu erfassen – sind die Zeitschriften das geeignetste Mittel. Zwar wird man sich gewöhnlich darauf verlassen dürfen, daß die von den Autoren für wichtig gehaltenen Beiträge entweder von ihnen selbst oder von anderen in irgendeiner Form auch selbständig veröffentlicht werden – insofern bleibt die Monographie das Vehikel des Fortganges der Wissenschaften –, aber die kritische Aufnahme oder Ablehnung solcher Veröffentlichungen oder auch ihre Nichtzurkenntnisnahme in den Rezensionsteilen der Zeitschriften kennzeichnen deutlicher als alle sekundären Darstellungen, was eigentlich in den Wissenschaften los ist. Man muß sich also durch ständige Lektüre der wichtigsten sein Fachgebiet betreffenden Zeitschriften mit der Lage seiner Disziplin, den Forschungsinteressen der Fachleute und dem allgemeinen geistigen Klima des Gebietes vertraut halten.

Darüber hinaus sind natürlich Zeitschriftenartikel stets zu zitierende Forschungsbeiträge, die leider noch nicht im wünschenswerten Maße in den Fachbibliographien bibliographisch erschlossen sind. Für die Beurteilung wichtiger Werke – etwa zum Zwecke der Anfertigung von Seminararbeiten – ist der

Vergleich der Rezensionen (die in der Regel bis zu drei Jahren nach einer Veröffentlichung erscheinen) ein nützliches und aufschlußreiches Hilfsmittel.[3]

Hier seien die wichtigsten allgemeinen deutschen und ausländischen philosophischen Zeitschriften genannt. Für spezielle Zeitschriften sei auf die entsprechenden Topoi in der speziellen Bücherkunde verwiesen.

Bibliographien:

D. Baumgardt, Philosophical periodicals. An annotated world list (Library of Congress, Reference department), Washington 1952 (489 Titel); E. Zampetti, Bibliografia ragionata delle rivisti filosofiche italiane dal 1900 al 1955 (168 Titel) in: Bibliografia Filosofica Italiana dal 1900 al 1950, Rom 1956, Bd 5, S. 365—496; G. König, W. Hogrebe u. R. Kamp, Philosophische Periodika. Eine internationale Zeitschriftenbibliographie von den Anfängen bis zur Gegenwart. (Kleine philosophische Bibliographien aus dem Philosophischen Institut der Universität Düsseldorf, Dir. A. Diemer, Bd II), Düsseldorf (1972, in Vorb.); W. Gerber, Artikel „Philosophical Journals" in P. Edwards (Hg.), The Encyclopedia of Philosophy, New York-London 1967, Bd 6, S. 199—216; P. Feldkeller, Das philosophische Journal in Deutschland, in: Reichls philosophischer Almanach, Bd 2, Darmstadt 1924/25, S. 302—458, und Bd 3 1925/26, S. 237—269. Liste mondiale des périodiques spécialisés Philosophie / World list of specialized periodicals Philosophy, Paris - Den Haag 1967. Nach Ländern geordnetes Auswahlverzeichnis mit Notizen über Herausgeber, Verlag, thematische Schwerpunkte u. a.

Zeitschrift für philosophische Forschung, hg. v. G. Schischkoff, Reutlingen, jetzt Meisenheim, 1947 ff. Repräsentative deutsche Zeitschrift, bringt viermal jährlich neben Abhandlungen auch Diskussionen, Berichte und Mitteilungen aus dem philosophischen Leben, über stattgehabte und geplante Kongresse und Tagungen etc. sowie kritische Rezensionen

---

[3] P. Feldkeller (s. Bibl.) unterscheidet sieben Typen von Journalen: 1. Diskussionsjournal (mit Leserbeiträgen, in der Philosophie selten); 2. Rein referierender Typ; 3. Die kritische Revue (nur Rezensionen); 4. Popularisierungsjournale; 5. Die Tendenzzeitschrift; 6. Das Magazin oder Archiv; 7. Die Spezialzeitschrift.

der wichtigsten Neuerscheinungen. Zu Jubiläumsanlässen erscheinen Gesamtbibliographien bedeutender Persönlichkeiten. Es existiert eine Beiheftreihe sowie eine Sonderschriftenreihe „Monographien zur Philosophischen Forschung (s. u.). Dazu „Gesamtregister zur Zeitschrift für philosophische Forschung", bearbeitet von N. Henrichs (Philosophische Dokumentation aus dem Philosophischen Institut der Universität Düsseldorf, hg. v. A. Diemer, Reihe I Bd 1) Meisenheim 1968.

Kant-Studien. Philosophische Zeitschrift der Kant-Gesellschaft, begründet von H. Vaihinger, hg. v. G. Funke und J. Kopper (vormals von G. Martin u. a.), Hamburg und Leipzig (dann Berlin, jetzt Bonn) 1896 ff. Nur zeitweise enger auf die Kantische Philosophie festgelegte repräsentative deutsche Vierteljahreszeitschrift. Sie bringt Abhandlungen, Diskussionen, kritische Rezensionen und gelegentliche Bibliographien. Die zugehörigen Kantstudien-Ergänzungshefte sind ein bedeutendes Publikationsforum für Monographien über Kant und den Kritizismus. Dazu „Gesamtregister der Kant-Studien", bearbeitet von N. Henrichs (und W. Risse) (Philosophische Dokumentation aus dem Philosophischen Institut der Universität Düsseldorf, hg. v. A. Diemer, Reihe I Bd 2 in 2 Teilen), Meisenheim 1969—1970.

Philosophische Rundschau. Eine Vierteljahresschrift für philosophische Kritik, hg. v. H.-G. Gadamer und H. Kuhn, Tübingen 1953 ff. Enthält Abhandlungen und kritische Rezensionen einzelner Schriften oder neuerer Literatur über bestimmte Themen.

Philosophisches Jahrbuch. Im Auftrag der Görres-Gesellschaft hg. v. H. Krings, L. Oeing-Hanhoff und H. Rombach (vormals von Max Müller u. a.), Fulda (jetzt: Freiburg-München) 1892 ff. Halbjährlich erscheinendes Organ der katholischen philosophischen Vereinigung mit Beiträgen, Buchbesprechungen sowie „Berichten und Hinweisen".

Philosophische Perspektiven. Ein Jahrbuch, hg. v. E. Fink,

Frankfurt a. M. 1969 ff. Das neue Organ bringt Abhandlungen zu zentralen philosophischen Themen: Bd 1: „Zur politischen Philosophie", Bd 2: „Philosophie und Institution", Bd 3: „Die Philosophie und die Wissenschaften" (1971).

Wiener Zeitschrift für Philosophie, Psychologie und Pädagogik, hg. v. Philosophischen Institut der Universität Wien, Wien 1947 ff. Vierteljährlich erscheinendes repräsentatives Organ der österreichischen Philosophie mit Abhandlungen und Rezensionen.

Salzburger Jahrbuch für Philosophie (früher „und Psychologie"), hg. v. den Professoren des Philosophischen Instituts in Salzburg, München-Salzburg 1957 ff.

Conceptus. Zeitschrift für Philosophie, hg. v. Philosophiestudenten in Innsbruck, München, Salzburg und Graz (J. Zelger, G. Posch u. a.), Innsbruck 1967 ff. Fünfmal jährlich erscheinendes Kontrastprogramm zu den übrigen österreichischen philosophischen Zeitschriften mit Abhandlungen, Diskussionen und Rezensionen. Pflegt Tradition des alten „Wiener Kreises", mit prominenten Mitarbeitern.

Studia Philosophica. Jahrbuch der Schweizerischen Philosophischen Gesellschaft / Annuaire de la Société Suisse de Philosophie, Basel 1941 ff. Schweizerisches Organ mit Abhandlungen, Rezensionen und Mitteilungen.

Deutsche Zeitschrift für Philosophie, Berlin 1952 ff. Früher vierteljährlich, ab Jg. 8 monatlich erscheinende, für die Philosophie der DDR repräsentative Zeitschrift marxistisch-leninistischer Richtung. Sie enthält Abhandlungen, Berichte und Bemerkungen sowie Rezensionen.

The Journal of Philosophy, New York 1904 ff. Vierzehntägig erscheinende repräsentative amerikanische Zeitschrift. Sie enthält neben Abhandlungen „Comments an criticism", Rezensionen und „Notes and news".

The Philosophical Revue, Ithaca, N. Y. 1892 ff. Vor allem

seit den fünfziger Jahren Publikationsforum führender amerikanischer Philosophen mit Abhandlungen, Diskussionen und Rezensionen.

Mind. A quarterly Review, London (dann Edinburgh, jetzt Oxford) 1876 ff. Jetzt hg. v. G. Ryle. *Die* britische Zeitschrift mit Abhandlungen, kritischen Bemerkungen, Rezensionen und Buchanzeigen.

Dialogue. Canadian Philosophical Revue / Revue canadienne de philosophie, hg. v. d. Canadian Philosophical Association, Montreal 1962 ff. Vierteljährlich erscheinende kanadische Zeitschrift.

Revue de Métaphysique et de Morale, Paris 1893 ff., jetzt hg. v. J. Wahl. Ehrwürdige französische Vierteljahresschrift, die trotz ihrem Titel Abhandlungen aus allen philosophischen Bereichen enthält, daneben „Etudes critiques“ und Rezensionen.

Revue philosophique de la France et de l'Etranger, Paris 1876 ff. Gegründet von Th. Ribot, jetzt hg. v. P.-M. Schuhl, vorwiegend mit philosophiegeschichtlichen Analysen, daneben Beiträge internationaler Kapazitäten und ausgiebige Rezensionen. Jetzt vierteljährlich erscheinend.

Revue Internationale de Philosophie, Brüssel und Paris 1938 ff. In einer belgischen und einer französischen Ausgabe erscheinende Vierteljahresschrift. Jedes Heft ist einem besonderen philosophischen Thema gewidmet.

Revue néoscolastique de philosophie, Löwen 1894–1945, seitdem *Revue philosophique de Louvain.* Bedeutendes belgisches Organ neuscholastischer Richtung. Neben den Artikeln enthält es Buchreferate und ausführliche Berichte aus dem internationalen philosophischen Leben wie Nachrufe, Ernennungen und Auszeichnungen, Berichte über Tagungen und Kongresse, Preise und Ausschreibungen, eine internationale Zeitschriftenschau, sowie Berichte aus Lehr- und Forschungsinstitutionen. Als Beiheft erscheint das „Répertoire bibliographique de la philosophie“.

Tijdschrift voor Filosofie, Löwen - Utrecht 1939 ff. Das niederländische philosophische Organ. Es bietet Abhandlungen, Buchbesprechungen und eine internationale Chronik des philosophischen Lebens. Bestandteil ist ferner das „Bibliografisch Repertorium", identisch mit dem o. a. Repertoire bibliographique de la philosophie.

Danish Yearbook of Philosophy, Kopenhagen 1964 ff. Organ der Gesellschaft für Philosophie und Psychologie am Philosophischen Laboratorium der Universität Kopenhagen. Englisch- und deutschsprachige Beiträge.

Theoria, Lund 1935 ff., hg. v. M. Moritz. Vierteljährliche schwedische Zeitschrift. Abhandlungen zur Philosophie (bes. Logik) und Psychologie. Bibl. skandinavischer Bücher.

Rivista di Filosofia, Modena (u. a., jetzt: Turin) 1909 ff. Führende, vierteljährlich erscheinende italienische Zeitschrift mit Abhandlungen, Diskussionen, Rezensionen, Bücheranzeigen und einer kleinen internationalen Zeitschriftenschau, dazu „notizie e commenti".

Documentación crítica iberoamericana de filosofia y ciencias afines, Sevilla 1964 ff. Vierteljährlich erscheinendes Übersichtsorgan des Centro de Estudios de Filosofia. Enthält Bibliographien mit Abstracts.

Revista de Filosofia, Madrid 1942 ff. Zeitschrift des spanischen Sprachgebietes mit Abhandlungen, Rezensionen und „Chronik" der Veranstaltungen, hg. v. Philos. Institut „Luis Vives". Neuscholastische Richtung, dreimal jährlich.

Revista Portuguesa de Filosofia, Braga 1945 ff. Portugiesische Vierteljahresschrift, hg. v. der Philosophischen Fakultät der Universität Braga, mit vorwiegend philosophiegeschichtlichen Studien, internationaler Chronik und Bibliographien.

Philosophia. Revista del Instituto de Filosofia, Mendoza 1944 ff. Halbjährliches Organ des Phil. Instituts der Universidad Nacional de Cuyo. Neben den Beiträgen ausführlicher „kritischer Katalog der Neuerscheinungen", der in Sammelrezensionen auch Aufsätze erfaßt. Daneben „Chronik" der Institutsaktivitäten.

Revista Brasileira de Filosofia, São Paulo 1951 ff. Organ des Instituto Brasileiro de Filosofia, erscheint vierteljährlich.

Revista de Filosofia, Santiago 1949 ff. Chilenisches Organ der Philosophischen Abteilung der Universität Santiago, erscheint dreimal jährlich, mit Bibliographien.

Przeglad Filozoficzny (Philosophische Rundschau) Warschau 1897–1949. Abgelöst durch *Studia Filozoficzne,* Warschau 1957 ff. Polnische Zeitschrift mit französischem Inhaltsverzeichnis, hg. v. Institut für Philosophie und Soziologie der Polnischen Akademie der Wissenschaften. Die Studia zeigen marxistische Schulrichtung. Sie erscheinen jetzt 6mal jährlich.

Voprossi Filosofii, hg. v. Philosophischen Institut der Akademie der Wissenschaften der UdSSR, Moskau 1947 ff. Das sowjetische philosophische Organ marxistisch-leninistischer Richtung. Es enthält Abhandlungen, Berichte aus dem wissenschaftlichen Leben, Rezensionen, Berichte über die Tendenzen der Philosophie anderer Länder, neuere philosophische Literatur und Zusammenfassungen der Abhandlungen in Englisch. Vgl. dazu die Bibliographie von Th. Blakeley (Kap. II, 7). Vorgänger war „Voprossi Filosofii i Psikologii, Moskau 1889–1917. Vgl. dazu die „Soviet Studies in Philosophy“, New York 1962 ff mit Übersetzungen, vorwiegend aus sowjetischen Zeitschriften.

Praxis. Philosophische Zeitschrift (Internationale und jugoslawische Ausgabe), hg. v. d. Kroatischen philosophischen Gesellschaft, Zagreb 1964 ff. Philosophische Zeitschrift jugoslawisch-marxistischer Richtung mit internationalen Beiträgen, Rezensionen und Berichten. Die internationale Ausgabe erscheint vierteljährlich, die jugoslawische 6mal jährlich.

Filosofický Casopis, Prag 1953. Sechsmal jährlich erscheinendes Organ der Tschechoslowakischen Akademie der Wissenschaften in Prag. Auf der Basis des dialektischen Materialismus Abhandlungen zur Philosophie und Wissenschaftstheorie und internationale Buchbesprechungen.

Revista de Filozofie, Bukarest 1964 ff. In sechs Heften jährlich erscheinende rumänische Zeitschrift, hg. v. A. Joja. Auf der Basis des dialektischen Materialismus die rumänischen Traditionen betonend, mit Bibliographien und Rezensionen.

Magyar Filozófiai Szemle, Budapest 1957 ff. Zeitschrift der ungarischen Akademie der Wissenschaften, mit englischem und russischem Inhaltsverzeichnis, sechsmal jährlich erscheinend.

Filosofska Mis'l, Sofia 1945 ff. Seit 1945 hg. v. Institut für Philosophie der Bulgarischen Akademie d. Wiss. Titel der Beiträge in Englisch, Französisch, Deutsch und Russisch. Erscheint in 6 Heften jährlich.

Felsefe Arkivi (Archiv für Philosophie), Istanbul 1945 ff. Jahrbuch des Philosophischen Instituts der Universität Istanbul. Beiträge in türkischer und in anderen Sprachen.

Iyyun, Jerusalem 1945 ff. Israelische philosophische Zeitschrift, bis 1950 unregelmäßig erschienen, jetzt vierteljährlich, mit englischen Zusammenfassungen.

The Australasian Journal of Philosophy, Glebe, Australien, 1923 ff. Einflußreiche Zeitschrift der Australischen Gesellschaft für Psychologie und Philosophie mit internationalen Beiträgen. Sie erscheint jetzt 3mal jährlich. Dazu existiert eine „Monograph Series".

The Indian Journal of Philosophy, Bombay 1958 ff. Vierteljährliche indische Zeitschrift, hg. v. Gesellschaft für philosophische Forschung. – Daneben das ältere *Philosophical Quarterly,* Kalkutta (dann Amalner) 1927 ff. Organ des Indischen philos. Instituts.

Pakistan Philosophical Journal, Lahore 1957 ff. Vierteljährliche pakistanische Zeitschrift.

Che Hsüeh Yen Chin / Philosophical Research, Peking 1955.

Früher vierteljährlich, jetzt 6mal jährlich erscheinendes kontinentalchinesisches Organ des Philos. Instituts in Peking.

Tetsugaku Zasshi / Journal of Philosophy, Tokio 1887 ff. Organ der Philos. Gesellschaft der Universität Tokio, englische Untertitel. – Daneben *Tetsugaku Kenkyu / Journal of Philosophical Studies,* Kioto 1916 ff. Monatliches Organ der Philos. Gesellschaft der Universität Kioto mit internationalen Beiträgen; und *Tetsugaku,* Tokio 1951 ff, Jahrbuch der Philosophischen Gesellschaft von Japan.

Abgeschlossene ältere philosophische Zeitschriften:

Annalen der Philosophie (und der philosophischen Kritik), hg. v. H. Vaihinger und R. Schmidt, Leipzig 1919 bis 1930. Bd 9 ist als letzter Band zugleich Band 1 der Zeitschrift „Erkenntnis", Leipzig 1930/31–1937/38. Von letzterer Zeitschrift ist der letzte Band 8 zugleich Band 1 des damit sogleich wieder eingestellten „Journal of Unified Science". Die allgemein orientierenden Annalen sind als „Erkenntnis" zum Organ des neopositivistischen „Wiener Kreises" geworden. Gesamtregister dieser Zeitschriften und Forum Philosophicum I (1930/31), bearb. v. F. Belke, in: Phil. Doc. 1/5 Meisenheim 1971.

Zeitschrift für Philosophie und spekulative Theologie, Bonn, dann Tübingen 1837–1846, weitergeführt als Zeitschrift für Philosophie und philosophische Kritik, Halle, dann Leipzig bis 1918, hg. v. I. H. Fichte und H. Ulrici. 1914 erschien ein Register für Bd 1 bis 150. Ursprünglich Organ der Hegelschen Rechten, später repräsentative Zeitschrift der deutschen akademischen Philosophie.

Allgemeine deutsche Bibliothek, Berlin-Stettin 1765–1796, hg. v. F. Nicolai. 118 Bde mit verschiedenen Anhängen und Register. Wichtige Quelle als Rezensionsorgan der deutschen Aufklärungsphilosophie. Nachdruck Hildesheim in Vorb.

Acta Eruditorum und *Nova Acta Eruditorum,* Leipzig 1682–

1776 mit Supplementen und Index (Vgl. Kap. II, 6), ebenfalls wichtiges Rezensionsorgan für den gesamten Zeitraum. Nachdruck Hildesheim 1966 ff.

Journal des Sçavans, Paris 1665–1797, dann 1816 ff. Älteste und renommierteste wissenschaftliche Zeitschrift, enthält Rezensionen, Bibliographien und Abhandlungen. Nachdruck der Bde 1—210 (1665 bis 1910) Hildesheim, in Vorb.

5. Serien und Beihefte

Die Einrichtung von Serien und Beiheften greift im wissenschaftlichen Publikationswesen immer mehr um sich. Sie bringt sowohl für Verlage wie gegebenenfalles für finanzielle Förderungsinstitute den Vorteil, daß ein kompetenter Herausgeber oder ein entsprechendes Komitee oder aber der Verlag selbst (der deswegen hier mitgenannt wird) mit seinem Votum für die Einhaltung einer bestimmten Tendenz, einer Forschungsrichtung, einer Thematik oder auch eines bestimmten Diskussionsniveaus garantiert. Macht der Benutzer sich mit diesen entsprechenden Topoi einer Serie vertraut, so wird er im allgemeinen schon im vorhinein eine gewisse Erwartung an die Lektüre der jeweiligen Titel knüpfen. Darüber hinaus ist natürlich die Kenntnis der Serien ein nützliches Orientierungsmittel in der überall uferlosen Publikationsflut, die mit Wahrscheinlichkeit wenigstens viele der wichtigsten Publikationen übersehen läßt.

Historisches Vorbild sind wohl die bedeutenden Verlagsserien der Klassikereditionen (vgl. Abschn. 9) gewesen, und in der Anknüpfung an diese sind manche Serien selber klassisch geworden. Neben ihnen gaben die Beihefte zu Zeitschriften, von denen im vorigen Abschnitt schon die Kantstudien-Ergänzungshefte und die Beihefte zur Zeitschrift für philosophische Forschung genannt wurden, wesentliche Anstöße.

Bei der Vielzahl der Unternehmungen, besonders im Ausland, kann hier nur eine Auswahl deutschsprachiger Serien erwähnt werden.

Abhandlungen zur Philosophie, Psychologie und Pädagogik, Bonn (Verlag Bouvier) 1954 ff. Über 37 Titel, philosophiegeschichtliche Monographien (Deutscher Idealismus) und Anthropologie im Vordergrund.

Acta philosophica Fennica, hg. v. der Societas philosophica Fenniae, Jakaja/Finnland (Akateeminen Kirjakauppa) 1935 ff. 12 Bde. Schwerpunkt Wissenschafttheorie der Naturwissenschaften und Logik. Zahlreiche Bände der Serie in deutscher Sprache.

Beihefte zur Zeitschrift für philosophische Forschung, Meisenheim (Hain-Verlag) 1951 ff. Über 20 Hefte aus allen philosophischen Forschungsbereichen.

Düsseldorfer philosophische Bausteine, Düsseldorf (Philosophia Verlag) 1968 ff. Kurzdarstellungen zur Einführung in die philosophischen Disziplinen und Methoden, bisher 3 Hefte: Philosophiegeschichte, Philosophie, Wissenschaftstheorie.

Erfahrung und Denken. Schriften zur Förderung der Beziehungen zwischen Philosophie und Einzelwissenschaften, hg. v. A. Amonn, Berlin (Duncker und Humblot Verlag) 1959 ff. Bisher über 30 Bde über Philosophie und ihre Disziplinen im Verhältnis zu den Einzelwissenschaften, insbesondere wissenschaftstheoretische Grundlagen.

Frommanns Klassiker der Philosophie, Stuttgart (Frommann und Holzboog Verlag). – Alteingeführte Monographienreihe über Klassiker, philosophiegeschichtliche Epochen und die Philosophien einzelner Länder. Über 30 Bde.

Kantstudien. Ergänzungshefte, hg. v. I. Heidemann, jetzt Köln (Kölner Universitäts-Verlag). Von 1906–1945 sind 65, ab 1952 ca. 38 Monographien zu Kant und Themen im Umkreis der Kantischen Philosophie erschienen.

Kolleg Philosophie, Freiburg i. Br. (Verlag Alber) 1970 ff. Studienbücher zur Einführung in die Philosophie, Repetition und Diskussion; Klassiker, Richtungen, Begriffe, sowie die einzelnen Disziplinen und besondere Problemkreise sollen thematisch werden (vgl. das vorliegende Buch).

Kritische Studien zur Philosophie, hg. v. K. H. Haag, H. Marcuse, O. Negt u. A. Schmidt, Frankfurt a. M. (Suhrkamp Verlag) 1967 ff. Monographien zu Klassikern der Neuen Linken und relevanten Problemen. Über 12 Bde.

Mainzer philosophische Forschungen, hg. v. G. Funke, Bonn (Bouvier-Verlag) 1966 ff. Bisher über 12 Bde, Monographien breitesten Themenkreises.

Monographien zur philosophischen Forschung (Sonderschriftenreihe zur Zeitschrift für philosophische Forschung), hg. v. G. Schischkoff, Meisenheim (Hain-Verlag) 1947 ff. (Heft 1–4: Reutlingen). Ca 50 Bde aus allen Gebieten der Philosophie.

Philosophen des 20. Jahrhunderts, hg. v. P. A. Schilpp, Stuttgart (Kohlhammer-Verlag), 1955 ff. Repräsentative Darstellungen und Würdigungen mit Bibliographien, aus dem Englischen übertragen. Bisher M. Buber, K. Jaspers, A. Einstein, E. Cassirer.

Philosophie und Geschichte. Eine Sammlung von Vorträgen und Abhandlungen aus dem Gebiet der Philosophie und Geschichte, Tübingen (Verlag Mohr). Altbewährte Serie mit über 80 Titeln breitesten philosophischen Spektrums.

Philosophische Abhandlungen, Frankfurt a. M. (Verlag Klostermann). Seit 1945 über 38 Bde. Monographien zu Klassikern der Philosophiegeschichte sowie Rechts-, Sozial- und Geschichtsphilosophie vorwiegend existenzphilosophischer Richtung.

Philosophische Forschungen, Neue Folge, hg. v. K. Jaspers, Basel (Verlag für Recht und Gesellschaft) 1952 ff. Über 8 Bde: Kant, Nietzsche, Geschichtsphilosophie und ontologische Kategorien.

Pullacher Philosophische Forschungen, hg. v. W. Brugger und J. B. Lotz, München (Hueber-Verlag, Komm.) 1955 ff.

Neuscholastische Arbeiten aus dem Berchmannskolleg, Stellung zu modernen Klassikern und ontologische Problemkreise. Über 6 Bde.

Rowohlts Monographien. Große Persönlichkeiten in Selbstzeugnissen und Bilddokumenten, hg. v. K. Kusenberg, Reinbek b. Hamburg (Rowohlt-Verlag). Die Monographien über die Philosophen dieser Serie bringen gerade für den Studienanfänger einprägsame Bilddokumente und zumeist didaktisch wertvolle Darstellungen. Erschienen: Sokrates, Platon, Aristoteles, Augustinus, Machiavelli, Montaigne, Descartes, Spinoza, Pascal, Voltaire, Kant, Herder, Hegel, Schleiermacher, W. v. Humboldt, Schopenhauer, Marx, Engels, Kierkegaard, Nietzsche, S. Weil, Jaspers u. a.

Symposion. Philosophische Schriftenreihe, hg. v. M. Müller, B. Welte und E. Wolf, Freiburg i. Br. (Verlag Alber) 1958 ff. Über 35 Bde. Monographien zu einzelnen Begriffen bei Klassikern sowie Probleme der philosophischen Anthropologie im Vordergrund.

Theorie 2, hg. v. H. Blumenberg, J. Habermas, D. Henrich, J. Taubes, Frankfurt a. M. (Suhrkamp Verlag) 1967 ff. Vorwiegend philosophische, auf Grenzgebiete der Einzelwissenschaften übergreifende Monographien breitesten Spektrums. (Theorie 1 gibt klassische Texte mit Einleitungen.)

6. *Festschriften*

In den Festschriften manifestiert sich am übersichtlichsten Rang, Einfluß, Auswirkung und gegebenenfalls Schulenbildung der Jubilare. Zu Anlässen des sechzigsten oder folgender quinquiliarer Geburtstagsfeiern – selten früher, und zuweilen auch ohne solchen Anlaß – lassen sich immer noch Freunde, Fachkollegen und Schüler zu einem Beitrag bewegen, in welchem das, was man dem Jubilar verdankt, gewürdigt, seine Theorien weiterentwickelt oder kritisiert, seine

Forschungsthemen erörtert, sein Einfluß und seine Wirkung in der Wissenschaft geschildert und vielleicht auch ein Bild seiner Persönlichkeit gezeichnet, Materialien zu seiner Biographie vorgelegt und zuweilen auch die vollständige Bibliographie seiner Schriften – nicht zu vergessen das obligate Portrait – gegeben wird. Ersatzweise zu diesem die Gratulanten doch recht verpflichtenden älteren Gebrauch deklariert man heute auch gerne und oft bestimmte Zeitschriften-Nummern oder Serien-Titel zu Festschriften, was aber immerhin das Einverständnis der jeweiligen Autoren voraussetzt. So besteht das Verbindende oft auch nur in einer gemeinsamen Themenstellung der Beiträge, zuweilen jedoch verliert sich dies noch, und die Titel solcher Schriften klingen dann entsprechend phantasievoll. So sehr das Festschriftenwesen auch unter das Verdikt des nicht mehr zeitgemäßen Personenkultes geraten ist, so daß schon „Anti-Festschriften", etwa zum 60. Geburtstag Alexander Mitscherlichs [4], erschienen sind, bleibt das Genre doch für die erwähnten Überblicke nützlich, so daß es sich lohnt, sich damit bekannt zu machen. Es versteht sich, daß auch Jubiläumsschriften von Institutionen oder nicht professionellen Personen in diesem Sinne wertvolle Stoffmagazine sein können. Hier kann nur eine Auswahl neuerer und besonders bekannter oder wegen ihres Materialreichtums wichtiger Titel genannt werden.

Bibliographie in: G. Varet, Manuel de bibliographie philosophique, Paris 1956, S. 913–921; H. F. Williams, An index of medieval studies published in Festschriften 1865–1946, with special reference to romanic material, Berkeley, Calif. 1951.

Zeugnisse. *Theodor W. Adorno* zum 60. Geburtstag, im Auftrage des Instituts für Sozialforschung hg. v. M. Horkheimer, Frankfurt a. M. 1963.

Theodor W. Adorno zum Gedächtnis. Eine Sammlung, hg. v. H. Schweppenhäuser, Frankfurt a. M. 1970.

---

[4] Vgl. J. Gross, Auf dem Wege zur Anti-Festschrift, in: Merkur 9/23 (1969), S. 886–887.

Contributions to Logic and Methodology in Honor of *J. M. Bocheński*, ed. by A.-T. Tymieniecka, Amsterdam 1965. Festschrift zum 60. Geburtstag.

Verstehen und Vertrauen. *Otto Friedrich Bollnow* zum 65. Geburtstag, hg. v. J. Schwartländer, Stuttgart 1968.

Logik und Logikkalkül. *Wilhelm Britzelmayr* zum 70. Geburtstag, hg. v. M. Käsbauer und F. v. Kutschera, Freiburg i. Br. 1962.

Logic and Language. Festschrift zum 70. Geburtstag von *Rudolf Carnap*, Dordrecht 1962.

Philosophy and History. The *Ernst Cassirer* Festschrift, ed. by R. Klibansky and H. J. Paton, New York 1963. Harper-Torchbook-Ausgabe des zuerst 1936 zu Oxford erschienenen Buches.

Subjektivität und Metaphysik. Festschrift für *Wolfgang Cramer*, hg. v. D. Henrich und H. Wagner, Frankfurt a. M. 1966.

The Philosopher of the Common Man. Essays in Honor of *John Dewey* to celebrate his eightieth birthday. Foreword by S. Ratner, New York 1968. Nachdr. d. Ausg. 1940.

Beispiele. Festschrift für *Eugen Fink* zum 60. Geburtstag, hg. v. L. Landgrebe, Den Haag 1965.

Die Gegenwart der Griechen im neueren Denken. Festschrift für *Hans-Georg Gadamer* zum 60. Geburtstag, hg. v. D. Henrich, W. Schulz und K.-W. Volkmann-Schluck, Tübingen 1960.

Hermeneutik und Dialektik, Bd I: Methode und Wissenschaft / Lebewelt und Geschichte, Bd II: Sprache und Logik / Theorie der Auslegung und Probleme der Einzelwissenschaften. *Hans-Georg Gadamer* zum 70. Geburtstag, hg. v. R. Bubner, K. Cramer und R. Wiehl, Tübingen 1970.

Philosophia perennis. Abhandlungen zu ihrer Vergangenheit

und Gegenwart. Festgabe für *J. Geyser* zum 60. Geburtstag, hg. v. F. J. v. Rintelen, 2 Bde Regensburg 1930.

Mélanges offerts à *Étienne Gilson,* hg. v. Pontifical Institute of Medieval Studies, Toronto, Toronto - Paris 1959. Festschrift zum 75. Geburtstag.

Aus der Geisteswelt des Mittelalters. *Martin Grabmann* zur Vollendung des 60. Lebensjahres, hg. v. A. Lang, J. Lechner und M. Schmaus (Beiträge zur Geschichte der Philos. und Theol. d. Mittelalters, Suppl. 3), 2 Bde Münster 1935.

Etudes sur l'histoire de la philosophie en hommage à *Martial Guéroult,* par P. Schuhl e. a., Paris 1964.

Im Dienste der Wahrheit. *Paul Häberlin* zum 80. Geburtstag, Bern - München 1958.

Geschichte und Zukunft. Dem Verleger *Anton Hain* zum 75. Geburtstag, hg. v. A. Diemer, Meisenheim 1967.

Anteile. *Martin Heidegger* zum 60. Geburtstag, Frankfurt 1950.

Martin Heidegger zum 70. Geburtstag. Festschrift, hg. v. G. Neske, Pfullingen 1959.

Durchblicke. *Martin Heidegger* zum 80. Geburtstag, hg. v. V. Klostermann, Frankfurt 1970.

Die Frage *Martin Heideggers.* Beiträge zu einem Kolloquium mit Heidegger aus Anlaß seines 80. Geburtstages, hg. v. J. Beaufret, H.-G. Gadamer, K. Löwith, K. H. Volkmann-Schluck (Sitzungsberichte der Heidelberger Akademie der Wissenschaften 1969/4), Heidelberg 1969.

Kritik und Metaphysik. Studien *Heinz Heimsoeth* zum 80. Geburtstag, hg. v. F. Kaulbach und J. Ritter, Berlin 1966.

Essays in Honor of *Carl E. Hempel.* A tribute at the occasion of his 65th. birthday. Ed. N. Rescher, Dordrecht 1969.

Die Rolle der Werte im Leben. Festschrift für *Johannes Hessen* zu seinem 80. Geburtstag, hg. v. C. J. Bock, Köln 1969.

Wahrheit, Wert und Sein. Festgabe für *Dietrich von Hildebrand* zum 80. Geburtstag, hg. v. B. Schwarz, Regensburg 1970.

Philosophy, Religion, and the coming World Civilization. Essays in Honor of *William Ernest Hocking*, ed. by L. S. Rouner, Den Haag 1966. Allgemeine Festschrift für Hocking, der 1873 geboren ist.

Festschrift *Edmund Husserl* zum 70. Geburtstag gewidmet (Erg.-Bd zum Jahrbuch für Philosophie und phänomenologische Forschung), Tübingen 1929 (Nachdruck 1969).

Phänomenologie, Rechtsphilosophie, Jurisprudenz. Festschrift für *Gerhard Husserl* zum 75. Geburtstag, hg. v. Th. Würtenberger, Frankfurt a. M. 1969.

Hommage à *Jean Hyppolite,* par S. Bachelard e. a., Paris 1971. Gedenkschrift für den französischen Hegelforscher.

Essays philosophical and psychological in Honor of *William James,* by his Colleagues at Columbia University, New York - London 1908.

Offener Horizont. Festschrift für *Karl Jaspers* zum 70. Geburtstag, hg. v. K. Piper, München 1953.

Werk und Wirkung. Zum 80. Geburtstag von *Karl Jaspers,* hg. v. K. Piper, München 1963.

La Philosophie et ses Problèmes. Recueil d'études de doctrine et d'histoire offert à Monseigneur *R. Jolivet,* Paris 1960. Festschrift zum 70. Geburtstag.

Probleme der Wissenschaftstheorie. Festschrift für *Viktor Kraft* (zum 80. Geburtstag), hg. v. E. Topitsch, Wien 1960.

L'aventure de la science. Mélanges *Alexandre Koyré* I; L'aventure de l'esprit. Mélanges Alexandre Koyré II (publiés à l'occasion de son soixante-dixième anniversaire), 2 Bde Paris 1964. Festschrift zum 70. Geburtstag des berühmten Wissenschaftshistorikers und Philosophen.

Epimeleia. Die Sorge der Philosophie um den Menschen. *Helmut Kuhn* zum 65. Geburtstag, hg. v. F. Wiedmann, München 1964.

Gegenwart und Tradition. Strukturen des Denkens. Eine Festschrift für *Bernhard Lakebrink*, hg. v. C. Fabro, Freiburg i. Br. 1969.

Lenin und die marxistische Philosophie unserer Zeit. Zum 100. Geburtstag von *W. I. Lenin* (Sonderheft der Deutschen Zeitschrift für Philosophie), Berlin 1970.

Erkenntnis und Verantwortung. Festschrift für *Theodor Litt*, hg. v. J. Derbolav und F. Nicolin, Düsseldorf 1960.

Natur und Geschichte. *Karl Löwith* zum 70. Geburtstag, Stuttgart 1967.

Festschrift zum 80. Geburtstag von *Georg Lukács*, hg. v. F. Benseler, Neuwied 1965.

Autour d'Aristote. Recueil d'études de philosophie ancienne et médiévale offert à Monseigneur *A. Mansion*, Löwen 1955. Festschrift (zum 73. Geburtstag), hg. v. Institut Supérieur de Philosophie à l'Université Catholique de Louvain.

The Critical Spirit. Essays in Honor of *Herbert Marcuse*, ed. by K. H. Wolff and B. Moore jr., Boston - Toronto 1967.

Natur und Geist. *Fritz Medicus* zum 70. Geburtstag, hg. v. H. Barth und W. Rüegg, Erlenbach - Zürich 1946.

Die Philosophie und die Wissenschaften. *Simon Moser* zum 65. Geburtstag, hg. v. E. Oldemeyer, Meisenheim 1967.

Die Frage nach dem Menschen. Aufriß einer philosophischen Anthropologie. Festschrift für *Max Müller* zum 60. Geburtstag, hg. v. H. Rombach, Freiburg i. Br. 1966.

Philosophy, Science, and Method. Essays in Honor of *Ernest Nagel*. Eds. S. Morgenbesser, P. Suppes, M. G. White, New York 1969.

Leonard Nelson zum Gedächtnis. Hg. v. M. Specht und W. Eichler, Frankfurt a. M. - Göttingen 1953. Gedenkschrift zum 70. Geburtstag des 1927 verstorbenen Philosophen.

Wesen und Wirklichkeit des Menschen. Festschrift für *Helmuth Plessner,* hg. v. K. Ziegler, Göttingen 1957.

Radhakrishnan. Comparative studies in philosophy. Presented in honor of his sixtieth birthday. Ed. W. R. Inge a. o., New York 1969. Festschrift zum 60. Geburtstag des indischen Denkers.

Philosophie der Wirklichkeitsnähe. Festschrift zum 80. Geburtstag *Robert Reiningers,* Wien 1949.

Sinn und Sein. Festschrift für *Fritz-Joachim von Rintelen,* hg. v. R. Wisser, Tübingen 1960.

Collegium Philosophicum. Studien, *Joachim Ritter* zum 60. Geburtstag, hg. v. H. Lübbe u. a., Basel 1965.

Konkrete Vernunft. Festschrift für *Erich Rothacker,* hg. v. G. Funke, Bonn 1958.

Spengler-Studien. Festgabe für *Manfred Schröter* zum 85. Geburtstag, hg. v. A. M. Koktanek, München 1965.

Erziehung zur Menschlichkeit. Die Bildung im Umbruch der Zeit. Festschrift für *Eduard Spranger* zum 75. Geburtstag, hg. v. H. W. Bähr, Th. Litt, N. Louvaris und H. Wenke, Tübingen 1957.

Beiträge zu Philosophie und Wissenschaft. *Wilhelm Szilasi* zum 70. Geburtstag, hg. v. H. Höfling, München 1960.

Lebendiger Realismus. Festschrift für *Johannes Thyssen,* hg. v. K. Hartmann in Verb. m. H. Wagner, Bonn 1962.

Neue Erkenntnisprobleme in Philosophie und Theologie. Eine Festschrift zum 70. Geburtstag von Prof. *Josef de Vries,* hg. v. J. B. Lotz (Philosophie in Einzeldarstellungen, Erg.-Bd 4), Freiburg i. Br. 1968.

Natur, Geist, Geschichte. Festschrift für *Aloys Wenzl*, im Auftrag der Freunde hg. v. J. Hanslmeier, München-Pasing 1950.

Tradition und Kritik. Festschrift für *Rudolf Zocher* zum 80. Geburtstag, hg. v. W. Arnold und H. Zeltner, Stuttgart 1967.

7. Kongreßberichte, Akten

Angebot, Auswahl und Abdruck der Beiträge zu den großen internationalen, nationalen oder auch nur regionalen und von Fachgruppen getragenen Kongressen und Tagungen sind bei der zunehmenden Anzahl der Wissenschaftler und trotz immer besserer Kommunikationsmöglichkeiten ein an Wichtigkeit eher zu- als abnehmender Index für die Tendenzen, Schwerpunkte, Problemlagen und Forschungsinteressen der Wissenschaften unserer Zeit. Schon die Themenstellungen und Titel der Kongresse sind dafür dienliche Hinweise (vgl. auch das in Kap. I, 5 Gesagte). Leider steht die Gattung etwas im Windschatten der Bibliographie, so daß sie nur mühsam auszuwerten ist, und eine spezielle philosophische Bibliographie der Kongreßakten und -beiträge ein großes Desiderat wäre (das in der Düsseldorfer Dokumentation an vorrangiger Stelle steht). Zumal die Spezialprobleme erfahren auf kompetenten Tagungen oft eine spürbare Förderung und Weiterentwicklung, es ereignet sich hier recht eigentlich wissenschaftliches Team-work, und die Beachtung der veröffentlichten Resultate kann manch einsame Arbeit verkürzen oder gar entbehrlich machen. Nach Lage der Dinge werden solche Resultate besonders kleinerer Symposien im internationalen Austausch noch zu wenig bekannt und beachtet.

Gewiß haben die oftmals gewaltigen Kongreßmaterialien vor allem internationaler Kongresse die Statur kultur- und geistesgeschichtlicher Denkmäler und dienen auch der nationalen Repräsentation und Selbstdarstellung. Aber abgesehen von diesem legitimen Zweck sind sie auch wertvolle Quellen.

Neben den internationalen und nationalen allgemeinen Philosophenkongressen kann man in philosophischer Hinsicht die Fachkongresse einzelner philosophischer Disziplinen, die Veranstaltungen philosophischer Gesellschaften wie etwa die der Allgemeinen Gesellschaft für Philosophie in Deutschland, der ehemaligen Deutschen Philosophischen Gesellschaft, der Sociétés de Philosophie de Langue Française, der Philosophischen Gesellschaft zu Jena sowie die der großen Zahl der sich nach Klassikern der Philosophie benennenden Gesellschaften (z. B. Aristotelian Society, Schopenhauer-, Hegel-, Kant-, Görres-, Brentanogesellschaft usw.) unterscheiden. Dazu kommen die Tagungen bestimmter Institutionen oder die als solche selber zu bekannten Einrichtungen gewordenen Tagungen wie etwa das Forum Alpbach (Internationale Hochschulwochen), das Darmstädter Gespräch, das Salzburger Forschungsgespräch und die verschiedenen Universitätstage und Vorlesungszyklen einzelner Universitäten und Hochschulen.[5]

---

[5] Eine sehr treffende Einteilung von Kongreßtypen verdankt man Paul Feldkeller, „Die Philosophischen Kongresse", in: Reichls Philosophischer Almanach, Intern. Jb. d. Philosophie der Gegenwart 3 (1925/26), Darmstadt 1926, S. 270—288. Er nennt 1. *Parlamentstyp,* gekennzeichnet durch das Unduldsamkeitsprinzip; 2. *Wissenschaftlicher Kongreßtyp* nach dem Vorbild der Versammlungen der Naturforscher und „der Wissenschaft", gekennzeichnet durch das Forschungsprinzip; 3. *Orchestertyp* nach dem Prinzip der „offenen Tür mit Auslese", „der einzig bekannte monarchische" als „unmittelbarer Ausfluß einer sehr starken und dabei schöpferisch philosophischen Persönlichkeit als Dirigenten"; 4. *Turniertypus* in Gestalt der Symposien mit „mehr oder weniger zugleich belehrender, erhebender und unterhaltender Vortragsfolge an einem (oder mehreren) Tagen" unter dem „Motiv des Wettkampfes und damit einer gewissen kunstvollen Improvisation und Bezugnahme auf die Konkurrenten" — sei besonders im englischen Sprachgebiet beliebt! Der *Typus des philosophischen Schützenfests* sei hiervon die Karikatur. 5. *Vereinstypus des tendenziösen Kongresses* als Großversammlung, beruhend „auf dem Agitationsprinzip nach außen, dem Erbauungsprinzip nach innen"; 6. *Die internationalen philosophischen Kongresse,* als einzige einer Philosophenversammlung würdig, auf dem „Prinzip der offenen Tür verbunden mit dem demokratischen der Gelehrtenrepublik" beruhend. Er sei „Messe der Gedanken. Man

Wir beschränken uns hier auf die Nennung der veröffentlichten internationalen und deutschen Kongreßberichte.

Bibliographien:

W. Gregory, International Congresses and conferences, 1840—1937, New York 1938; Bibliography of proceedings of international meetings / Bibliographie des comptes rendus des réunions internationales (1957 ff.), Brüssel 1963 ff. Ein fünfbändiger Katalog der Fachkongresse, Akten und Berichte (1. Abtl. „Geisteswissenschaften") ist vom Verlag Harrassowitz, Wiesbaden, geplant.

Die internationalen Philosophie-Kongresse:

Akten des XIV. Internationalen Kongresses für Philosophie Wien 1968, 6 Bde, Wien 1968—1971. Behandelte alle Disziplinen der Philosophie; mit sehr nützlichen Kurzbiographien der Teilnehmer am Schluß jedes Bandes.

Memorias del XIII. Congreso Internacional de Filosofia (Septiembre 1963), Mexico-City 1966. Akten des 13. Kongresses in Mexico-City.

Atti del XII. Congresso Internazionale di Filosofia, 12 Bde, Florenz 1960—1961. Akten des 12. Kongresses 1958 in Venedig.

Actes du XIe Congrès international de Philosophie / Proceedings of the XIth International Congress of Philosophy, 14 Bde, Amsterdam - Löwen 1953. Akten des 11. Kongresses in Brüssel.

Bibliothèque du Xe Congrès international de Philosophie / Library of the Xth International Congress of Philosophy. I. Proceedings of the 10th international congress of philosophy (Amsterdam), hg. v. E. W. Beth, H. J. Pos und

---

fährt zu ihm wie zur Ausstellung." — Hier auch Material zur Geschichte der philosophischen Kongresse seit der ersten deutschen Philosophenversammlung in Gotha 1847, veranstaltet durch I. H. Fichte.

J. H. A. Pollak, 2 Bde, Amsterdam 1949. II. Mélanges philosophiques / Philosophical Essays, Amsterdam 1949. Akten und Beilagen zum 10. Kongreß in Amsterdam.

Congrès Descartes. Travaux du IXe Congrès international de Philosophie, hg. v. R. Bayer, 12 Bde, Paris 1937. Akten des 9. Kongresses zu Ehren Descartes in Paris. Einzelabteilungen: I–III. Etudes cartésiennes; IV–V. La méthode et les methodes; VI. Logique et mathématiques; VII. Causalité et déterminisme; VIII–IX. Analyse réflexive et transcendentale; X–XII. La valeur, les normes et la réalité.

Actes du VIIIe congrès international de philosophie à Prague (1934), Prag 1936. – Akten des 8. Kongresses in Prag.

Proceedings of the VIIth international Congress of philosophy held at Oxford, England (1930), hg. v. G. Ryle, Oxford - London 1931. Akten des 7. Kongresses in Oxford. Nachdruck Liechtenstein 1968.

Proceedings of the VIth International Congress of Philosophy, Harvard University, Cambridge, Mass. (1926), hg. v. E. S. Brightman, New York 1927. Akten des 7. Kongresses in Cambridge, USA.

Atti del V. Congresso internazionale di Filosofia (Napoli 1924), hg. v. G. Della Valle, Neapel 1925. Akten des 5. Kongresses 1924 in Neapel. Nachdruck Liechtenstein 1968.

Atti del IV. Congresso internazionale di Filosofia (Bologna 1911), 3 Bde, Genf o. J. Akten des 4. Kongresses in Bologna. Abteilungen: I. Sedute generali; II. Sedute delle Sezioni: 1. Filosofia generale e metafisica, 2. Storia della filosofia, 3. Logica e teoria della Scienza, 4. Morale, 5. Filosofia della Religione, 6. Filosofia giuridica e sociale, 7. Estetica e metodica della critica, 8. Psicologia. Nachdruck Liechtenstein 1968.

Bericht über den III. internationalen Kongreß für Philosophie zu Heidelberg (1908), hg. v. Th. Elsenhans, Heidelberg 1909.

Rapports et Comptes rendus, Congrès international de Philosophie, IIe session (Genf 1904), hg. v. Ed. Claparède, Genf 1905. Akten des 2. Kongresses in Genf.

Bibliothèque du Congrès international de Philosophie (Paris 1900), 4 Bde, Paris 1900. Akten des 1. Internationalen Kongresses in 4 Abteilungen: I. Philosophie générale et métaphysique; II. Morale générale, La philosophie de la paix, Les sociétés d'enseignement populaire; III. Logique et histoire des sciences; IV. Histoire de la philosophie.

Deutsche Philosophie-Kongresse:

Philosophie und Wissenschaft. Akten des 9. Deutschen Kongresses für Philosophie (Köln-Düsseldorf 1969), Hamburg-Meisenheim (voraussichtlich 1972).

Lenin und die marxistisch-leninistische Philosophie in unserer Zeit. Philosophenkongreß der DDR 1970, hg. v. A. Kosing, 5 Teile Berlin 1970.

Das Problem der Sprache (Akten des 8. Deutschen Kongresses für Philosophie in Heidelberg 1966), hg. v. H.-G. Gadamer, München 1967.

Die Philosophie und die Frage nach dem Fortschritt (Akten des 7. Deutschen Kongresses für Philosophie in Münster 1962), hg. v. H. Kuhn und F. Wiedmann, München 1964.

Das Problem der Ordnung (Akten des 6. Deutschen Philosophiekongresses in München 1960), hg. v. H. Kuhn und F. Wiedmann, Meisenheim 1962.

(Der 5. Deutsche Philosophenkongreß fand 1958 in Marburg statt. Seine Materialien sind nicht veröffentlicht.)

Philosophie der Gegenwart (4. Deutscher Philosophie-Kongreß in Stuttgart 1954), in: Zeitschrift für philosophische Forschung, Band IX/2, Meisenheim 1955.

Symphilosophein. Bericht über den dritten deutschen Kongreß für Philosophie in Bremen 1950, hg. v. H. Plessner, München 1952.

Philosophische Vorträge und Diskussionen (2. Deutscher Kongreß für Philosophie in Mainz 1948), hg. v. G. Schischkoff, in: Zeitschrift für philosophische Forschung, Sonderheft 1, Wurzach 1948.

Der 1. deutsche Kongreß für Philosophie fand 1947 in Garmisch-Partenkirchen statt. Vgl. dazu den Bericht von H. L. Matzat: Der Philosophenkongreß Garmisch-Partenkirchen 1947. Die Entwicklung eines Gesprächs, in: Zeitschr. f. phil. Forschung 2 (1947), S. 382–394. Die Materialien sind nicht veröffentlicht.

8. *Hochschulschriften (akademische Vorträge, Dissertationen und Habilitationsschriften)*

Die sog. Hochschulschriften stehen inhaltlich wie auch nach ihrem formalen wissenschaftlichen Niveau unter der Verantwortung der einzelnen Fakultäten der Universitäten und wissenschaftlichen Hochschulen oder dieser selber. Es handelt sich dabei zumeist um die von jenen Institutionen als maßgeblich und die Wissenschaft bereichernd angesehenen Qualifikationsleistungen des wissenschaftlichen Nachwuchses oder Antritts- und Festreden der akademischen Lehrer, und sie stellen insofern Materialien und Resultate der akademischen Wissenschaft gewissermaßen in Reinkultur dar. Die Zwecke des Qualifikationsnachweises und die eigenen Traditionen der Urteilsbildung und Beschlußfassung der Fakultäten und Hochschulen über solche Schriften schlagen sich natürlich in ihrem formalen Aufbau, zuweilen auch in ihrer Diktion nieder, also in alledem, was oft als schwerfällige Gelehrsamkeit und evtl. Gründlichkeit, weites Ausholen und Begründen, Zitieren und Rechenschaftsablage über die benutzte Literatur in die Augen sticht. Ex definitione sind es mindestens Dissertationen und Habilitationsschriften, die diesen Anspruch, den Stand der Forschung durch einen eigenständigen Beitrag voranzutreiben, erfüllen, während die ebenfalls in den Hochschulen erarbeiteten und der Qualifikation dienenden Diplom-, Magister- und Staatsarbeiten nur die intellektuelle Beherrschung der jeweiligen Forschungslage selber beweisen sollen und nicht darüber hinauszugehen brauchen; sie werden daher in der Regel nicht bibliographisch erfaßt und nicht als Hochschulschriften bezeichnet.

Viele Hochschulschriften werden in Serien, Beiheften zu Zeitschriften oder selbständig veröffentlicht. Für viele andere, und oft nicht die schlechtesten, kommt dies aber wegen ihres Umfangs oder der Spezifität ihres Themas nicht in Frage, so daß sie nur in wenigen Exemplaren (darüber machen die Fakultäten bestimmte Auflagen) maschinenschriftlich zur Verfügung stehen. Die Fakultäten sind jedoch gehalten, die durch sie betreuten Dissertationen und Habilitationsschriften zu archivieren. Darüber hinaus werden die deutschen Arbeiten in der Regel in der Deutschen Bibliothek in Frankfurt a. M. thesauriert. Man kann sie also von daher zur Einsichtnahme erhalten.

Als Hilfsmittel für die Feststellung philosophisch relevanter Hochschulschriften kommen neben den Jahrbüchern der Hochschulen in Frage[6]:

Jahresverzeichnis der an den deutschen Universitäten (seit 1913), Technischen Hochschulen (seit 1924) und Hochschulen erschienenen Schriften, Bd 1—51, Berlin (später Berlin und Leipzig) 1887—1935. Weitergeführt unter dem Titel: Jahresverzeichnis der deutschen Hochschulschriften, hg. v. d. Deutschen Bücherei, Jg. 52 ff., Leipzig 1936 ff. Gesamtverzeichnis der deutschen Hochschulschriften, nach Städten und weiter nach Fakultäten angeordnet, mit Schlagwort- und Verfasserindex für jeden Band.

H. Flasche und *U. Wawrzinek,* Materialien zur Begriffsge-

[6] Weitere Angaben zu einzelnen Ländern und Hochschulen bei W. Totok, Handbuch der Bibliographischen Nachschlagewerke, 3. Aufl. Frankfurt a. M. 1966, S. 96—99.

schichte. Eine Bibliographie deutscher Hochschulschriften von 1900–1955 (Archiv für Begriffsgeschichte Bd 5), Bonn 1960. Verzeichnis der geisteswissenschaftlichen Hochschulschriften vorwiegend auf der Grundlage des „Jahresverzeichnisses“, ca. 10 000 Titel. Anordnung alphabetisch nach Stichwörtern in den Titeln der Werke, dazu Register der behandelten Personen und der Verfasser.

H. Mundt, Bio-bibliographisches Verzeichnis von Universitäts- und Hochschuldrucken (Dissertationen) vom Ausgang des 16. bis zum Ende des 19. Jahrhunderts (in 13 Lieferungen), Leipzig 1936–1942. Einzige bibliographische Quelle für die älteren Hochschulschriften, bes. Dissertationen. Alphabetisch nach den Namen der „Respondenten“ (Promoventen), bei Sammelthesen unter dem Namen des „Praeses“ (Doktorvaters). Unvollständig, nur bis „Ritter“.

Jahresverzeichnis der schweizerischen Hochschulschriften / Catalogue des écrits académiques suisses, Basel 1898 ff. Nach Universitäten und Fakultäten geordnetes Verzeichnis mit Verfasser- und (seit 1926) Schlagwortregister. Gesamtindex der Verfasser bis 1922/1923 erschien 1927.

Doctoral Dissertations accepted by American Universities, New York 1934–1955, seit 1955 als Index to American doctoral dissertations, Ann Arbor 1957 ff. – Ordnung nach Sachgruppen, darin nach Hochschulen alphabetisch und dort nach Verfassern alphabetisch, mit Verfasser- und Schlagwortregister. Verzeichnet auch Mikrofilm-Dissertationen. Vorgänger: A List of American doctoral dissertations, Bd 1–26, Washington 1913–1940 (hg. v. d. Library of Congress). Für weitere amerikanische und kanadische Verzeichnisse vgl. T. R. Palfrey und H. E. Coleman, Guide to bibliographies of theses. United States and Canada, 2. Aufl. Chicago 1940.

Index to theses accepted for higher degrees in universities of Great Britain and Ireland, London 1953 ff. Nach Sachgebieten, Universitäten und Verfassern geordnet wie oben. Berichtszeit 1951 ff.

Catalogue des thèses et écrits académiques, hg. v. Unterrichtsministerium, Paris 1885 ff. Bis 1913 nach Universitäten, dann nach Fakultäten alphabetisch geordnet.

Bibliografija dissertacij. Doktorskie dissertacij 1941–1944, 1945, Moskau 1946/1947. Sowjetisches Verzeichnis von 1941 bis 1945. Fortgeführt im Katalog doktorskich (seit 1957 kandidatskich i doktorskich) dissertacij, Moskau 1957 ff. für 1956 ff.

Catalogus van academische geschriften in Nederland verschenen, Utrecht 1925 ff. Zusammenfassung von Bd 1–10 (bis 1933), Den Haag 1941.

9. Text- und Gesamtausgaben

Die schriftlich fixierten Aussagen der Philosophen bilden in ihrer Gesamtheit das „Corpus doctrinae", den Lehrbestand des philosophischen Wissens. Als solcher sind sie Ausgangsmaterial und Werkzeug der philosophischen Denkarbeit, die ihre Gehalte weiterentwickelt, wie auch umgekehrt Gegenstand philosophisch-philologischer Forschung, die diese „eigentlichen" Gehalte hinter der immer prekären überlieferten Artikulation zu eruieren oder für die erstgenannte Verwendung „dogmatisch" festzulegen sucht.

In jedem Falle bilden die Texte die unentbehrliche Grundlage der institutionellen Wissenschaften, und besonders in der Philosophie wird daher ihrer Bereitstellung und ständigen Adaptation an das zeitgenössische Verständnis große Aufmerksamkeit und ein erheblicher Aufwand gewidmet. Je nach Lage der Überlieferung und Sprachlichkeit (besonders der alten Klassiker) ist die Herstellung eines „textus receptus" – eines allgemein anerkannten Textes – eine schwierige, oft unendliche oder gar unmögliche Aufgabe. Man muß sich dann mit der jeweils „besten" oder letzten Ausgabe zufriedengeben. Um so mehr kommt es darauf an, sich über die Editionen der Klassiker und ihren jeweiligen Rang im Urteil der Fachleute ins Bild zu setzen.

a) Auswahlausgaben (Anthologien, Chrestomathien)

Zunächst sind die *Auswahlausgaben* klassischer Texte, „Chrestomathien" und „Anthologien" zu nennen, die besonders dem Anfänger wertvolle Einführung und Studienhilfe sein können und jedenfalls einen Überblick über solche Texte gewähren, die dem jeweiligen Herausgeber als „klassisch" und bedeutsam gelten.

H.-G. Gadamer, Philosophisches Lesebuch, 3 Bde, Frankfurt a. M. 1965–1968 (Fischer Bücherei 612, 839 und 872). I. Von Parmenides bis Cusanus; II. Von Kopernikus bis Kant; III. Von Feuerbach bis Heidegger. Jeweils mit Einleitung und biographisch-bibliographischem Anhang. Bd I u. III auch in Neuauflagen 1969/70.

E. Hunger, R. Schottky und *L. Zahn* (Hg.), Texte der Philosophie, 8. Aufl. München 1968. Auswahl zur Gymnasiallektüre unter den Überschriften: I. Entwürfe der Philosophie; II. Erkenntnistheorie; III. Naturphilosophie; IV. Kulturphilosophie; V. Sozial- und Geschichtsphilosophie; VI. Ethik. Dazu Kommentarband mit Begründung der Auswahl und Interpretationen in Hinsicht auf schulischen Gebrauch (2. Aufl. München 1965).

H. Glockner, Philosophisches Lesebuch. Texte zur neueren Philosophiegeschichte, 2 Bde, Stuttgart 1949 (Kröners Taschenbuchausgabe). Texte von Francis Bacon bis G. W. F. Hegel und von J. F. Fries bis H. Rickert.

M. Dessoir und *P. Menzer* (Hg.), Philosophisches Lesebuch, 3. Aufl. Stuttgart 1910. Jeweils mehrere Texte der einzelnen Klassiker von Platon bis Lotze mit Erläuterungen der Herausgeber.

Walter Kaufmann (Hg.), Philosophic Classics, 2 Bde, 2. Aufl. Englewood Cliffs. N. J. 1968. Bd I Von Thales bis Ockham; Bd II Von Bacon bis Kant. Textauswahl in englischer Übersetzung mit jeweiliger Einführung des Herausgebers.

J. B. Hartman (Hg.), Philosophy of recent times. Vol. I:

Readings in nineteenth-century philosophy; Vol. II: Readings in twentieth-century philosophy, New York-Toronto-London-Sydney 1967. Bd I behandelt Fichte, Hegel, Schopenhauer, Comte, J. St. Mill, Kierkegaard, Spencer, Nietzsche, Mach, Peirce, Brentano, Bradley und Frege; Bd II James, Bergson, Lenin, Husserl, Montague, Santayana, Dewey, Whitehead, Moore, Russell, und die Richtungen „Logical Positivism", „Existentialism" und „Ordinary language analysis". Den Texten sind jeweils allgemeine Einführungen und die Angabe der Hauptwerke der Autoren sowie eine Bibliographie der Sekundärliteratur beigegeben.

U. Spirito (Hg.) Storia antologica dei problemi filosofici, Florenz 1968 ff. Auf mehrere Bände geplant, Auszüge aus Klassikern nach philosophiegeschichtlichen Epochen und philosophischen Disziplinen. Bisher erschienen: Teoretica II, parte quarta: La Filosofia moderna (I. Da Bacone a Kant), bearb. v. C. Lacorte, I. Cubeddu, G. Baratta, Florenz 1968. Texte der bedeutenderen Klassiker mit Einführungen und Bibliographien.

Grande Antologia Filosofica, Mailand 1954 ff. Die ganze Philosophiegeschichte umfassende Textauswahl in italien. Übersetzung, in 8 Abteilungen nach Epochen, innerhalb derselben zunächst historisch, dann systematisch nach philosophischen Disziplinen gliedernd und von verschiedenen Autoren bearbeitet, mit Einleitungen und Bibliographien. Bisher erschienen: *Abt. I: „Il pensiero classico"*, hg. v. A. Padovani, koordiniert von A. M. Moschetti, Bde 1—2, Mailand 1966. Bd 1 bringt Texte in geschichtlicher, Bd 2 in systematischer Anordnung aus Religionsphilosophie, Ästhetik, Geschichtswissenschaft, Pädagogik, Politik, Recht und Ökonomie der Antike. *Abt. II: „Il pensiero cristiano"*, hg. v. A. Padovani in Verb. mit A. M. Moschetti, Bde 3—5, Mailand 1954. Bd 3: Texte der Patristiker, Bd 4 Texte der Scholastiker, Bd 5 Texte nach Disziplinen wie in Abt. I. Abt. III: *„Il pensiero della Rinascenza e della Riforma"*, hg. v. M. F. Sciacca in Verb. mit A. M. Moschetti und M.

Schiavone, Bde 6–11, Mailand 1964. Bd 6 enthält Texte der italienischen Renaissance, Bd 7 nichtitalienische Renaissance, Bd 8 Luther und die Reformatoren, Bd 9 „katholische Reformatoren" und Mystiker, Bde 10 und 11 Texte nach den philosophischen Disziplinen. *Abt. IV: „Il pensiero moderno (prekantiano)"*, hg. v. M. F. Sciacca in Verb. mit A. M. Moschetti und M. Schiavone, Bde 12–16, Mailand 1968. Bd 12 Texte von Kopernikus bis Pascal, Bd 13 Texte von Spinoza bis Hume, Bd 14 Aufklärung in England und Frankreich, Bd 15 Rousseau und italienische und deutsche Aufklärung, Bd 16 Texte aus den Disziplinen. *Abt. V: „Prima metà del secolo XIX"*, Bde 17—21, Mailand 1971. Kant und erste Hälfte des 19. Jh. In Vorbereitung: Abt. VI: Il pensiero contemporaneo, Abt. VII: Il pensiero orientale, Abt. VIII: Indici onomastici e dottrinali.

H. Ritter et *L. Preller,* Historia philosophiae graecae, 8. (letzte) Aufl. besorgt v. Ed. Wellmann, Gotha 1898. – Noch immer in allen Auflagen brauchbare Textsammlung der griechischen Philosophen mit lat. Anmerkungen der Herausgeber.

b) Textausgaben-Reihen

Neben den Textauswahl-Ausgaben, die von preiswerten Lesebüchlein bis zu monumentalen Sammlungen reichen, gibt es viele teils von einzelnen Herausgebern, teils von Verlagen inspirierte *Reihen* von Textausgaben für das Studium und die Forschung. Meistens besitzen sie ihren Schwerpunkt in philosophiegeschichtlichen Epochen, zuweilen enthalten sie auch nur Texte bestimmter Disziplinen oder literarischer Gattungen. Für allgemeinere Reihen sei auf Reclams Universalbibliothek, die Fischer-Bücherei und ihre Klassikerreihe, Kröners Taschenbücher, die kleine Vandenhoek-Reihe, auf die englische Loeb Library (Antike) und Everyman's Library, die italienische Reihe Classici della filosofia (Sansoni, hg. v. U. Sprito) und die französische Bibliothèque de philosophie contemporaine, die Collection ‚Les grands Textes' und die

Collection ‚Philosophes' hingewiesen. Da wir die spezielleren geschichtlich orientierten Serien in der speziellen Bücherkunde nennen, seien hier nur die allgemeinen deutschen philosophischen Textausgaben-Reihen erwähnt.

Philosophische Bibliothek (Meiner) und Neue Philosophische Bibliothek, begründet von J. H. v. Kirchmann. Seit 1868 bewährte und alteingeführte Ausgaben klassischer Texte in deutscher Übersetzung oder in zweisprachigen Parallelausgaben aus der gesamten Philosophiegeschichte in immer neuen Bearbeitungen. Bisher über 270 Titel. Die bedeutendste Sammlung von Studientexten für den akademischen Unterricht in Philosophie.

Philosophische Bücherei (Aufbau-Verlag), Berlin 1954 ff. Klassikertexte in deutscher Übersetzung. Schwerpunkt Deutscher Idealismus und Materialismus.

Philosophische Studientexte, hg. v. d. Arbeitsgruppe Philosophiehistorische Texte an der Dt. Akademie d. Wissenschaften zu Berlin (Akademie-Verlag) 1958 ff. Studientexte zweisprachig oder in deutscher Übersetzung, auch Textauswahlen, Schwerpunkt Antike und Neuzeit.

Philosophische Texte, hg. v. H.-G. Gadamer, Frankfurt a. M. (Klostermann) 1946 ff. Bisher Texte von Kant, Dilthey und Aristoteles.

Quellen der Philosophie. Texte und Probleme, hg. v. R. Berlinger, Frankfurt a. M. (Klostermann) 1965 ff. Kleinere Texte der Klassiker mit Einleitungen, teils mit Übersetzungen, und mit Kommentaren kompetenter Fachleute.

Theorie I, hg. v. H. Blumenberg, J. Habermas, D. Henrich und J. Taubes, Frankfurt a. M. (Suhrkamp) 1967 ff. Aufsatz- und Textsammlungen, teils in Übersetzungen verschiedener Provenienz, so von Berkeley, Deborin und Bucharin, Dingler, Mead, Moore, Parmenides, Sorel, Stučka.

Bibliothek der Kirchenväter, hg. v. F. X. Reitmayr und V.

Thalhofer, 80 Bde, Kempten 1860–1888. 2. Aufl. hg. v. O. Bardenhewer, K. Weyman, Th. Schermann, J. Zellinger und J. Martin, 1. Reihe 61 Bde nebst 2 Bdn Register, Kempten 1911—1931. 2. Reihe 1932 ff. Brauchbare Ausgaben der patristischen Philosophen und Kirchenschriftsteller in deutscher Übersetzung mit Einleitungen.

Beiträge zur Geschichte der Philosophie (und Theologie) des Mittelalters, begr. v. C. Baeumker, Münster 1891 ff. Textausgaben (und Untersuchungen) mittelalterlicher Philosophen (und Theologen, im Titel der Reihe seit 1928), bisher ca. 40 Bde.

Patrologiae cursus completus. Hg. v. J. P. Migne. Series latina 221 Bde einschl. Indices, Paris 1844–1864. Series graeca, 166 Bde, Petit-Montrouge 1857–1866, Nachdruck Paris 1886–1900. Dazu Indices von F. Cavallera, Paris 1929 sowie (unvollendet) Th. Hopfner, Bd 1 Paris 1928. Umfassendste Sammlung der Patrologen, z. T. überholt. Die griechische Serie enthält lateinische Übersetzungen.

Instrumenta Philosophica, hg. v. L. Geldsetzer, Düsseldorf (Stern-Verlag) 1965 ff. Nachdruckreihe grundlegender älterer Werke, die das philosophische Wissen ihrer Zeit in bibliographischer, lexikalischer, methodologischer und enzyklopädischer Hinsicht erschließen, mit Einleitungen des Hg., gelegentlich bearbeitet, z. T. mit neuen Registern versehen, teils zweisprachige Ausgaben mit neuer Übersetzung. Aufgliederung: Series Indices Librorum, Series Lexica, Series Hermeneutica, Series Thesauri.

c) Gesamtausgaben

Während die Textausgaben der Klassiker die wirkungsgeschichtlich bedeutsamen Schriften darbieten, die jeweils unmittelbar auf das Interesse der Fachleute oder des weiteren Publikums rechnen können, und deren Aktualität in den Einleitungen deutlich herausgestellt zu werden pflegt, sind in den sog. *Gesamtausgaben*[7] jeweils alle vorfindlichen handschriftlichen oder schon gedruckten Schriften eines Denkers mehr oder weniger vollständig gesammelt. Sie sind für die Erforschung der *Denkgenese* eines Autors und ihres Zusammenhanges mit der allgemeinen Kultur von großem Interesse, und oftmals wird erst durch die systematische Sammlung und Publikation aller Schriften eines Philosophen die Aufmerksamkeit auf bis dahin unbeachtete Äußerungen gelenkt, die sich dann als fruchtbare Kristallisationskerne neuer Fragestellungen und Einsichten erweisen. In der Tat wäre es wünschenswert, wenn von allen Philosophen in dieser Weise sämtliche Äußerungen gesichtet und publiziert zur Verfügung ständen, da dann das, was Dilthey den Strukturzusammenhang der geschichtlichen Welt genannt hat, noch viel deutlicher zutage träte und die Logik des Zusammenhanges der geistigen Gebilde und der philosophiegeschichtlichen Entwicklung lückenlos erforscht werden könnte. Die finanziellen und geistigen Hilfsmittel erlaubten einstweilen nur bescheidene Arbeit in dieser Hinsicht, so daß die Gesamtausgaben noch immer als Privileg erlauchtester Geister und als Denkmal der Huldigung einflußreicher Schulen für ihre großen Meister erscheinen.

Verschiedene Stufen der Vollständigkeit und der philologischen Bearbeitung lassen sich unterscheiden: Die sog. *Gesammelten Werke* eines Philosophen sind oft die erste zusammenhängende Edition zumindest der Hauptschriften, meist nach der Fassung „letzter Hand“ (d.h. nach der letzten vom Autor selbst betreuten Ausgabe), mitunter auch nach der wirkungsvollsten oder verbreitetsten Ausgabe. Die sog. *sämtlichen Werke* eines Autors erheben den Anspruch, tatsächlich alles

---

[7] Vgl. den Katalog „Opera Omnia. Dichter und Denker der Welt in Gesamtausgaben“, hg. v. der Werbegemeinschaft Elwert und Meurer, 3. Aufl. Berlin 1968, der die z. Z. im Buchhandel verfügbaren, vorwiegend deutschen Gesamtausgaben verzeichnet. Daneben existiert ein philosophisch weniger ergiebiger Katalog „German Literature from the XVIII. Century to the present / Deutsche Literatur von der Aufklärung bis zur Gegenwart (Ein Verzeichnis lieferbarer Bücher) Teil I: Gesamtausgaben, hg. v. Verlag Otto Harrassowitz, Wiesbaden 1970.

schriftlich Hinterlassene zu bieten, auch unveröffentlichte Manuskripte, Briefe, Notizen etc., wofür jedoch der Titel nicht unbedingt garantiert. Erst die sog. *Historisch-kritischen Gesamtausgaben* bieten als non plus ultra der Gründlichkeit und Vollständigkeit wirklich alle schriftlichen Äußerungen mit möglichst vollständiger Datierung ihrer Individualität, d.h. Angabe ihrer zeitlichen Stelle im Werk und ihrer Überlieferungsweise im Druck (Unterschiede der Auflagen) oder im Manuskript. Hinzu treten oft noch Hinweise auf die geistesgeschichtliche Genesis und die Auswirkung der Materialien. Für solche Gesamtausgaben sind große archivalische Sammlungen, spezialisierteste Forschungen, beträchtliche finanzielle Mittel und differenzierte Drucktechniken vonnöten, was nur selten zusammentrifft. Von Akademien oder besonderen Archiven institutionell betreut, verschlingen derartige Unternehmungen zuweilen die Lebensarbeit ganzer Forschergenerationen.

Durch die modernen Nachdruckverfahren ist es möglich geworden, ältere Gesamtausgaben auch für die vielen neuen Hochschul- und Institutsbibliotheken verfügbar zu machen. Überdies scheinen sich die Nachdruckverfahren für die Zusammenstellung von Gesamtausgaben der Werke letzter Hand zu bewähren.

Auch für Gesamtausgaben oder Nachdrucke von solchen gibt es Serien; ebenfalls bieten manche Textausgabenreihen das Gesamtwerk einzelner Autoren, so die Philosophische Bibliothek (Meiner) (noch unvollständige) Ausgaben von Aristoteles, Cusanus, Fichte, Hegel, Kant u. a., die Reclam Universalbibliothek u. a. Kant- und Schopenhauerausgaben. Speziell Gesamtausgaben bringen die französische Reihe „Corpus général des Philosophes français“ (bisher erschienen: Bodin, Condillac, Buffon und Cabanis) und die italienische „Edizione nazionale dei classici del pensiero italiano“ (Pico della Mirandola, Aconicioco u. a.). Verwiesen sei ferner auf die älteren Editionen der Patristiker von Bardenhewer (in deutscher Übersetzung) und von Migne (lateinische und griechische Serie).

Albertus Magnus (1193 oder 1206/7–1280): Alberti Magni Opera omnia, hg. v. Albertus Magnus Institut Köln unter Leitung von B. Geyer, Münster 1951 ff. Auf ca. 40 Bde berechnet, die maßgebliche Gesamtausgabe. – Opera omnia, hg. v. A. Borgnet, 38 Bde, Paris 1890–1899.

Aristoteles (384/3–322): Opera, ex recensione Immanuelis Bekkeri, hg. v. d. Preußischen Akademie der Wissenschaften, Berlin 1831–1870. Nachdruck Berlin 1960/61. Maßgebliche griechische Ausgabe. Bde 1 und 2: Texte; Bd 3: Fragmente; Bd 4: Scholien; Bd 5: Index Aristotelicus (Aristoteles-Wörterbuch) von H. Bonitz. – Dazu wichtig: Commentaria in Aristotelem Graecae, hg. v. der Preuß. Akademie, 23 Bde, Berlin 1882–1909 und das Supplementum Aristotelicum, hg. v. d. Preuß. Akademie, 3 Bde, Berlin 1885—1903. — Opera omnia graece et latine, 5 Bde Paris 1883–1889. – Aristotelis Opera cum Averrois Commentariis, 11 Bde und 3 Bde Suppl., Venedig 1562–1574, Nachdruck Frankfurt a. M. 1963. Griechische Textausgabe. – Deutsche Übersetzungen: Werke, hg. v. E. Grumach, fortgeführt von H. Flashar, Berlin 1958 ff. Auf 20 Bde berechnete vollständige maßgebliche deutsche Ausgabe. – Die Lehrschriften, hg. v. P. Gohlke, 16 Bde Paderborn 1951 ff. Vollständigste, aber umstrittene dt. Ausg. — Werke, hg. v. O. Gigon, Zürich 1950—1961. Dt. Auswahlausg.-Hauptwerke, hg. v. W. Nestle, 6. Aufl. Stuttgart 1963. Dt. Auswahlausg. Kröners Taschenbuch Bd. 129. — The works of Aristotle, hg. v. W. D. Ross, 11 Bde Oxford 1908—1931 u. ö. Vollst. eng. Übers. — M.-D. Philippe, Aristoteles (Bibl. Einf. i. d. Stud. d. Phil. 8), Bern 1948; G. Rhode, Bibl. d. dt. A.-Übersetzungen, Frankf. a. M. 1967; M. Schwab, Bibliographie d'Aristote, Paris 1896.

Augustinus, Aurelius (354–430): Werke in deutscher Sprache, übertragen von C. J. Perl, Paderborn. Seit den 50er Jahren in Arbeit befindliche umfassende Ausgabe, bisher ca. 20 Bde, z. T. zweisprachig. Daraus Auswahlausgabe in 3 Bdn, hg. v. C. J. Perl, München 1960/16. – Werke übers. v. W. Thimme u. H.-P. Müller, 5 Bde, Zürich 1950 ff. Auswahl in der „Bibliothek der Alten Welt, Reihe Antike und Christentum“, z. T. zweisprachig. – Gesamtausgabe der Mauriner, 11 Bde, Paris 1679–1700, Nachdruck in der Sammlung Patrologia latina, Bd 32–47, hg. v. J.-P. Migne, Paris 1844 bis 1866. – Dazu C. Andresen, Bibliographia Augustiniana, Darmstadt 1962 (2. neubearb. Aufl. in Vorb.); M. F. Sciacca, Augustinus (Bibl. Einf. 10), Bern 1948.

Bacon, Francis (1561–1626), The works, hg. v. J. Spedding, R. L. Ellis und D. D. Heath, 14 Bde, London 1857–1874, Nachdruck Stuttgart-Bad Cannstatt 1963. Dazu: R. W. Gibson, Francis Bacon. A Bibliography of his works and Baconiana to the year 1750, Oxford 1950. — J. Kemp Houck, Francis Bacon 1926—1966, London 1968. 873 Titel.

Bacon, Roger (ca. 1212—ca. 1292): Opera quaedam hactenus inedita, hg. v. J. S. Brewer, London 1859. — Opera hactenus inedita, hg. v. R. Steele, 9 Bde, Oxford 1905—1928. — Opus maius, hg. v. J. H. Bridges, 3 Bde, Oxford 1897 bis 1900.

Bayle, Pierre (1647–1706): Oeuvres diverses, 5 Bde, Den Haag 1727–1731, Nachdruck mit Einleitung v. E. Labrousse, Hildesheim 1968–1970.

Bergson, Henri (1859–1941): Oeuvres, hg. v. H. Gouhier, bearb. v. A. Robinet, 2. Aufl. Paris 1964, Neudruck 1967.

Berkeley, George (1685–1753): The Works, hg. v. A. A. Luce und T. E. Jessop, 9 Bde London-Edinburgh 1948–1957. Die maßgebliche Gesamtausgabe. – Works, hg. v. A. C. Fraser, 4 Bde, Oxford 1901. Dazu T. E. Jessop, A bibliography of George Berkeley, London 1934.

Bloch, Ernst (geb. 1885): Gesamtausgabe, Frankfurt a. M. 1959 ff. Auf 15 Bde berechnet.

Boethius, Ancius Manlius Torquatus Severinus (ca. 480 bis 524/26): Opera omnia, in der Sammlung Patrologia latina Bd 63–64, hg. v. J.-P. Migne, Paris 1847. – Opera, hg. v. E. Bieler, Turnhout 1957 ff. (Corpus Christ., ser. latina).

Böhme, Jacob (1575–1624): Sämtliche Schriften, 11 Bde,

1730; Nachdruck, hg. v. W.-E. Peuckert, Stuttgart 1955–1961. Die Urschriften, hg. v. W. Buddecke, 2 Bde Stuttgart-Bad Cannstatt 1963—1966. — Sämtliche Werke, hg. v. K. W. Schiebler, 7 Bde Leipzig 1831–1860. – Dazu: W. Buddecke, Die Jakob-Böhme-Ausgaben. Ein beschreibendes Verzeichnis. Teil I: Die Ausgaben in deutscher Sprache, Göttingen 1937.

Bolzano, Bernhard (1781—1848): Gesamtausgabe, hg. v. E. Winter, J. Berg und F. Kambartel, Stuttgart. Auf 39 Bde berechnet; bisher erschienen: Bd 1. Einleitungsband: B. Bolzano und sein Kreis.

Bonaventura (1221–1274): Opera omnia, hg. v. Collegium S. Bonaventura, 11 Bde, Quaracchi bei Florenz 1882–1902, Nachdruck ebd. o. J. – Opera omnia, hg. v. C. Peltier, 15 Bde Paris 1864–1871. – Werke in 8 Bdn, hg. v. E. Schulte, München 1923 ff. (Nur Bd 1 erschienen.)

Bruno, Giordano (1548–1600): Jordani Bruni Nolani Opera latine conscripta, hg. v. Fiorentino, Tocco u.a . 8 Bde Neapel und Florenz 1879–1891; Nachdruck Stuttgart-Bad Cannstatt 1961/62. – Gesammelte philosophische Werke, verdeutscht und erklärt v. L. Kuhlenbeck, 6 Bde Jena 1890–1909.

Buber, Martin (1878–1965): Werke, 3 Bde, Heidelberg-München 1962–1964.

Campanella, Thomas (1568–1639): Opere scelte (Gesammelte Werke), hg. v. A. d'Ancona, 2 Bde Turin 1854. – Tutte le opere, hg. v. L. Firpo, Mailand 1954 ff. (auf mehrere Bände berechnet).

Carus, Friedrich August (1770–1806), Nachgelassene Werke, hg. v. Ferd. Hand, 7 Teile in 7 Bdn, Leipzig 1808–1810 (Teil 1–2 auch in 2. Aufl. Leipzig 1823). Wegen ihrer bibliographischen Anhänge zur älteren Literatur geschätzte Werke des frühverstorbenen Kantianers über Psychologie und ihre Geschichte (Teil 1–3), Geschichte der Philosophie

(Teil 4), Psychologie der Hebräer (Teil 5), Geschichte der Menschheit (Teil 6) und Moral- und Religionsphilosophie (Teil 7).

Cicero, Marcus Tullius (106–143): Teubner-Ausgabe, 15 Bde in einzelnen Faszikeln auf der Grundlage älterer Ausgaben der Teubner-Reihe, Stuttgart 1963 ff. Nur lateinischer Text. – Werke in Einzelausgaben lateinisch-deutsch, innerhalb der Tusculum-Bücherei, 6 Bde, 1. u. 2. Aufl. München 1960—1966. — Lateinisch-deutsche Auswahlausgabe der Bibliothek der Alten Welt, 4 Bde, 1. u. 2. Aufl. Zürich 1960–1966. Dazu H. Merguet, Lexikon zu den philosophischen Schriften Ciceros, 3 Bde Jena 1887–1894, Nachdruck Hildesheim 1960.

Clauberg, Johannes (1622–1665): Opera omnia philosophica, 2 Bde, hg. v. Schalbruch, Amsterdam 1691, Nachdruck Hildesheim 1968.

Condillac, Etienne Bonnot de Mably de (1715—1780): Oeuvres complètes, hg. v. G. B. de Mably, 23 Bde, Paris 1798. — Oeuvres, 34 Bde, Paris 1801; Oeuvres, 31 Bde, Paris 1803. – Oeuvres philosophiques, hg. v. G. Le Roy, 3 Bde, Paris 1947—1951. Ausgabe der Reihe Corpus générale des Philosophes français.

Croce, Benedetto (1866–1953): Scritti di Storia letteraria e politica, sowie Scritti vari, 33 Bde, Bari 1911 ff. – Deutsche Gesamtausgabe, hg. v. H. Feist und R. Peters, 7 Bde, 1927 bis 1930.

Cusanus, Nicolaus (1401–1464): Nicolai de Cusa Opera Omnia, hg. im Auftrag der Heidelberger Akademie der Wissenschaften, Hamburg 1959 ff. Auf 20 Bde berechnete lateinische Gesamtausgabe. – Schriften in deutscher Übersetzung, im Auftrag der Heidelberger Akademie der Wissenschaften hg. v. E. Hoffmann und P. Wilpert, 1.–4. Aufl. Hamburg 1949 ff. Lateinisch-deutsche Parallelausgabe innerhalb der Philosophischen Bibliothek Meiner. – Philosophisch-theologische Schriften. Lateinisch-deutsche Studien-

und Jubiläumsausgabe, hg. v. L. Gabriel, übersetzt und kommentiert von D. und W. Dupré im Auftrage des Österreichischen Forschungsrates, 3 Bde, Wien 1964–1967. – Werke in 2 Bdn, nach dem Straßburger Druck von 1488 neu hg. v. P. Wilpert, Berlin 1967, innerhalb der Reihe Studien und Quellen zur Geschichte der Philosophie Bde V/VI. — Opera, 3 Bde, Paris 1514, Nachdr. Frankf. 1962.

D'Alembert, Jean Lerond (1717–1783): Oeuvres philosophiques, historiques et littéraires, hg. v. Bastian, 18 Bde, Paris 1805. – Oeuvres complètes, 5 Bde, Paris 1821, Nachdruck Genf 1967.

Descartes, René (1596–1650): Oeuvres complètes, hg. v. Ch. Adam und P. Tannery, 10 Teile in 14 Bdn, Paris 1956–1966. Neudruck der 9usgabe 1897–1910. Die maßgebliche Gesamtausgabe. – Oeuvres et lettres, Paris 1937 u. ö. Repräsentative Ausgabe der Bibliothèque de la Pléiade in 1 Bd. – Oeuvres philosophiques, hg. v. F. Alquié, 3 Bde, Paris 1963 ff. – Descartes Philosophische Werke Abt. I–III, hg. v. A. Buchenau, Leipzig 1906 ff. Ausgabe innerhalb der Philosophischen Bibliothek Meiner. Jetzt in neuer Bearbeitung und z. T. zweisprachig, 7 Bde, Hamburg 1954 ff. – Dazu E. Gilson, Index Scolastico-Cartésien, Paris 1912. Nachdruck New York o. J. — G. Sebba, Bibliographia Cartesiana. A critical guide to the Descartes Literature 1800–1960. Den Haag 1964. 3612 numerierte Titel.

Diderot, Denis (1713–1784): Oeuvres, Paris o. J. Repräsentative Ausgabe der Bibliothèque de la Pléiade. – Oeuvres philosophiques, hg. v. P. Vernière, 2. Aufl. Paris 1967. – Oeuvres complètes, hg. v. J. Assézat und M. Tourneux, 20 Bde, Paris 1875–1877, Nachdruck Liechtenstein 1966. – Philosophische Schriften, hg. und übersetzt von Th. Lücke, 2 Bde, Frankfurt a. M. 1967 (auch Berlin 1961).

Dilthey, Wilhelm (1833–1911): Gesammelte Schriften, 14 Teile, Leipzig-Berlin 1913 ff. (jetzt: Stuttgart-Göttingen). U. Herrmann, Bibliographie W. Dilthey, Weinheim 1969.

Duns Scotus, Johannes (1266 oder 1274–1308): Joannis Duns Scoti Opera Omnia, hg. v. C. Balic, Vatikanstadt 1950 ff. Auf 17 Bde berechnete maßgebliche Ausgabe. – Opera omnia, hg. v. L. Wadding, 12 Teile in 16 Bdn, Lyon 1639. Nachdruck Hildesheim 1968–1969. – Opera omnia, hg. v. Verlag Vivès (Nachdruck der Ausgabe von 1639), 26 Bde Paris 1891—1895. Nachdruck Farnborough 1969. — Dazu M. Fernandez García, Lexicon Scholasticum Philosophico-Theologicum in quo Termini, Definitiones, Distinctiones et Effata a B. Joanne Duns Scoto exponuntur, declarantur, Quaracchi 1910. Nachdruck Hildesheim in Vorb. – O. Schäfer, Johannes Duns Scotus (Bibl. Einf. in das Stud. d. Philosophie 22), Bern 1953. Ders., Bibliographia de vita, operibus et doctrina J. Duns Scoti saec. XIX–XX, Rom 1955.

Eckhart, Meister (ca 1260–1327): Die deutschen und lateinischen Werke, hg. im Auftrag der Deutschen Forschungsgemeinschaft, Stuttgart 1936 ff. Die umfassende Gesamtausgabe in den beiden Serien deutscher und lateinischer Schriften auf der Grundlage der 1936 begonnenen lateinischen Ausgabe.– Opera latina, hg. v. G. Théry u. R. Klibansky, 3 Bde Leipzig 1934–1936.

Erasmus, Desiderius (1467–1536): Desiderii Erasmi Roterodami Opera omnia, hg. v. J. Clericus, 10 in 11 Bdn, Leiden 1703–1706, Nachdruck Hildesheim 1961–1962. – Ausgewählte Werke, hg. v. H. und A. Holborn, München 1964. – Ausgewählte Schriften, hg. v. W. Welzig, 8 Bde, Darmstadt 1967 ff. Lat.-deutsche Studienausgabe, bisher 6 Bde.

Feuerbach, Ludwig (1804–1872): Sämtliche Werke, hg. v. W. Bolin und F. Jodl, Stuttgart 1903–1911; Neudruck dieser Ausgabe mit Einleitung v. K. Löwith und 3 Ergänzungs-Bänden, hg. v. H. M. Saß, 13 Bde, Stuttgart 1959–1964. – Gesammelte Werke, hg. v. W. Schuffenhauer, Berlin 1967 ff. Auf 16 Bde berechnet.

Fichte, Johann Gottlieb (1762–1814): Gesamtausgabe der Bayerischen Akademie der Wissenschaften, hg. v. R. Lauth und H. Jacob, Stuttgart 1962 ff. Auf 26 Bde berechnete vollständige und kritische Ausgabe. – Sämtliche Werke, hg. v. I. H. Fichte, Berlin 1845/1846 in 8 Bdn, Nachdruck Berlin 1965. Dazu Bde 9–11: Nachgelassene Werke, hg. v. J. H. Fichte, Bonn 1834–1835. Nachdruck in Berlin 1962. – Ausgewählte Werke in 6 Bdn, hg. v. F. Medicus, Hamburg 1955 ff. Studienausgabe der Philosophischen Bibliothek Meiner, auch Darmstadt 1962. – Dazu J. G. Fichte-Bibliographie hg. v. H. M. Baumgartner und W. G. Jacobs, Stuttgart-Bad Cannstatt 1968. 3827 numerierte Titel sowie Namen- und Stichwortregister.

Ficino, Marsiglio (1433–1499): Opera omnia, 2 Bde Folio, Basel 1576, Nachdruck mit Vorrede von P. O. Kristeller und Einleitung von M. Sancipriano in den Monumenta politica et philosophica rariora; hg. v. L. Firpo, Series I, Nr. 7–8, Turin 1962. – Opera, Paris 1641. – Dazu Supplementum Ficinianum. Marsilii Ficini Florentini philosophi platonici opuscula inedita et dispersa, hg. v. P. O. Kristeller, 2 Bde Florenz 1937.

Fries, Jakob Friedrich (1773–1843): Sämtliche Schriften, nach den Ausgaben letzter Hand zusammengestellt, eingeleitet und mit einem Fries-Lexikon versehen v. G. König und L. Geldsetzer, 26 Bde, Aalen 1967 ff.; bisher 15 Bde erschienen.

Galilei, Galileo (1564–1642); Le opere, edizione nazionale, hg. v. A. Favaro u. I. del Lungo, 20 in 21 Bdn, Florenz 1890–1909. Neudruck Florenz 1964–1966. – Opera, hg. v. E. Alberti, 16 Bde Florenz 1842–1856. – Dazu A. Carli u. A. Favaro, Bibliografia Galileiana, Rom 1896; G. Boffito, Bibliografia Galileiana 1896–1940. Primo Suppl., Rom 1943.

Gassendi, Petrus (1592–1655): Opera omnia, 6 Bde, hg. v. S. Sorbière, Lyon 1658, Nachdruck mit Einleitung von T. Gregory, Stuttgart 1964.

Gentile, Giovanni (1875–1944): Opere complete, hg. v. der

Fondazione G. Gentile per gli studi filosofici (Università di Roma), Florenz 1928 ff. Auf 55 Bde berechnete Gesamtausgabe, bisher 37 Bde erschienen.

Geulincx, Arnold (1624—1699) Opera philosophica, 3 Bde, hg. v. J. P. N. Land, Den Haag 1891—1893, Nachdruck mit Einleitung und Ergänzungsbänden, hg. v. H. J. de Vleeschauwer, 5 Bde, Stuttgart 1965 ff. Dazu H. J. de Vleeschauwer, Three centuries of Geulincx Research. A bibliographical study, Pretoria 1957.

Glockner, Hermann (1896—1969): Gesammelte Werke, 3 Bde, Bonn 1963—1966.

Hamann, Johann Georg (1730—1788): Sämtliche Werke. Historisch-kritische Ausgabe, hg. v. J. Nadler, 6 Bde, Wien 1949—1957. — Briefwechsel, hg. v. W. Ziesemer und A. Henkel, 7 Bde, Frankfurt a. M. 1955 ff. — Hauptschriften erklärt, hg. v. F. Blanke und K. Gründer, 8 Bde, Gütersloh 1955 ff.

Hegel, Georg Wilhelm Friedrich (1770—1831): Werke in 35 Bänden, hg. im Auftrag der Deutschen Forschungsgemeinschaft unter Leitung von F. Nicolin, Hamburg 1968 ff. Die maßgebliche historisch-kritische Gesamtausgabe. Bisher nur Bd 4 erschienen. — Sämtliche Werke. Jubiläumsausgabe auf der Grundlage des von L. Boumann, F. Förster, Ed. Gans, K. Hegel, L. v. Henning, H. G. Hotho, Ph. Marheineke, K. L. Michelet, K, Rosenkranz und L. Schulze besorgten Originaldruckes neu hg. v. H. Glockner, 20 Bde nebst 2 Bdn Darstellungen zu Hegel und dem 2bändigen Hegel-Lexikon von H. Glockner, 2. u. 3. Aufl. Stuttgart 1949—1959. Die ehrwürdige Ausgabe der Schule Hegels durch die „Freunde des Verewigten" (1832—1845), stark bearbeitet, gibt aber die Textform wieder, in welcher die Hegelsche Philosophie im 19. Jahrhundert gewirkt hat. Nachdruck hg. v. E. Moldenhauer und M. Michel, in Suhrkamps Theorie-Werkausgaben, Frankfurt a. M. 1970—1971. — Sämtliche Werke. Neue kritische Ausgabe, begründet von G. Lasson, in neuer Anordnung und Bearbeitung hg. v. J. Hoffmeister, Hamburg 1952 ff. Die bewährte Studienausgabe der Philosophischen Bibliothek Meiner bringt nur die Haupttexte und Briefe. Zum Teil identisch oder nur weitere Auflage der Texte von: Sämtliche Werke. Kritische Ausgabe, hg. v. G. Lasson 1905 ff. – Studienausgabe in 3 Bdn, ausgewählt und eingeleitet v. K. Löwith und M. Riedel, Frankfurt a. M. 1968. Ausgabe der Fischer-Bücherei.

Helvétius, Claude Adrien (1715–1771): Oeuvres complètes, hg. v. P. L. Lefebvre de la Roche, 14 Bde, Paris 1775/1776, Nachdruck hg. v. Y. Belaval in 7 Bdn, Hildesheim 1967–1969. – Oeuvres, 5 Bde, Paris 1795.

Herbart, Johann Friedrich (1776–1841): Sämtliche Werke, in chronologischer Reihenfolge, hg. v. K. Kehrbach und O. Flügel, 19 Bde, Langensalza 1887–1912. Nachdruck Aalen 1964. Die vollständige Ausgabe. – Sämtliche Werke, hg. v. G. Hartenstein, 13 Bde, Leipzig 1850–1852, 2. Aufl. 1883–1893. Dazu J. N. Schmitz, Herbart-Bibliographie 1842–1963, Weinheim a. d. Bergstr. 1964.

Herder, Johann Gottfried (1744–1803): Sämtliche Werke, hg. v. B. Suphan, 33 Bde, Berlin 1877–1913, Nachdruck Hildesheim 1967/1968. – Werke, Auswahlausgabe in 5 Bdn, hg. v. W. Dobbek, 3. Aufl. Berlin 1964.

Hobbes, Thomas (1588–1679): Opera philosophica quae latine scripsit, 5 Bde sowie The english works, 11 Bde, hg. v. M. Molesworth, London 1839–1845. Nachdruck Aalen 1961–1966.

Hönigswald, Richard (1875–1947): Schriften aus dem Nachlaß, im Auftrag des Hönigswald-Archivs hg. v. G. Wolandt u. a., 10 Bde, Stuttgart 1957 ff. Bisher erschienen Bd. 1–8.

Humboldt, Wilhelm von (1767–1835): Gesammelte Schriften, hg. v. der Kgl. Preuß. Akademie der Wissenschaften, 17 Bde, Berlin 1903–1936. Nachdruck Berlin 1968. Unvollständig gebliebene Ausgabe. – Werke in fünf Bänden, hg. von A. Flietner und Kl. Giel, Stuttgart (und Darmstadt) 1960–1971. Studienausgabe.

Hume, David (1711–1776): The philosophical works, hg. v. Th. H. Green und Th. H. Grose, 4 Bde, London 1882–1886, Nachdruck Aalen 1964. Dazu T. E. Jessop, A bibliography of David Hume and of Scottish Philosophy from Francis Hutcheson to Lord Balfour, London 1938.

Husserl, Edmund (1859–1938): Husserliana. Gesammelte Werke, auf Grund des Nachlasses veröffentlicht vom Husserl-Archiv Löwen unter der Leitung v. L. van Breda, Den Haag 1950 ff. (bisher 12 Bde).

Hutcheson, Francis (1694–1747): Collected works, hg. v. B. Fabian, 7 Bde, Hildesheim 1969 ff. Nachdruck-Ausgabe der englischen Originalwerke.

Jacobi, Friedrich Heinrich (1743–1819): Werke, hg. v. F. Roth und F. Köppen, 6 in 7 Bdn Leipzig 1812–1825. Nachdruck Darmstadt 1968. – Werke, Nachlaß Briefwechsel, hg. v. O. F. Bollnow u. a. Stuttgart. Auf 14 Bde geplante Ausgabe in Vorbereitung.

Kant, Immanuel (1724–1804): Gesammelte Schriften, hg. v. der Königlich Preußischen Akademie der Wissenschaften zu Berlin, ab Bd 23 von der Deutschen Akademie der Wissenschaften Berlin, 28 Bde (Bd 25–27 in Vorb.) Berlin 1910 ff. Die maßgebliche Kantausgabe, noch unvollständig. Die einzelnen Bände in verschiedenen Neuauflagen. Nachdruck in Paperback, Berlin 1968 ff. (bisher 9 Bde). Dazu Register von G. Martin und Kant-Lexikon von R. Eisler, Berlin 1930, Nachdruck Hildesheim 1961. – Werke, hg. v. E. Cassirer, 11 Bde, Berlin 1912–1923. – Werke, hg. v. K. Vorländer, 10 Bde, Hamburg 1904 ff., Neudrucke 1959 ff. Ausgabe der Philosophischen Bibliothek Meiner. Dazu H. Ratke, Systematisches Handlexikon zu Kants Kritik der reinen Vernunft, Neudruck Hamburg 1965. – Werke. Gesamtausgabe in sechs Bänden, hg. v. W. Weischedel und N. Hinske, Frankfurt 1956–1964. Studienausgabe der

Hauptschriften. Die gleiche Ausgabe in 12 Bdn in Paperback (Theorie-Werkausgaben) Frankfurt a. M. 1968. – Bibliographie: E. Adickes, German Kantian Bibliography (Reprinted from The Philosophical Review, Boston, Nos. 9–18 inclusive), Boston und London 1896 (Nachdruck Würzburg o. J.); K. G. Hausius, Materialien zur Geschichte der kritischen Philosophie, Leipzig 1793. Nachdruck in Instr. Phil. Ser. Thesauri II, Düsseldorf 1969.

Keckermann, Bartholomaeus (1571–1609): Opera omnia, 2 Bde, Genf 1614. Nachdruck Hildesheim in Vorb.

Kierkegaard, Sören Aabye (1813–1855): Samlede Vaerker, hg. v. A. B. Drachmann, J. L. Heiberg und H. O. Lange, 20 Bde, Oslo 1962–1964. – Gesammelte Werke, vollständige deutsche Ausgabe, übers. v. E. Hirsch, H. Gerdes und H. M. Junghans, 36 Teile in 26 Bdn, 1.–6. Aufl. Düsseldorf 1953–1967. Dazu: Die Tagebücher, hg. u. übers. v. H. Gerdes, 5 Bde, Düsseldorf 1962 ff. – Jubiläumsausgabe, hg. v. H. Diem u. W. Rest, 3 Bde, 2. Aufl. Köln 1968. – Werkausgabe (Auswahl), hg. v. E. Hirsch u. H. Gerdes, 2 Bde, Düsseldorf 1971. – Bibliographie: R. Jolivet, Kierkegaard (Bibl. Einf. in das Stud. d. Phil., hg. v. J. M. Bochenski, 4) Bern 1948; J. Himmelstrup, Sören Kirkegaard. International Bibliografi, Kopenhagen 1962.

Lambert, Johann Heinrich (1728–1777): Philosophische Schriften, hg. v. H.-W. Arndt, 10 Bde, Hildesheim 1965 ff. (bisher 6 Bde erschienen).

Leibniz, Gottfried Wilhelm (1646–1716): Sämtliche Schriften und Briefe, hg. v. d. Deutschen Akademie der Wissenschaften zu Berlin, dem Leibniz-Archiv der Niedersächsischen Landesbibliothek Hannover und der Leibniz-Forschungsstelle der Westfälischen Wilhelms-Universität Münster, Berlin 1924 ff. Auf 40 Bde berechnet, davon bisher ca. 14 Bde erschienen. Reihe 2: Philosophischer Briefwechsel; Reihe 6: Philosophische Schriften. Die maßgebliche „Akademie-Ausgabe“. – Die philosophischen Schriften, hg. v. C. J. Gerhardt, 7 Bde, Leipzig 1875–1890, Nachdruck Hildesheim 1960/1961 (Olms Paperbacks). – Hauptschriften zur Grundlegung der Philosophie, übers. v. A. Buchenau, hg. v. E. Cassirer, 5 Bde, Leipzig 1904–1906, 3. Aufl. in 2 Bdn, Hamburg 1966. Ausgabe der Philosophischen Bibliothek Meiner. – Opera philosophica quae extant Latina, Gallica, Germanica omnia, hg. v. J. E. Erdmann, 1840, Nachdruck (ergänzt und eingeleitet v. R. Vollbrecht) Aalen 1958. – Oeuvres, hg. v. A. Foucher de Careil, 7 Bde, Paris 1859–1875, Nachdruck Hildesheim 1969. – Opera omnia, hg. v. L. Dutens, 6 Bde, Genf 1768. Die erste Gesamtausgabe, Nachdruck Hildesheim in Vorb. Dazu: Thesaurus Leibnitianus. Vollständiger Index zu G. W. Leibniz, Philosophische Schriften (ed. Gerhardt) und Mathematische Schriften (ed. Gerhardt, 7 Bde), hg. v. G. Martin, Hildesheim 1969 ff. Auf 14 Bde berechneter Computerindex zur Gerhardt-Ausgabe. K. Müller, Leibniz-Bibliographie, Frankfurt a. M. 1967; E. Ravier, Bibliographie des oeuvres de Leibniz, Paris 1937.

Lichtenberg, Georg Christoph (1742–1799): Schriften und Briefe, hg. v. W. Promies, 4 Bde, München 1967 ff. – Vermischte Schriften, hg. v. L. Ch. Lichtenberg u. F. Kries, 9 Bde, Göttingen 1800–1806. Die erste Gesamtausgabe. – Gesammelte Werke, hg. v. W. Grenzmann, 2 Bde, Frankfurt a. M. 1949.

Locke, John (1632–1704): The works, 10 Bde, London 1823, Nachdruck Aalen 1963.

Lukács, Georg (geb. 1885): Werke, 15 Bde, Neuwied 1962 ff.

Lullus, Raymundus (ca. 1235–1315): Opera omnia, hg. v. I. Salzinger, Bde I–VI und IX–X, Mainz 1721–1742, Nachdruck Frankfurt a. M. 1964 (Bände VII und VIII nicht erschienen). – Obras completas, hg. v. J. Rosello und M. Obrador y Benassar, 18 Bde, Palma di Majorca 1901–1935. — Dazu M. Batllori, Introducción bibliografica a los estudios lulianos, Palma 1945.

Maimon, Salomon (1753–1800): Gesammelte Werke, hg. v.

V. Verra, 6 Bde Hildesheim 1965 ff. Bisher 3 Bde erschienen.

Maine de Biran, François Pierre (1766–1824): Oeuvres philosophiques, hg. v. V. Cousin, 4 Bde, Paris 1834–1841. – Oeuvres, hg. v. P. Tisserand, 14 Bde, Paris 1922–1949.

Malebranche, Nicole (1638–1715): Oeuvres, 20 Bde, Paris 1958–1967. Repräsentative Ausgabe der Bibliothèque des Textes Philosophiques, hg. v. H. Gouhier. Bd 20 von A. Robinet: Malebranche vivant, Biographie, Bibliographie. Dazu G. Sebba, Nicole Malebranche, 1638–1715. A preliminary bibliography; Athens, Georgia 1959.

Marx, Karl (1818–1883) und *Friedrich Engels* (1820–1895): Werke, hg. v. Institut für Marxismus-Leninismus beim ZK der SED nach der vom Institut für Marxismus-Leninismus beim ZK der KPdSU besorgten 2. russischen Ausgabe 39 in 41 Bdn nebst 2 Erg.-Bdn, Berlin 1960–1968. Einzelne Bde in versch. Aufl. (seit den fünfziger Jahren). – Ausgewählte Schriften, 2 Bde, 18. Aufl. Berlin 1970. — Marx-Engels Studienausgabe, hg. v. I. Fetscher, 4 Bde, Frankfurt a. M. 1966. Ausgabe der Fischer-Bücherei. – Karl Marx, Werke, Schriften, Briefe. Neue Studienausgabe in 8 Bdn, hg. v. H. J. Lieber, Stuttgart 1960 ff. Dazu M. Klien u. a., Marx-Engels-Verzeichnis. Werke, Schriften, Artikel, 2. Aufl. Berlin 1968.

Meinong, Alexius von (1853–1920): Gesamtausgabe, hg. v. R. Haller und R. Kindinger, Graz. Auf 7 Bde berechnete Nachdruckausgabe, vermehrt um unveröffentlichte Schriften aus dem Nachlaß.

Melanchthon, Philipp (1497–1560): Opera, hg. v. C. Pencer, 4 Bde, Wittenberg 1562–1564. – Opera, in: Corpus Reformatorum, hg. v. C. G. Bretschneider und H. E. Bindseil, 28 Bde, Halle 1834–1860, Nachdruck Frankfurt a. M. 1964. Dazu Supplementa Melanchthoniana, hg. v. d. Melanchthon-Kommission des Vereins für Reformationsgeschichte durch O. Clemen u. a., 6 Bde, 1910–1929, Nachdruck Frankfurt a. M. 1967. – Werke, Studienausgabe, hg. v. R. Stupperich u. a., auf 8 in 9 Bdn berechnet, Gütersloh 1951 ff.

Mendelssohn, Moses (1729–1786): Schriften zur Philosophie, Ästhetik und Apologetik, 2 Bde, hg. v. M. Brasch, Leipzig 1880, Nachdruck Hildesheim 1968. – Gesammelte Schriften. Jubiläumsausgabe, hg. v. I. Elbogen, J. Guttmann und E. Mittwoch, Berlin 1929 ff. Erschienen sind Bd 1, 1929; Bd 2, 1931; Bd 3/1, 1932; Bd 7; Bd 11 (Briefwechsel I), 1932; Bd 14; Bd 16 (Hebräische Schriften III, Briefwechsel), 1929. Fortgesetzt v. F. Bamberger u. a., Stuttg.-Bad Cannstatt 1971 ff. — Gesammelte Schriften, hg. v. G. B. Mendelssohn, 7 in 8 Bdn, Leipzig 1843—1845. — Dazu H. Meyer, Moses Mendelssohn-Bibliographie, Berlin 1966.

Menéndez y Pelayo, Marcelino (1856–1912): Obras, 22 Bde, Madrid 1883–1908. – Obras completas, 13 Bde, Madrid 1911–1924. – Editión nacional de las obras completas, 62 Bde, Santander 1940–1955.

Mill, John Stuart (1806–1873): The collected works, hg. v. R. E. L. Priestley, London 1963 ff. Auf 20 Bde berechnete Gesamtausgabe. – Gesammelte Werke, übers. u. hg. v. Th. Gomperz, 12 Bde, Leipzig 1869–1880, Nachdruck Aalen 1968. Autorisierte deutsche Ausgabe.

Montaigne, Michel Eyquem de (1533–1592): Oeuvres complètes, hg. v. A. Thibaudet und M. Rat, Paris 1962. Ausgabe der Bibliothèque de la Pléiade. – Oeuvres complètes, hg. v. Armaingaud, 12 Bde, Paris 1924–1928. – Gesammelte Schriften, hg. v. O. Flake und W. Weigand, 8 Bde, 1. u. 2. Aufl. München 1908–1915. Deutsche historisch-kritische Ausg. auf der Grundlage der Übers. von J. Bode.

Montesquieu, Charles de Secondat, Baron de (1689–1755): Oeuvres complètes, hg. v. E. Laboulaye, 7 Bde, Paris 1875–1879. – Oeuvres complètes, 2 Bde, Paris o. J. Ausgabe der Bibliothèque de la Pléiade. – Oeuvres complètes,

Paris 1964, Ausgabe des Verlages Seuil. – Sämtliche Werke, deutsch, Stuttgart 1827.

More, Henry (1614–1687): Opera omnia, 3 Bde, London 1674–1679. Nachdruck Hildesheim 1966.

More (Morus), Thomas (1478–1535), Opera omnia latina, Löwen 1516, dann: Frankfurt und Leipzig 1689, Nachdruck Frankfurt a. M. 1963. – The complete works, hg. v. R. S. Sylvester, New Haven-London 1963 ff. Auf 14 Bde geplante historisch-kritische Ausgabe. – English works, hg. v. W. Rastell, London 1557; neu hg. v. W. E. Campbell, A. W. Reed und R. W. Chambers, 2 Bde (von 7 geplanten), London 1927–1931. – Th. More's Selected works, New Haven 1961 ff. Auf 7 Bände berechnete Auswahl. – Briefe, hg. v. E. F. Rogers, Princeton 1947, auch in: Th. More's Selected works, New Haven 1961.

Mounier, Emmanuel (1905–1950): Oeuvres, 3 Bde, Paris 1961–1963.

Nelson, Leonard, Sämtliche Werke, Frankfurt 1962 ff. Bisher erschienen Bde 6 und 7.

Nicole, Pierre (1625–1695): Oeuvres philosophiques et morales, hg. v. C. Jourdain, Paris 1845, Nachdruck Hildesheim 1969.

Nietzsche, Friedrich (1844–1900): Werke. Kritische Gesamtausgabe, hg. v. G. Colli und M. Montinari, Berlin 1967 ff. Auf ca. 30 Bände berechnete Ausgabe in 8 Abteilungen. – Gesammelte Werke, Musarion-Ausgabe in 23 Bdn, München 1920–1929. – Werke in 19 Bdn, 1895–1913. Die „große" Kröner-Gesamtausgabe. Dazu Band 20: Nietzsche-Register, bearb. v. R. Oehler, 1926. – Sämtliche Werke in 12 Bdn, Stuttgart 1965 ff. Die „kleine" Kröner-Ausgabe mit Oehlerschem Register. – Werke in 3 Bdn, hg. v. K. Schlechta, 2. u. 3. Aufl. München 1960–1962. Dazu Nietzsche-Index, 2. Aufl. München 1967. – Werke und Briefe. Historisch-kritische Gesamtausgabe (5 und 4 Bde), hg. v. der Stiftung Nietzsche-Archiv, München 1932–1942. –

Studienausgabe hg. v. H. H. Holz, 4 Bde, Frankfurt a. M. 1968. – Dazu: H. W. Reichert u. K. Schlechta, International Nietzsche-Bibliography, Chapel Hill 1960. 3973 Titel.

Ockham, Wilhelm von (ca. 1290–1349): Opera plurima, 4 Bde, Lyon 1494–1496, Nachdruck Farnborough 1962. – Philosophical writings, a selection, hg. u. ins Englische übers. v. Ph. Boehner, London-Edingburgh 1957. – Opera politica, hg. v. J. G. Sikes u. a., Manchester 1940. Dazu L. Baudry, Lexique de Guillaume d'Ockham. Etude des notions fondamentales, Paris 1958.

Ortega y Gasset, José (1883–1955): Obras completas, hg. (von ihm selbst durch) Revista de Occidente, 9 Bde, Madrid 1946–1962. Die einzelnen Bde sind in verschiedenen Auflagen nachgedruckt. – Gesammelte Werke, 4 Bde, Stuttgart 1954–1956. Deutsche Übersetzungen auf der Grundlage der span. Originalausgabe.

Palágyi, Melchior (1859–1924): Ausgewählte Werke, 3 Bde, 1924/1925.

Pascal, Blaise (1623–1662): Oeuvres complètes, hg. v. J. Chevalier Paris 1960. Ausgabe der Bibliothèque de la pléiade. – Oeuvres complètes, hg. v. L. Brunschvicg, E. Boutroux und F. Gazier, 14 Bde, Paris 1908–1923. Gesamtausgabe mit Biographieband. Dazu A. Maire, Bibliographie générale, 5 Bde, 1925 ff.

Peirce, Charles Sanders (1839–1914): Collected Papers, hg. v. Ch. Hartshorne und P. Weiss, 8 in 4 Bdn, Cambridge, Mass. 1931–1958, 2. Ausgabe 1965–1966. – Schriften, hg. v. K.-O. Apelt, 2 Bde, Frankfurt a. M. 1967 ff. Deutsche Ausgabe in der Reihe „Theorie I“ (bisher erschien nur Bd 1).

Philon von Alexandrien (ca. 25 v. Chr.–50): Philonis Alexandrini opera quae supersunt, hg. v. L. Cohn und P. Wendland, 7 Bde, Berlin 1896–1930, Nachdruck Berlin 1962. Die kritische „editio maior“ der griechischen Texte. – Opera quae supersunt. Editio minor, hg. v. L. Cohn und P. Wendland, 6 Bde, Berlin 1896–1915. Nachdruck Berlin

1962. Die „kleine“ Textausgabe. – Werke in deutscher Übersetzung von L. Cohn, I. Heinemann, M. Adler und W. Theiler, 7 Bde, 2. Aufl. Berlin 1962–1964 (zuerst Breslau 1909–1938).

Pico della Mirandola, Giovanni (1463–1494): Opera, 2 Bde, Bologna 1496. – Opera omnia Joannis et J. F. Pici, Basel 1557–1573, 2 Bde, Nachdruck (hg. v. C. Vasoli) Hildesheim 1969. Ausgabe der Werke beider Mirandola. – De hominis dignitate, Heptaplus, De ente et uno e scritti vari, hg. v. E. Garin, Florenz 1943. Ausgabe der Reihe „Edizione nazionale dei classici del pensiero italiano“ I.

Platon (427–347): Opera, hg. v. J. Burnet, 5 Bde, Oxford 1899–1906. Neudruck 5 in 6 Bdn, Oxford 1924. Die kritische Gesamtausgabe des griechischen Textes. – Sämtliche Werke, hg. v. W. F. Otto, E. Grassi und G. Plamböck, 6 Bde, 6.–12. Aufl. Hamburg-Reinbek 1966–1968. Die preiswerte Studienausgabe auf der Grundlage der Übersetzung Schleiermachers mit der zu zitierenden Seitenzählung der Ausgabe des H. Stephanus (3 Bde, Paris 1578) in der Reihe Rowohlts Klassiker der Literatur und der Wissenschaft. – Werke, hg. v. O. Apelt, Hamburg 1955 ff. Die z. T. zweisprachige Studienausgabe der Philosophischen Bibliothek Meiner in 7 Bdn. – Sämtliche Werke, hg. v. E. Loewenthal, 3 Bde, 5. Aufl. Köln 1967. Deutsche Ausgabe in der Übersetzung verschiedener Autoren. – Ausgabe der „Bibliothek der Alten Welt“, 5 Bde, Zürich 1.–2. Aufl. 1950–1967. Dazu die „echten“ Briefe griechisch-deutsch, Zürich 1951. – Platon-Studienausgabe, griechisch und deutsch, hg. v. G. Eigler u. a., Darmstadt 1970 ff. Auf 8 Bde in 9 berechnet; bisher erschienen: Bd 6. Dazu O. Apelt, Platonindex als Gesamregister zu der Übersetzung in der Phil. Bibl. Meiner, 2. Aufl. Leipzig 1923; G. A. Fr. Ast, Lexicon Platonicum, 2 Bde Leipzig 1825, 2. Aufl. 3 in 2 Bdn Leipzig 1835–1838 (Nachdruck Bonn 1956). O. Gigon, Platon (Bibl. Einf. in das Studium der Phil., hg. v. I. M. Bochenski, 12) Bern 1950; E. M. Manasse, Platonliteratur 1957–1961 (Philosophische Rundschau, Beiheft 1–2), 2 Bde Tübingen 1957–1961.

Plotin (ca. 205–270): Opera, hg. v. E. Bréhier, 5 Bde, Paris 1924–1931 und öfter. Maßgebliche griechische Textausgabe, jetzt ersetzt durch Opera, hg. v. P. Henry u. H. R. Schwyzer, Paris 1951 ff. – Schriften in chronologischer Reihenfolge, übers. v. R. Harder. Neubearbeitung mit griechischem Lesetext und Anmerkungen ab Bd II, hg. v. R. Beutler und W. Theiler, 5 Bde, Hamburg 1956 ff. Die Studienausgabe der Philosophischen Bibliothek Meiner auf der Grundlage der älteren Ausgabe Harders. Anhangband: Prophyrios, Über Plotins Leben und über die Ordnung seiner Schriften, hg. v. W. Marg, Hamburg 1958. Indexband in Vorb. – Dazu B. Mariën, Bibliografia critica degli studi platoniani con rassegna delle loro recensioni, Bari 1949.

Plutarch (ca. 46–125): Moralia, 7 Bde, Stuttgart 1959 ff. Maßgebliche Ausgabe des griechischen Textes auf der Grundlage der 7bändigen Ausgabe der Bibliothek Teubner von 1925 ff. Dazu Plutarchs Vitae parallelae in 2 Bdn, Stuttgart 1960 ff. – Ausgabe der Bibliothek der Alten Welt, übers. v. K. Ziegler, B. Snell und W. Wuhrmann, 8 Bde, Zürich 1952 ff.

Proklos (410–485): Opera, hg. v. V. Cousin, 6 Bde, Paris 1819–1827, 2. Ausg. „Opera omnia“, Paris 1864.

Proudhon, Pierre Joseph (1809–1865): Oeuvres complètes, 26 Bde, Paris 1867–1870. – Oeuvres complètes, neu hg. v. C. C. A. Bouglé und H. Moysset, 11 Bde, Paris 1923–1932. Die maßgebliche französische Ausgabe. – Ausgewählte Schriften, hg. v. A. Ruge u. A. Darimon, 3 Bde, 1850/1851, Nachdruck Aalen 1970.

Reid, Thomas (1710–1796): Philosophical works, hg. v. W. Hamilton, Edinburgh 1846, 8. Aufl. in 2 Bdn, Edinburgh 1895, Nachdruck dieser Ausgabe Hildesheim 1967.

Rousseau, Jean Jacques (1712–1778): Oeuvres, 13 Bde Paris 1864–1865. – Oeuvres complètes, 3 Bde, hg. v. B. Gagnebin u. a. Paris 1959—1964. Ausgabe der Bibliothèque de la pléiade. – Werke deutsch, hg. v. F. K. Cramer, 11 Bde, Berlin (Bd 11: Leipzig) 1786–1799. 10 Bde, Leipzig 1854. – Correspondence générale, hg. v. Th. Dufour, Paris 1963 ff. Auf 20 Bde berechnete Ausgabe der Briefe.

Scheler, Max (1874–1928): Gesammelte Werke, hg. v. Maria Scheler, Bern - München 1955 ff. Auf 13 Bde berechnete Gesamtausgabe. Dazu: W. Hartmann, Max Scheler Bibliographie, Stuttg.-Bad Cannstatt 1963, 1031 Titel.

Schelling, Friedrich Wilhelm Joseph von (1775–1854): Werke, nach der Originalausgabe (von K. F. A. Schelling, s. u.) in neuer Anordnung hg. von M. Schröter, 13 Bde, München 1964. Unveränderter Nachdruck der 1927–1946 erschienenen Münchner Jubiläumsausgabe. – Sämtliche Werke, hg. v. K. F. A. Schelling, 14 Bde in 2 Abteilungen, Stuttgart-Augsburg 1856–1861. Nachdruck der 1. Abteilung in 10 Bdn Darmstadt 1966—1968. — Dazu G. Schneeberger, Friedrich Wilhelm Joseph von Schelling. Eine Bibliographie, Bern 1954. 1012 numerierte Titel und Namenregister. – J. Jost, F. W. J. von Schelling. Bibliographie der Schriften von ihm und über ihn, Bonn 1927. 273 numerierte Titel und Register.

Schlegel, Friedrich von (1772–1829): Kritische Ausgabe, hg. v. E. Behler, J.-J. Anstett und H. Eichner, Paderborn - Zürich 1958 ff. Auf 35 Bde berechnete Gesamtausgabe. – Sämtliche Werke, 10 Bde, Wien 1822–1825. Erste Ausgabe eigener Hand. 2. Ausg. in 15 Bdn, Wien 1845–1846. – Kritische Schriften, hg. v. W. Rasch, 2. Aufl. München 1964.

Schleiermacher, Friedrich Ernst Daniel (1768–1834): Gesamtausgabe der Werke (3. Abt.: Philosophie und vermischte Schriften), Berlin 1835–1864. – Studienausgabe, hg. v. H.-H. Groothoff. Auf 3–4 Bde berechnete Ausgabe der Wissenschaftlichen Buchgesellschaft Darmstadt, noch in Subskription. Werke, Auswahlausgabe in 4 Bdn, hg. v. O.

Braun u. J. Bauer, Leipzig 1910–1913. – Dazu T. N. Tice, Schleiermacher-Bibliography, Princeton, N.J. 1966.

Schopenhauer, Arthur (1788–1860): Sämtliche Werke. Nach der ersten v. J. Frauenstädt besorgten Gesamtausgabe neu bearb. u. hg. v. A. Hübscher, 7 Bde, 2. Aufl. Wiesbaden 1947–1950. Neudruck 1965. Dazu: Der handschriftliche Nachlaß, vollständige historisch-kritische Ausgabe in 5 Bdn, hg. v. A. Hübscher, Frankfurt a. M. 1966–1968. – Sämtliche Werke, hg. v. W. v. Löhneysen, 5 Bde, Frankfurt a. M. 1960–1965. – Dazu J. Frauenstädt, Schopenhauer-Lexikon. Ein philosophisches Wörterbuch nach A. Schopenhauers sämtlichen Schriften und handschriftlichem Nachlaß, Leipzig 1871; W. L. Hertslet, Schopenhauer-Register, Leipzig 1890; G. F. Wagner, Encyklopädisches Register zu Schopenhauers Werken, Karlsruhe 1909. Nachdruck hg. v. A. Hübscher, 2. Aufl. Stuttgart-Bad Cannstatt 1960.

Seneca, Lucius Annaeus d. Ä. (ca. 4 v. Chr.–65): Philosophische Schriften, 3 Bde und Suppl., Leipzig 1905–1921. Lateinische Textausgabe der Bibliotheca Teubneriana. – Scripta quae manserunt, hg. v. H. J. Müller, Wien 1887, Nachdruck Hildesheim 1963. – Ausgewählte Werke in fünf Bdn, übers. u. hg. v. H. M. Endres, München 1959 ff. (Goldmanns Gelbe Taschenbücher). – Philosophische Schriften, lateinisch und deutsch, hg. u. übers. v. M. Rosenbach, Darmstadt 1969 ff. Auf 5 Bde berechnet, 1. Band erschienen. – Philosophische Schriften, hg. v. O. Apelt, 3 in 4 Bdn, Leipzig 1923–1924. – A. L. Motto, Guide to the Thought of L. A. Seneca, Amsterdam 1970.

Spann, Othmar (1878–1950): Gesamtausgabe, hg. v. W. Heinrich, H. Riehl, R. Spann und F. A. Westphalen, Graz 1963 ff. Auf 22 Bde berechnete Gesamtausgabe.

Spencer, Herbert (1820–1903): The works, 21 Bde, 1904, Nachdruck Osnabrück 1966. Autorisierte deutsche Ausgabe des Hauptwerkes unter dem Titel: System der synthetischen Philosophie, übers. v. B. Vetter und J. V. Carus, 11 Bde, Stuttgart o. J.

Spinoza, Benedikt (1632–1677): Opera quotquot reperta sunt, hg. v. J. van Vloten und J. P. N. Land, 2 Bde, Den Haag 1882/1883, auch Neudruck. – Opera, im Auftrag der Heidelberger Akademie der Wissenschaften hg. v. C. Gebhardt, 4 Bde, Heidelberg 1925. – Werke, hg. v. C. Gebhardt u. a., 3 Bde Hamburg 1965–1967. Ausgabe der Phil. Bibl. Meiner, teilweise in dt. Übersetzung. — Opera (Werke), lateinisch und deutsch, hg. v. K. Blumenstock, 4 Bde, Darmstadt 1967 ff. Bisher erschien Bd 2. — E. G. Boscherini, Lexicon Spinozanum, 2 Bde Den Haag 1970. — J. Wetlesen, A Spinoza Bibliography 1940—1967, Folkestone, Kent 1968. A. S. Oko, The Spinoza Bibliography, Boston 1964.

Suarez, Franz (1548–1617): Opera omnia, hg. v. C. C. Berton und M. André, 26 Bde nebst 2 Indexbdn, Paris 1856–1877.

Theophrastus Eresius (ca 372–288): Opera omnia, hg. v. F. Wimmer, Paris 1866, Nachdruck Frankfurt a. M. 1963. Griechische Textausgabe in 1 Bd. Die Ausgabe von F. Wimmer auch in 3 Bdn, Leipzig 1854–1862.

Teilhard de Chardin, Pierre (1881–1955): Oeuvres, 9 Bde Paris 1955–1956. – Werke hg. unter Leitung von J. Bernhart, 7 Bde, Freiburg i. Br. 1962 ff. Dazu L. Polgár, Internationale Teilhard-Bibliographie 1955–1965, Freiburg i. Br. 1965.

Thomas von Aquin (1225–1274): Opera, iussu Pii V., 18 Bde, Rom 1570–1571. Sog. Editio Piana. – Opera omnia, 26 Bde, Parma 1852–1872. Nachdruck New York 1948 ff. – Opera omnia, Rom 1882 ff. Auf Anordnung von Papst Leo XIII., sog. Editio Leonina, bisher 65 Bde. – Opera omnia, hg. v. E. Fretté u. P. Maré, 34 Bde, Paris 1871–1880 und 1889–1890. Nach dem Verleger „Vivès-Ausgabe" genannt. – Ausgabe (des Verlages) Marietti, Rom-Turin 1950 ff. Maßgebliche lateinische Gesamtausgabe ohne eigene Bandzählung. – Summa Theologica. Vollständige ungekürzte deutsch-lateinische Ausgabe, hg. v. der Albertus-Magnus-Akademie Walberberg, 26 Bde nebst 2 Erg.-Bdn (bisher erschienen 13 Bde), Salzburg-Leipzig (jetzt: Heidelberg-Graz) seit 1934. – Einzelne Bde schon in 3. Aufl. Sog. deutsche Thomas-Ausgabe. – Dazu Petrus a Bergomo, Tabula Aurea (Index universalis in omnia opera D. Thomae de Aquino), Bologna 1475, auch Basel 1478 u. ö. Lexikon zu sämtlichen Begriffen, Teilabdruck auch als Indexband der neueren großen Thomas-Ausgaben; L. Schütz, Thomas-Lexikon, 2. Aufl. Paderborn 1895. Nachdruck Stuttgart-Bad Cannstatt 1959; R. J. Deferrari u. M. J. Barry, A Lexicon of St. Thomas Aquinas based on the Summa Theologica and selected passages of his other works, Baltimore 1956. – *Bibliographie:* P. Wyser, Thomas von Aquin (Bibl. Einf. in d. Stud. d. Phil., hg. v. I. M. Bochenski, 13/14), Bern 1950; ders., Der Thomismus (Bibl. Einf. 15/16), Bern 1951; P. Mandonnet und J. Destrez, Bibliographie thomiste, 2. ergänzte Aufl. hg. v. M.-D. Chenu, Paris 1960.

Vico, Giambattista (1668–1744): Opere, 11 (unnumerierte) Bde, Bari 1914–1953. Gesamtausgabe in der Reihe Scritti d'Italia. – Opere, hg. v. Pomodoro, 8 Bde, 1858–1869. – Dazu: B. Croce, Bibliografia Vichiana, Neapel 1904–1936.

Vives, Johannes Ludovicus (1492–1540): Opera omnia, 8 Bde, Valencia 1782–1790, Nachdruck London 1964.

Voltaire (eigentl. Arouet le jeune), François Marie (1694–1778): Oeuvres, hg. v. Decroix, Beaumarchais (als Verleger) u. Condorcet, 71 Bde, Kehl (auch Basel) 1784–1790, Nachdruck Gotha 1784–1790. Die berühmte erste Gesamtausgabe. – Oeuvres, hg. v. Beuchot, 72 Bde, Paris 1829–1834. – Oeuvres, hg. v. Moland, 52 Bde, Paris 1877–1885. – Deutsche Ausgabe, übers. v. Mylius, 29 Bde, 1783–1791. Dazu Th. Bestermann, Travaux sur Voltaire et le 18e siècle, Genf 1955 ff. M. M. H. Barr, 40 années d'études voltairiennes (1926—1965), Paris 1968.

Wittgenstein, Ludwig (1889–1951): Schriften, 2 Bde, Frankfurt a. M. 1960–1964.

Wolff, Christian (1679–1754): Werke, neu hg. und bearb. v.

J. Ecole, J. E. Hofmann, M. Thomann und H. W. Arndt, 47 Bde in 2 Abteilungen: I. Gesammelte deutsche Schriften (11 Bde), II: Gesammelte lateinische Schriften (36 Bde), Hildesheim 1962 ff. Gesamtausgabe auf Nachdruckbasis der Originalwerke. Dazu H. A. Meissner, Philosophisches Lexikon aus Chr. Wolffs sämtlichen deutschen Schriften, Bayreuth-Hof 1738. Nachdruck in Instr. Phil. Ser. Lex. III, Düsseldorf 1971.

10. Literargeschichte der Philosophie

Sehr lange und bis heute wurde und wird die sog. Philosophiegeschichte, wie sie sich in den entsprechenden Büchern darbietet, ausschließlich als historische Erforschung der Entwicklung der Philosophie mißverstanden. Solche historische Forschung gibt es auch und sie wird vor allem unter geistesgeschichtlichem Aspekt betrieben.

In der Tat handelt es sich jedoch meistens um die sehr alte Gattung der sog. Literargeschichte oder – mit dem älteren, heute ungebräuchlich gewordenen Namen – Literärgeschichte. Diese ist nach vormodernem Verständnis noch etwa des 17. und 18. Jahrhunderts die nicht-systematische Kunde von den Literaturen, also Bücherkunde im eigentlichen Sinne.

Dafür bestand immer ein großes Interesse, und die Gattung war und ist für die Wissensvermittlung unentbehrlich. Jedoch erhielt der Titel im Zuge der Verwissenschaftlichung der „Geschichte“ in der Neuzeit eine neue Bedeutung: die „Literargeschichte“ wurde zur „Literaturgeschichte“, die nicht mehr nur auf die Darbietung der literarischen Materialien, sondern auf die Erforschung ihres geistesgeschichtlichen Zusammenhanges ausgerichtet war. Zu großen Teilen ist dabei das, was die Literargeschichte bot, in andere Gattungen übergegangen: zunächst in die moderne Bibliographie selber, dann in die Lexika und Enzyklopädien. Zu einem bedeutenden Teil hat sich der alte Gehalt aber auch mit der modernen Literaturgeschichte verbunden, ja es hat den Anschein, als erlebte in ihr die alte Literargeschichte eine Renaissance. Denn mehr und mehr werden die repräsentativen Literaturgeschichten aller Disziplinen zum Sammelbecken von Literaturverzeichnissen im Anschluß an die geschichtliche Darstellung der Epochen und Persönlichkeiten. Und eben dies war auch das Wesen der alten Literargeschichte.

Auf die Philosophiegeschichte und ihre Literatur, insbesondere die einzelnen Epochen, ist im entsprechenden Abschnitt der speziellen Bücherkunde noch besonders einzugehen. Gleichwohl seien hier zum Abschluß und zur Vervollständigung dieses bibliographischen Teils auch die unter dem Titel der Literaturgeschichte oder Literargeschichte wichtigen und bibliographisch ergiebigen Bücher genannt. Ihr Kennzeichen, das sei wiederholt, ist überall, daß sie ohne systematisch-architektonischen Zwang mit beliebiger Vollständigkeit die Literatur zu allen möglichen philosophisch relevanten Topoi bringen können: zur ganzen Philosophiegeschichte, zu einzelnen Epochen, zu einzelnen Denkern, zu bestimmten Problemen, „Dogmen“, Begriffen oder Disziplinen; und dies gewöhnlich in der sehr zweckmäßigen Unterscheidung der Primär- und Sekundärliteratur. Hier beschränken wir uns auf die „allgemeinen“ philosophischen Literargeschichten; die speziellen werden an entsprechender Stelle aufgeführt.

Friedrich Ueberweg, Grundriß der Geschichte der Philosophie. 5 Bde, 11.–12. Aufl. Berlin 1923–1928. I. Die Philosophie des Altertums, hg. v. K. Praechter, 12. Aufl. 1926 (Nachdruck Basel - Stuttgart 1967); II. Die patristische und scholastische Philosophie, hg. v. B. Geyer, 11. Aufl. 1928 (Nachdruck 1967); III. Die Neuzeit bis zum Ende des 18. Jh., hg. v. M. Frischeisen-Köhler und W. Moog, 12. Aufl. 1924 (Nachdruck 1961); IV. Das 19. Jh. und die Gegenwart, hg. v. Tr. K. Oesterreich, 12. Aufl. 1923 (Nachdruck 1951); V. Die Philosophie des Auslandes vom Beginn des 19. Jh. bis auf die Gegenwart, hg. v. Tr. K. Oesterreich, Berlin 1928 (Nachdruck 1953). Standardwerk der philosophischen Literargeschichte. Bringt im Hauptteil Darstellung und Auszüge aus den Autoren und die Bibliographie der Primärliteratur (Werke, Gesamtausgaben), im Anhang die

Sekundärliteratur über die Epochen und Autoren. Maßgebliche Quelle bis zum Erscheinungszeitpunkt. Eine völlige Neubearbeitung des Werkes, jetzt in 7 Bdn, ist seit langem im Gange.

W. Totok, Handbuch der Geschichte der Philosophie, 3 Bde, Frankfurt a. M. 1964 ff. I. Altertum (indische, chinesische, griechisch-römische Philosophie), 1963; II/1 Mittelalter, 1970; II/2 (frühe Neuzeit) und III. Neuzeit, in Vorb. Echte Literargeschichte im alten Stil, vollständigste Bibliographie für die Zeit nach 1920, innerhalb der Epochen nach Klassikern gegliedert, mit Verfasser- und Sachregister.

W. Windelband, Lehrbuch der Geschichte der Philosophie, *bearb. v. H. Heimsoeth,* 15. Aufl. Tübingen 1957. Standardwerk der problem- bzw. dogmengeschichtlichen Darstellung der Philosophiegeschichte mit ausführlicher Bibliographie zu jedem Kapitel und einem neuen Schlußkapitel: „Die Philosophie im 20. Jahrhundert" u. e. Übersicht über den Stand der philosophiegeschichtlichen Forschung, bearb. v. H. Heimsoeth, mit wertvollem bibliographischem Anhang.

K. Vorländer, Geschichte der Philosophie, 3 Bde, 7. Aufl. Hamburg 1927 (1. Bd Altertum und Mittelalter, 8. Aufl. Hamburg 1939, 9. Aufl. bearb. v. E. Metzke mit Schlußkapitel von E. Hoffmann, Hamburg 1949; 2. Bd Die Philosophie der Neuzeit bis Kant, 9. Aufl. bearbeitet und mit Literaturübersichten versehen v. H. Knittermeyer, Hamburg 1955; 3. Bd 19. Jahrhundert und Gegenwart, bearb. v. L. Geldsetzer, in Vorb.). Die Bde 1 u. 2 in gekürzter Ausgabe mit Textanhang und bearb. Bibliographie in 5 Bdn finden sich in der Reihe Rowohlts Enzyklopädie, Hamburg-Reinbek 1963—1966. Geschätzte Studienausgabe mit aktueller Sekundärliteratur, für die Zeit nach Kant ergänzt durch bearb. Teilausgaben von J. Ed. Erdmanns „Philosophie der Neuzeit", bisher Bd. VI u. VII, Hamburg-Reinbek 1971.

Geschichte der Philosophie, hg. v. d. Akademie der Wiss. d.

UdSSR, bearb. v. M. A. Dynnik, M. T. Jowtschuk, B. M. Kedrow, M. B. Mitin, O. W. Trachtenberg u. a. 6 Bde, Moskau 1957–1967 (in russ. Sprache). Deutsche Ausgabe übers. v. M. Börner, K. Diessing u. a., bearb. v. R. O. Gropp, H. u. M. Simon, G. Mehnert, G. Stiehler u. a., 6 Bde, Berlin 1961–1967, 2. u. 3. Aufl. Berlin 1961–1969. Repräsentative marxistische Philosophiegeschichtsdarstellung mit bibliographischen Anhängen in Bd 1 (2. Aufl. 1961, S. 640–690), Bd 3 (1961, S. 575–722), Bd 4 (1962, S. 547–602) und Bd 6, (1961 S. 830–942). Gliederung der Bibliographie nach Klassikern des Marxismus-Leninismus sowie marxistischer und nichtmarxistischer Literatur.

G. Kafka (Hg.), Geschichte der Philosophie in Einzeldarstellungen, 37 Bde, München 1921–1933 (Bd 12/13 nicht erschienen). Nachdruck Nendeln, Liechtenstein in Vorb. Noch lehrreiche, aber im einzelnen überholte Monographien über philosophiegeschichtliche Epochen und einzelne Philosophen.

A. Rivaud, Histoire de la philosophie, 5 Teile in 6 Bdn, Paris 1950–1968. 1. Bd in 2. Aufl. 1960, bearb. v. G. Varet: Des origines à la scolastique; 2. Bd De la scolastique à l'époque classique, 1950; 3. Bd L'époque classique 1950; 4. Bd Philosophie française et philosophie anglaise de 1700 à 1830, 1963; 5. Bd Teil I De l' Aufklärung à Schelling, 1968; 5. Bd Teil II De Hegel à Schopenhauer, 1968. Modernste französische Gesamtdarstellung der Philosophie (bisher bis Mitte 19. Jh.) mit bibliographischen Anhängen zu den einzelnen Abschnitten.

E. P. Lamanna, Storia della Filosofia, 5 Bde, 2. Aufl., Florenz 1965. Repräsentative italienische Philosophiegeschichtsdarstellung mit Bibliographie am Schluß jedes Bandes: Primär- und Sekundärliteratur zu den behandelten Autoren.

V. Ph. Gumposch, Die philosophische Literatur der Deutschen von 1400 bis auf unsere Tage (bis 1850), Regensburg 1851. Nachdruck in Instrumenta Philosophica Series Indices Librorum III, Düsseldorf 1966. Typische Literargeschichte alten Stils, bietet Literaturnotizen auch zu weniger bekannten Philosophen nach chronologischer und geographischer Anordnung.

Ernesti, Joh. A. Enzyklopädisches Handbuch einer allgemeinen Geschichte der Philosophie und ihrer Literatur, Lemgo 1807. Nachdruck in Instrumenta Philosophica Series Indices Librorum, Düsseldorf 1971. Umfassende bibliographische Bestandsaufnahme der Literatur bis zu jener Zeit im Anhang zu den einzelnen Kapiteln (bis Spätantike).

Joh. G. Buhle, Lehrbuch der Geschichte der Philosophie und einer kritischen Literatur derselben, 8 Bde, Göttingen 1796–1804. Gesamtdarstellung der Philosophiegeschichte mit Literaturanhängen bei den einzelnen Kapiteln, ca 2400 Titel enthaltend.

Joh. A. Ortloff, Handbuch der Literatur der Geschichte der Philosophie, Erlangen 1798. Nachdruck in Instrumenta Philosophica Series Indices Librorum III, Düsseldorf 1967. Bibliographische Übersicht über die zur Philosophiegeschichte bis Kant verfügbaren wiss. Hilfsmittel und Quellen.

Anhang: Zur wissenschaftlichen Arbeit

Es liegt nicht im Rahmen einer Literatur- und Quellenkunde, über die Benutzung und den tatsächlichen Umgang mit der Literatur und den Quellen Ratschläge zu erteilen. Auch glaubt man noch weithin gerne daran, daß sich dies durch genügend langen Aufenthalt im akademischen Milieu von selbst vermittele. Doch zeigt die Erfahrung, daß auf kaum einem Gebiet so viel aus eigenen Fehlern gelernt oder auch nicht gelernt wird. Deswegen seien wenigstens einige, wenn auch vielleicht subjektive, Schlußbemerkungen dazu sowie einige Hinweise auf die einschlägige Literatur beigefügt.

Wer sich ums Philosophieren bemüht, der hat mit drei Verführern zu rechnen, die uns ein christlicheres Zeitalter schon immer als die leibhaftigen Teufel an die Wand gemalt hat: die Unordnung, die „Schwachheit des Fleisches" und die privaten Offenbarungen.

Nun ist Ordnung weitgehend eine Sache des persönlichen Stils, und die meisten in dieser Hinsicht aufgestellten Regeln muß man für den Hausgebrauch adaptieren. Wie man seine Bücher aufstellt, um sie wiederzufinden, ob man Lesefrüchte und Einfälle auf Karteikarten, in Bücher oder sonstwo notiert, das muß man wohl für sich herausfinden. Die Hauptsache ist, daß man es mit Methode macht. Dazu gehören natürlich eine Reihe handwerklicher Kniffe, die man nicht hoch genug veranschlagen kann. Sie haben schon lange vor der Einführung der Exaktheit in die Naturwissenschaften die Grundlage der Gründ- und Pünktlichkeit, Akribie und Zuverlässigkeit der Geisteswissenschaften abgegeben. Übersichtlichkeit in der Anlage von Notizen und Exzerpten und erst recht in der Disposition eigener Artikulationen (bis hin zum Schriftbild der Handschrift), Genauigkeit und Vollständigkeit in der Datierung jedes Exzerptes und Zitates (Verfassernamen, ausführlicher Buchtitel, Erscheinungsort und -jahr, Bandzahl, Seitenangabe) sind unentbehrliche Erfordernisse, wenn man aus Literatur Nutzen ziehen will. Was man hier ersparen zu können meint, ist meist entweder verloren oder nur mit großem Aufwand wiederzufinden. Aber alle Technik kann nur ein Hilfsmittel sein. Worauf es eigentlich ankommt, ist, daß man auch in seinem Denken die rechte Ordnung schafft. Es genügt nicht zu lesen, zu notieren, zu sammeln, sondern man muß sich üben und gewöhnen, mit den Autoren in einen Dialog einzutreten. Philosophische Texte sind gewöhnlich nicht unterhaltsam. Man muß die Gedanken, nicht die Worte aufnehmen, indem man sie gleichsam ihrer Artikulation entkleidet und sie in andere sprachliche Gewänder steckt. Diesen Prozeß der Aneignung nannte man früher Meditation. In den alten hodegetischen Traktaten scheute man sich nicht, die Sache mit dem Kauen und Verdauen zu vergleichen, wie ja die Weisheit (sapientia) auch etymologisch einiges mit dem feinschmekkenden Genießen zu tun hat. Und um noch etwas im Bilde zu bleiben: Wie man nicht alles Eßbare verschlingen oder gar verdauen kann, geschweige denn zu allen Zeiten zu allem Appetit hat, so wird man sich auch beim Studium und bei der Lektüre bis zu einem bestimmten Grade vom „Appetit" bzw. vom Interesse und Engagement leiten lassen, welches der Aufmerksamkeit und dem aufnehmenden Gedächtnis erst die erforderliche Kraft verleiht, während Pflichtübungen und -lektüren allzu leicht spurlos dem Vergessen anheimfallen.

Man sollte also möglichst seine Interessen und die Ansätze zur Wißbegier, die man selbst noch in unserem informationsübersättigten Zeitalter bei sich findet, zum Kristallisationspunkt seiner Studien machen. Dann wird man sich alsbald darüber wundern, welch verzweigten Problem- und Interessenzusammenhang solche Ausgangsinteressen hervortreiben. Ja man wird bei fortgesetzten Studien zwangsläufig in die Lage kommen, sich überall resigniert beschränken zu müssen – eine typische Erfahrung älterer Semester – um, wenn schon nicht die eigene Bildung, so doch wenigstens die eigene Ausbildung und vielleicht die Wissenschaft durch gründliche und spezialisierte Verfolgung einer bestimmten Fragestellung zu fördern.

Was den zweiten Verführer betrifft, so vertraut man gewöhnlich zu sehr der Kraft des Geistes (und des Gedächtnisses) und vernachlässigt die des Körpers und der Sachen. Es sei hier nicht von den vielen guten und alten diätetischen und sportlichen Anweisungen die Rede, die man bei den Alten schon findet.[1] Vielmehr soll auch von dieser Seite die Wahrheit des Sprichworts unterstrichen werden, daß man, was man nicht im Kopf besitzt, in den Beinen haben muß. In der Tat werden wohl die meisten Dinge auch im Bereich des Geistigen nicht mit dem Kopf, sondern mit dem anderen Ende erledigt, obwohl es zum geistigen Geschäft gehört, das Gegenteil zu prätendieren. Den Aufenthalt in staubigen Bibliotheken und auf harten Stühlen, das Blättern in Katalogen, das Notieren und Exzerpieren, Ordnen, Sichten und Schreiben darf man nicht scheuen – alles handwerkliches Zubehör des Studiums und der wissenschaftlichen Arbeit, das doch in recht hintergründiger Weise mit dem Prozeß der geistigen Aneignung der so verschafften Materialien verwoben ist. Besonders verheerend dürfte sich für den Anfänger das moderne Vervielfältigungswesen auswirken, so segensreich es für den rechten Gebrauch auch sein mag. Es täuscht zu leicht über den Unterschied zwischen einem Gedanken im Kopfe und einem Gedanken auf dem Papier hinweg. Was man in dieser Weise „schwarz auf weiß" nach Hause trägt, ist oft für den geistigen Besitz verloren. Der Schwachheit des Fleisches aufzuhelfen, gibt es immer noch kein besseres Mittel, als den Satz des Plinius zu beherzigen: Nulla dies sine linea! Man lasse keinen Tag verstreichen, ohne sich (schriftlich) zu artikulieren.

---

[1] Vgl. etwa J. F. Ringelberg, De Ratione Studii, in: H. Grottii et aliorum Diss. de Studiis instituendis, Amsterdam 1645, S. 256/57: „Non potest esse magnum, quod sine pulvere et sudore contingit! ... Procul, procul absint mollia, lenia, facilia, blanda, quae animi impetum extinquere solent."

So gewappnet, wird man auch mit dem dritten Verführer fertigwerden. Die privaten Offenbarungen, sc. Einfälle, Intuitionen und aparten Ideen tragen zwar nicht mehr das Stigma der Häresie – weil es kaum noch unumstrittene rechte Lehren gibt – aber sie sind in anderer Weise gefährlich. Sie treten allzu leicht an die Stelle solider und in Kontinuität zu den Vorgängern erarbeiteter Einsichten und Kenntnisse. So sehr es im Privat- und Alltagsleben in jedermannes Recht und Belieben steht, sein apartes Weltbild und womöglich irgendwelche „spinnerten" Ideen zu kultivieren – was besonders in Deutschland ja seit dem Geniekult des Deutschen Idealismus als Ausweis der selbständigen Persönlichkeit gilt – sind diese in der Philosophie wie in der Wissenschaft doch nur in dem Maße fruchtbar, wie es gelingt, sie in der oben geschilderten Weite als Ausgangsbasis und Kristallisationskerne der Studien und Interessen einzusetzen. Man muß sie am überlieferten Stoffe überprüfen und gewissermaßen bewähren und wird dann meist zu der Einsicht gelangen, daß man im privaten Denken und Sich-Orientieren historische Positionen der Philosophie nachvollzogen hat, in die man dann mit um so mehr Engagement und „Leidenschaft" eindringt, als sie einem in ihrer jeweiligen Terminologie und Methode etwas sagen und bedeuten. An diesem Leitfaden und mit solchen Studien wird man dann auch zur „Front der Forschung" geführt werden, wo auf dem Hintergrund ausgebreiteter Kenntnisse innovative Ideen als Hypothesen und Vermutungen zum Kern von Theorien und Forschungsstrategien werden können, die die Wissenschaft vorantreiben. Es ist an der Zeit zu betonen, daß *Philosophieren* als individuelle Haltung ein schönes und schätzenswertes Moment des privaten Lebens sein mag, daß *Philosophie* jedoch ein kollektives, intersubjektives Unternehmen der Kulturmenschheit ist, an dem teilzunehmen und es zu fördern eine große und verpflichtende Aufgabe darstellt.

S. A. Matczak, Research and Composition in Philosophy (Philosophical Questions Series 2), Löwen-Paris 1968. Enthält Überblick über die Studienarbeit vom Seminarreferat bis zur Doktordissertation, Ratschläge zur Ausarbeitung, zur

Benutzung von Bibliographien und Bibliotheken sowie eine Auswahlübersicht bibliographischer Quellen der Philosophie.

J. E. Heyde, Technik des wissenschaftlichen Arbeitens, 10. Aufl. Berlin 1970. Bewährtes Handbuch (1. Aufl. 1930) mit allen erforderlichen Ratschlägen zum „wissenschaftlichen Arbeiten“, zur Kartei, schriftlichen Arbeit (Vorbesinnung, Stoffbeschaffung, Stoffbewältigung, Niederschrift, Drucklegung) und einem Anhang von H. Siegel über Dokumentation und ihre Verfahren. Hinzu tritt eine ausführliche „Bibliographie zur Technik des wissenschaftlichen Arbeitens“ (Heyde) und eine „Bibliographie Dokumentation“ (Siegel) der allgemeinen bibliographischen Hilfsmittel.

H. Kliemann, Anleitung zum wissenschaftlichen Arbeiten. Eine Einführung in die Praxis (rombach hochschul paperback 15), 7. Aufl. bearb. und hg. v. H. Steinberg, Freiburg i. Br. 1970. Bewährte Anleitungen von der Themenwahl bis zur Drucklegung und zum Vertrieb, mit Literaturhinweisen. Auch als „rombach hochschul sonderdruck“.

J. Riechert und *K. Schwarz,* Erfolgreich studieren – sich qualifizieren. Eine Anleitung. Leipzig 1970. Elementare Anleitungen und nützliche Kniffe für Studium und Fortbildung.

L. Fonck, Wissenschaftliches Arbeiten. Beiträge zur Methodik und Praxis des akademischen Studiums, 3. Aufl. Innsbruck 1926. Vor allem wegen historischer Ausblicke auf die Studienorganisation des Mittelalters und ihre Quellen noch schätzbares, gediegenes Werk (1. Aufl. 1908), auch mit Überblick über Institutionen und Methoden des wiss. Arbeitens.

H. Kunze, Wissenschaftliches Arbeiten. Eine Einführung, 2. Aufl. Berlin 1959 (1. Aufl. 1958). Tips eines bibliothekarischen Fachmannes in aller Kürze: Grundregeln, Arbeitsplan, literarische Quellen, Bibliotheksbenutzung, Stoffordnung, Ausarbeitung, Umgang mit Büchern, die eigene Bibliothek.

Studienplan-Beispiel Philosophie

Empfehlung für die Anlage des Studiums der Philosophie am Philosophischen Institut der Universität Düsseldorf

Semesterzahl	Vorlesungen		Übungen
1.	Einführung in die Philosophie Systematik I: Metaphysik und Ontologie	Geschichte der Philosophie I: Antike Philos.	Proseminare
2.	Systematik II: Philosophische Anthropologie	Geschichte der Philosophie II: Mittelalter	Proseminare
3.	Systematik III: Erkenntnistheorie, Logik, Wissenschaftstheorie	Geschichte der Philosophie III: Neuzeit	Proseminare
4.	Systematik IV: Philosophie der Praxis	Geschichte der Philosophie IV: Gegenwart	Proseminare u./od. Hauptseminare
Zwischenprüfungsäquivalent nach Vereinbarung für Universitätswechsler			
5.–8.	Bereichsdisziplinen der Philosophie und Vertiefung der o. a. Grunddisziplinen, z. B. Philosophie der Geschichte, Sprache, Gesellschaft, Kunst, Technik, Religion, des Rechts, der Natur usw.	Geschichte der Philosophie einzelner Philosophen, Epochen, Probleme	Hauptseminare, Kolloquien

Bemerkungen: Das Studium der Philosophie gliedert sich in ein Grundstudium und ein Hauptstudium. Im *Grundstudium* von in der Regel 4 Semestern sollte ein Überblick über die o. a. Grunddisziplinen und Hauptepochen der Philosophie gewonnen werden. Die Reihenfolge I–IV ist unverbindlich. In jedem Semester werden 1 bis 2 Lehrveranstaltungen aus Systematik und Geschichte I–IV angeboten. Im *Hauptstudium* von mindestens 4 Semestern sind die Kenntnisse der Grunddisziplinen zu vertiefen und je ein Schwerpunkt in der Systematik und Geschichte der Philosophie zu bilden. Die Wahl einer mit den übrigen Studienfächern zusammenhängenden Bereichsdisziplin (z. B. Naturphilosophie, Logik, Wissenschaftstheorie für Naturwissenschaftler, Sozialphilosophie, Sprachphilosophie und Wissenschaftstheorie für Philologen) wird empfohlen.

Mögliche Studiengänge

1. Philosophikum: Teil der allg. Staatsprüfung für Lehramtskandidaten. Zulassung frühestens nach dem 6. Semester. Anforderungen: Mindestens 10 Stunden belegte Vorlesungen und Übungen insgesamt, 2 qualifizierte Übungsscheine (empfohlen: 1 Pro-, 1 Hauptseminarschein). Überblick über Grunddisziplinen und Hauptepochen, je ein Schwerpunkt in der Systematik der Grund- oder Bereichsdisziplinen und der Geschichte der Philosophie.

2. Staatsexamen in Philosophie: Eingangsprüfung für das höhere Lehramt. Zulassung frühestens nach dem 8. Semester. Anforderungen: „Ordentliches Studium“ der Philosophie in Vorlesungen und Übungen. Latein- oder Griechischkenntnisse. 2 qualifizierte Hauptseminarscheine. Kenntnis und Verständnis der Grundisziplinen und Hauptepochen der Philosophie, vertiefte Kenntnis dreier klassischer Werke im Kontext des Gesamtwerkes eines Philosophen oder des historischen oder systematischen Problemzusammenhanges, Schwerpunktkenntnisse in einer Bereichsdisziplin und einer speziellen Epoche aus dem Hauptstudium. Durchführung der Prüfung: 4–5 Stunden Klausur (3 Themen zur Auswahl), 1 Stunde mündliche Prüfung. Ist Philosophie 1. Fach, kommt eine schriftliche Hausarbeit (6 Monate Zeit) über ein vereinbartes Thema hinzu.

3. Magister der Philosophie („M. A.“): Akademischer Abschluß. Zulassung frühestens nach dem 8. Semester. Anforderungen: „Ordentliches Studium“ der Philosophie und zweier Nebenfächer (vgl. Magisterprüfungsordnung der Philosophischen Fakultät Düsseldorf, Aufstellung möglicher Kombinationen), Kenntnisse des Faches wie im Staatsexamen; dazu entweder hinreichende Lateinkenntnisse oder sichere Beherrschung von 2 lebenden Fremdsprachen oder Kenntnis empirischer Forschungsmethoden. Schriftliche Hausarbeit zeitlich unbeschränkt, Themenvereinbarung etwa im 7. Semester. Durchführung der Prüfung: 4 Stunden Klausur (3 Themen zur Wahl), 1 Stunde mündlich in Philosophie, je 1/2 Stunde mündlich in den Nebenfächern.

4. Doktor der Philosophie („Dr. phil.“): Akademischer Abschluß. Zulassung frühestens nach dem 8. Semester. Anforderungen: „Ordentliches Studium“ der Philosophie und zweier Nebenfächer (vgl. Promotionsordnung der Philosophischen Fakultät Düsseldorf), Vorlage einer Dissertation, die „selbständige wissenschaftliche Arbeit“ zeigt und den Stand der Forschung weiterentwickelt; entsprechende in der Promotionsordnung geforderte Kenntnisse. Durchführung der Prüfung („Examen rigorosum“): 1 Stunde mündlich in Philosophie, je 1/2 Stunde in den Nebenfächern.

Sachregister

Abschlußprüfung 45
ADS 16
Ästhetik 108, 152
Allgemeinbibliographie 65 ff.
Allgemeinenzyklopädien 101 ff.
Allgemeinlexika 101 ff.
Akademie 12
Akten 142 ff.
Anonyme 87
Anthologien 151 ff.
Anthropologie, philosophische 108
Anti-Festschrift 136
Antiquariatskataloge 95 ff.
apl. Professor 19, 51
arabische Länder 86
Arbeit, wissenschaftliche 185
Architektonik 6
Artistenfakultät 13
Assistent 16, 37
Assistenzprofessor 16
AStA 28
Aufklärung 153
Ausstattung 25
Auswahlausgaben 151 ff.
Autonomie 20, 31

BAK 16
Basisgruppen 29
Beihefte 132 ff., 135
Berufungsverfahren 25 f.
Betriebseinheiten 27
Bibliographie, abgeschlossene 70 ff., 73
–, arabische 86
–, britische 84
–, bulgarische 84
–, chinesische 86
–, der Bibliographie 62 ff.
–, der philosophischen Bibliographie 69 f.
–, französische 82
–, griechische 84
–, hispanoamerikanische 85
–, indische 86
–, italienische 81 f.
–, japanische 86
–, jüdische 86
–, laufende 74 ff.
–, nationale philosophische 80 ff.
–, niederländische 82
–, nordamerikanische 84 f.
–, polnische 82 f.
–, schwedische 82
–, sowjetische 83
–, tschechoslowakische 83
–, ungarische 84
–, versteckte 64
Bibliothekskataloge 92 f.
Bibliothekswesen 55 ff., 60
Bio-Bibliographien 89
Buch 10
Buchhandelskataloge 95 ff.
Buchwesen 55
Bulgarien 84

Charakterologie 108

China 86
Chrestomathien 151 ff.

Dekan 26
Delegationsprinzip 22, 27
Denken 9 f.
Dialektik 137
Dilettantismus 33
Diplomprüfung 44
Direktor 17
Dissertationen 147 ff.
Disziplinarrecht 31
Doktor-Grad 48, 192
Doktorvater 49
Dokumentation 142, 189
Dokumentation, philosophische 60, 131
Dokumentationswesen 56 ff.
Dozent 18, 51
Drittelparität 18
Dr. habil. 50
Dr. h. c. 50

Einführungen 100
Einheitsverwaltung 20 f.
Einheit von Forschung und Lehre 30, 34 f.
Einrichtungen, zentrale 28
–, nichtwissenschaftliche 28
Enzyklopädien 102 ff., 105 f.
Enzyklopädie, philosophische 106 ff.
Erkenntnis 140
Erkenntnisproblem 141
Erkenntnistheorie 108, 151
Ethik 108, 151
Existenzialismus 152
Existenzphilosophie 109

Fachbereiche 24 ff.
Fachschaften 29
Fakultäten 24 ff.
Fakultätsausschüsse 29
Fakultätsgutachten 31
Festschriften 135 ff., 138 ff., 141 f.
Forschung 37
–, Front der 38
Forschungsberichte 76 ff., 79
Frankreich 82
Freiheit, akadem. 30
Freizügigkeit 31

Gegenwart 140
Geist 140, 142
Geisteswissenschaften 108
Gelehrtenlexika 89
Gesamtausgaben 150 ff., 155 ff.
Gesamtkataloge 93 f.
Gesellschaftsphilosophie 108
Geschichte 138, 140, 142
Geschichte der Philosophie 100, 108 f., 160, 181 ff.
Geschichtsphilosophie 108 f., 151
Geschichtswissenschaft 152
Grade, akademische 27, 44 ff., 48
Griechenland 84
Großbritannien 84
Grundversammlung 21

Habilitation 50, 52
Habilitationsschriften 147 ff.
Handbuch 98, 106 ff.
Haushalt 23, 26
Hermeneutik 137
Hilfskräfte, wiss. 37 f.
Hilfsmittel, bibliographische 61 ff.
Hispanoamerika 85
Hochschulangehörige 16 ff.
Hochschuldidaktik 40
Hochschule 12 ff.
Hochschulgesetz 35
Hochschullehrer 17 ff.
Hochschulpolitik 36
Hochschulreform 35 f.
Hochschulschriften 147 ff.
Hochschulverwaltung 36
Honorarprof. 18

Idealismus, deutscher 154
Indien 86

Institution, wissenschaftliche 12 ff.
Institutsbibliotheken 56
Italien 81

Japan 86
Judentum 86
Jurisprudenz 139

Kanzler 21
Katalogwesen 56 ff., 60
Körperschaft des öffentl. Rechts 15
Klausurarbeit 46
Kolloquium 52 f.
Kommissionen 23
Kongreßberichte 142
Kongresse, deutsche Philosophie- 146 f.
Kongresse, internationale Philosophie- 144 ff.
Kongreßwesen 52 f.
Konvente 30
Konversationslexika 101 ff.
Kritik 138, 142
Künste, freie 13
Kulturanthropologie 109
Kulturphilosophie 109, 151
Kunst, Philosophie der 108

LAK 16
Landsmannschaften 28, 31
Lehrbücher 108 ff.
Lehre 38 ff.
Lehre und Forschung 36, 40
Lehrfreiheit 32 f., 40
Lehrkörper 38
Lehrstuhl 17
Leistungsbewertung 52
Lernfreiheit 32, 40
Lexika, philosophische 111 ff., 115 ff., 118 ff., 121 f.
Literargeschichte 100, 180 f.
–, der Philosophie 181 ff.
Literaturgeschichte 180 f.
Logik 137
Logikkalkül 137

L. S. D. 16
Lyzeum 12

Magister Artium 48
Mandat, politisches 32
Marxismus-Leninismus 183
Materialismus 154
Mathematik, Philosophie der 108
Mensch 140 f.
Menschlichkeit 141
Metaphysik 108 f., 137 f.
Methode 140
Mitarbeiter, wissenschaftliche 16 f.
Mitbestimmung 26
Mittelalter 138
Mittelbau 19, 37
Monographien 100

Natur 140, 142
Nationalbibliographie, deutsche 66
Nationen 28, 31
Naturphilosophie 108, 151
Naturwissenschaft, Philosophie der 108
Nichtordinarien 18 ff., 38
Niederlande 82
Numerus clausus 31

Ökonomie 152
Offenbarung 188
Ontologie 109
Ordinariat 17
Ordnung 185
Ordnungsrecht 31
Organisation 19 ff.

Pädagogik 152
Parität 22
Patristik 152
Patrologen (Kirchenväter) 154 f.
Personal, nichtwissenschaftliches 19
Personalbibliographien 87 ff.

Phänomenologie 139
Philosophen-Lexika 90 ff.
Philosophia perennis 137
Philosophiegeschichte
vgl. Geschichte der Philosophie
Philosophie, marxistische 140
Philosophieren 9 f.
Philosophikum 13, 44, 191
Philosophy of science 110
Polen 82
Politik 152
Portugal 85
Positivismus, logischer 152
Präsident 22 f.
Präsidialverfassung 24
Preprint 123
Privatdozent 18, 38, 50 f.
Professor 34, 38
Promotion 52
Promotionsverfahren 48 f.
Prüfungen 41, 44 ff.
Prüfungsanforderungen 46, 191 f.
Prüfungsordnungen 26
Prüfungswesen 52
Pseudonyme 87
Psychologie 108 f., 160 f.
Publikationsgattungen 98 ff.
Publikationswesen 53 ff.

R. C. D. S. 16
Realismus 141
Recht 152
Rechtsphilosophie 108, 139
Referateorgane 76 ff., 79
Reformation 153
Rektor 22 f.
Rektorat 23
Relativismus 109
Religionsphilosophie 108 f., 152, 161
Renaissance 153
Retrievalverfahren 59

Satzung 21
Schlagwortkatalog 57
Scholastik 152
Schweden 82
S. D. S. 16
Sein 139, 141
Selbstdenken 9 f.
Selbstverwaltung 19 ff.
Seminar 39, 41
Seminarbibliotheken 56
Senat 22 f.
Serien 132 ff., 135
S. H. B. 16
Signatur 57
Sinn 141
Sowjetunion 83
Sozialphilosophie 151
Spanien 85
Spezialistentum 33
Spezialisierung 10
Sprache, Philosophie der 108
Staatsexamen 44, 191
Staatsphilosophie 109
Stichwortkatalog 57
Studenten 16
Studentenschaft 28 ff., 37
Studienpläne 26, 190
Studienreform 35, 37
Studium 37
Subjektivität 137

Technik, Philosophie der 109
Teilkörperschaft 28
Terminologie, philosophische 112 f.
Textausgaben 150 ff., 153 ff.
Textus receptus 150
Theologie, Philosophie der 108
Titel, akadem. 44 ff.
Tradition 140, 142
Tschechoslowakei 83

Ungarn 84
Universalbibliographie 65 ff.
Universalenzyklopädien 101
Universität 12 ff., 35
USA 84

VDS 16
Venia legendi 17

Verantwortung 140
Verfassung 20
Vernunft 141
Verschulung 34
Verstehen 137
Vertrauen 137
Verwaltung 20 ff., 36
Vorlesung 39, 43

Wahrheit 138 f.
Weltweisheit 110
Werke 156 ff.
Werte 138 f.
Wertlehre 108
Who is who 89
Willensbildung 21
Wirklichkeitslehre 108
wiss. Abteilungsvorsteher u. Prof. 18, 51
wiss. Rat u. Prof. 18, 51
Wissenschaft 141
Wissenschaft, publizierte 53 f.
Wissenschaftslehre 108
Wissenschaftsselbstverwaltung 22
Wissenschaftstheorie 139

Zeitschriften, philosophische 123 ff., 126 ff., 129 ff., 132
Zeitschriftenbibliographie 66 f.
Zentrale Einrichtungen 28
Zukunft 138
Zulassungsvoraussetzungen 46
Zwischenprüfung 45, 190

Personenregister

Abbagnano, N. 119
Aconcio, J. 157
Adam, Ch. 162
Adelung, J. C. 90
Adickes, E. 168
Adler, M. 174
Adorno, Th. W. 36, 136
Afnan, S. M. 120
Alber, K. 133
Alberti, E. 164
Albertus Magnus 158
Alembert, J. le Rond d' 104, 162
Alquié, F. 162
Alsted, J. H. 101, 105, 111
Amonn, A. 133
Ancona, A. d' 160
André, M. 178
Andresen, C. 159
Anstett, J.-J. 176
Apel, M. 117
Apelt, K.-O. 173
Apelt, O. 174, 177
Aristoteles 113, 122, 135, 140, 143, 154, 157 f.
Arndt, H.-W. 168, 179
Arnim, M. 89
Arnold, W. 142
Assézat, J. 162
Ast, G. A. F. 174
Aster, E. v. 108
Augustinus, Aur. 135, 158 f.
Averroes 158
Azevedo, J. L. de 43
Bachelard, S. 139
Bacon, F. 151 f., 159
Bacon, R. 159
Bähr, H. W. 141
Bänninger, K. 55
Baer, H. 62
Baeumker, C. 109, 155
Baeumler, A. 108
Bahm, A. J. 92
Baholin, A. 81
Baillet, A. 79
Baker, R. A. 91
Baldwin J. M. 118
Balfour, Lord 84, 167
Balic, C. 163
Ballestrem, K. G. 120
Balz, A. G. A. 92
Bamberger, F. 171
Baratta, G. 152
Bardenhewer, O. 155, 157
Barr, M. M. H. 179
Barry, M. J. 179
Barth, H. 140
Bastian 162
Batllori, M. 169
Baudry, L. 173
Bauer, J. 177
Bauermeister, W. 38
Baumgardt, D. 124
Baumgarten, A. 108
Baumgarten, S. J. 90
Baumgartner, H. M. 164
Baur, L. 109
Bayer, R. 82, 145

Bayle, P. 159
Beaufret, J. 138
Beaumarchais 179
Becco, H. J. 85
Becher, E. 108
Behler, E. 176
Bekker, J. 158
Belaval, Y. 166
Bengeser, G. 52
Benseler, Fr. 140
Berg, Chr. 49
Berg, J. 160
Bergomo, P. a 179
Bergson, H. 152, 159
Berkeley, G. 154, 159
Berlinger, R. 154
Bernardus, J. Bapt. 122
Bernhart, J. 178
Bernheim, E. 42
Berton, C. C. 178
Bestermann, Th. 63 f., 179
Beth, E. W. 144
Beuchot 179
Beutler, R. 175
Beyerlinck, L. 106
Bhave, Shivaji Narahara 120
Bieler, E. 159
Bindseil, H. E. 170
Blakeley, I. Th. 83, 129
Blanke, F. 165
Blauberg, I. W. 120
Bloch, E. 159
Blumenberg, H. 135, 154
Blumenstock, K. 178
Bocheński, I. M. J. 69, 71, 81, 137, 168, 174, 179
Bock, C. J. 138
Bock G. 89
Bode, J. 171
Bodin, J. 157
Böckel, E. G. A. 68
Böhme, J. 113, 159
Boehner, Ph. 173
Börner, M. 183
Boethius, A. M. T. S. 159
Boffito, G. 164
Bohatta, H. 63
Bolduanus, P. 73
Bolin, W. 163
Bollnow, O. F. 109, 137, 167
Bolzano, B. 160
Bompiani 89
Bonaventura (Joh. Fidanza) 160
Bonitz, H. 158
Borchardt, D. H. 70
Boscherini, E. G. 178
Bouglé, C. C. A. 175
Boumann, L. 165
Boutroux, E. 173
Bouvier, H. 133 f.
Bradley, F. H. 152
Brasch, M. 171
Braun, O. 177
Breda, L. van 167
Bréhier, E. 175
Brentano, F. 143, 152
Bretschneider, C. G. 170
Brewer, J. S. 159
Bridges, J. H. 159
Brightman, E. S. 145
Britzelmayr, W. 137
Brockhaus, F. A. 102
Brugger, I. 85
Brugger, W. 117, 134
Brunet, J.-C. 68
Brunner, E. 108
Bruno, G. 160
Brunschvicg, L. 173
Brunstädt, F. 108
Buber, M. 88, 134, 160
Bubner, R. 137
Bucharin, N. J. 154
Buchenau, A. 162, 169
Buday, J. 84
Buddecke, W. 160
Buffon, G. L. Leclerc, Graf v. 157
Buhle, J. G. 184
Buhr, M. 116
Burnell, A. C. 87
Burnet, J. 174
Busch, A. 38
Busse, G. v. 60

Cabanis, P. J. G. 157
Campanella, Th. 160
Campbell, W. E. 172
Carli, A. 164
Carnap, R. 137
Carus, Fr. A. 160
Carus, J. V. 177
Caselmann, Chr. 37
Cassirer, E. 88, 108, 137, 167, 169
Cavallera, F. 155
Černá, M. L. 80
Chamber 89
Chamber, E. 104
Chambers, R. W. 172
Chan, Wing-Tsit 86
Chauvin, St. 115, 122
Chenu, M.-D. 179
Chevalier, J. 173
Ch'íng, Fan Ping 121
Chisholm, R. M. 110
Ch'iu, K'ai-Ming 86
Cicero, M. T. 113, 161
Claparède, E. 146
Clauberg, J. 161
Clauberg, K. W. 117
Clemen, O. 170
Clemens-Lodde, B. 41
Clericus, J. 163
Cohn, L. 173 f.
Coleman, H. E. 149
Colli, G. 172
Collier 104
Collison, R. L. 102
Comte, A. 152
Condillac, E. B. de 111, 157, 161
Condorcet, M. J. A. de 179
Conover, H. F. 80
Corell, W. 40
Cosenza, M. E. 91
Cousin, V. 170, 175
Cramer, F. K. 176
Cramer, K. 137
Cramer, W. 137
Croce, B. 161, 179
Cubeddu, I. 152
Cusanus, N. 151, 157, 161
Czycholl, R. 37

Daval, S. 109
Darimon, A. 175
Deborin, A. 154
De Brie, G. A. 71
Decroix 179
Deferrari, R. J. 179
Dehne, G. 53
Della Valle, G. 145
Demokrit 113
Dempf, A. 108 f.
Derbolav, J. 140
Descartes, R. 135, 145, 162
Deschamps, P. 68
Dessoir, M. 108, 151
Destrez, J. 179
Dewey, J. 137, 152
Diderot, D. 104, 162
Diechtl, E. 37
Diem, H. 168
Diemer, A. 59 f., 107, 116, 124 f., 138
Diessing, K. 183
Dietrich, F. 67
Dilthey, W. 154, 162
Dingler, H. 154
Dobbek, W. 166
Dollinger, H. 37
Drachmann, A. B. 168
Driesch, H. 108
Dubislav, W. 117
Dufour, Th. 176
Duncker 133
Duns Scotus, J. 163
Dupré, D. 162
Dupré, W. 162
Dutens, L. 169
Dux, W. 62
Dynnik, M. A. 182

Ebert, F. A. 68
Eckhart, Meister 163
Ecole, J. 179
Edwards, P. 115, 118
Eichler, W. 141

Eichner, H. 176
Eigler, G. 174
Einstein, A. 88, 134
Eisler, R. 90, 115 f., 167
Elbogen, I. 171
Ellis, R. L. 159
Elsenhans, Th. 146
Elwert 72, 96, 156
Endres, I. J. A. 109
Endres, H. M. 177
Engels, F. 135, 170
Erasmus, D. 163
Erdmann, J. E. 169, 182
Erman, W. 35
Ernesti, J. A. 184
Ernestus, H. 60
Ersch, J. S. 68, 73, 80, 103
Escarpit, R. 55
Espasa 105
Ethridge, J. M. 89
Ettlinger, M. 109
Eucken, R. 116

Faber, F. 122
Fabian, B. 167
Fabro, C. 140
Fan Ping Ch'ing 121
Favaro, A. 164
Feigl, H. 110
Feist, H. 161
Feldkeller, P. 124, 143
Fernandez García, M. 122, 163
Ferrater Mora, J. 119
Fetscher, I. 170
Feuerbach, L. 151, 163
Fichte, I. H. 131, 144, 164
Fichte, J. G. 152, 157, 163
Ficino, M. 164
Figueiredo, F. de 85
Fink, E. 125, 137
Fiorentino 160
Firpo, L. 160, 164
Fischer 153
Fischer, L. 37
Flake, O. 171
Flasche, H. 71, 116, 148
Flashar, H. 158
Fleischhack, K. 64, 88
Flietner, A. 167
Flügel, O. 166
Förster, Fr. 165
Fonck, L. 189
Forke, A. 109
Fortescue, G. K. 94
Foucher de Careil, A. 169
Foulquié, P. 119
Fraenkel, E. 52
Frank, Ad. 119
Frankena, W. K. 110
Fraser, A. C. 159
Frauenstädt, J. 177
Frege, G. 152
Freher, P. 90
Frenzel, I. 116
Fretté, E. 178
Fries, J. F. 151, 164
Frischeisen-Köhler, M. 79, 108, 181
Frommann, F. 96, 133
Fumagalli, G. 63
Funke, G. 125, 134, 141

Gabriel, L. 162
Gadamer, H.-G. 77, 116, 125, 137 f., 146, 151, 154
Gage, N. L. 41
Gagnebin, B. 176
Galilei, G. 164
Garde, P. K. 64
Garin, E. 174
Gassendi, P. 164
Gans, E. 165
Gazier, F. 173
Gebhardt, C. 178
Geck, W. K. 37, 52
Gehlen, A. 109
Geissler, Chr. A. 68, 73, 80
Geldsetzer, L. 67 f., 91, 110, 115, 155, 164, 182
Geldsetzer, U. 110
Gentile, G. 164
Genzmer, F. 55
Georgi, Th. 68
Gerber, H. 36

Gerber, W. 115, 124
Gesner, C. 69
Gerdes, H. 168
Gerhard, U. 36
Gerhardt, C. J. 168 f.
Gerhardt, V. 40
Geulincx, A. 164
Geyer, B. 158, 181
Geyser, J. 108, 138
Giacon, G. 119
Gibson, R. W. 159
Giel, Kl. 167
Gietz, E. E. 72
Gigon, O. 158, 174
Gilson, E. 138, 162
Glockner, H. 110, 151, 165
Goclenius, R. 122
Görres, J. 125, 143
Gohlke, P. 158
Gómez, L. M. 85
Gomperz, Th. 171
Gottsched, J. Chr. 110
Gouhier, H. 159, 170
Gourmont, R. de 52
Grabmann, M. 138
Grassi, E. 174
Green, Th. H. 167
Gregory, T. 164
Gregory, W. 144
Grenzmann, W. 169
Groethuysen, B. 108
Groothoff, H.-H. 176
Gropp, R. O. 183
Grose, Th. H. 167
Gross, J. 136
Grotius, H. 187
Gruber, J. G. 103
Gründer, K. 116, 165
Grumach, E. 158
Grzegorczyk, A. 83
Günter, O. 90
Guéroult, M. 138
Gui, S. Ch. 87
Guillemain, B. 109
Gumposch, V. Ph. 73, 80, 183
Guttmann, J. 171
Haag, K. H. 134
Habermas, J. 36, 135, 154
Häberlin, P. 138
Hain, A. 133 f., 138
Halder, A. 117
Hall, F. 87
Haller, R. 170
Hamann, J. G. 165
Hamilton, W. 175
Hanslmeier, J. 142
Harder, R. 175
Harrassowitz, O. 144, 156
Hartenstein, G. 166
Hartmann, J. B. 151
Hartmann, K. 141
Hartmann, N. 109
Hartmann, W. 176
Hartshorne, Ch. 173
Hauer, E. 90
Hausius, K. G. 168
Heath, D. D. 159
Hegel, G. W. F. 110, 113, 135, 143, 151 f., 157, 183
Hegel, K. 165
Heiberg, J. L. 168
Heidegger, M. 138, 151
Heidemann, I. 133
Heimendahl, E. 36
Heimsoeth, H. 108 f., 138, 182
Heinemann, F. 107
Heinemann, I. 174
Heinrich, W. 177
Heinsius, W. 68
Helvétius, Cl. A. 166
Hempel, C. E. 138
Henkel, A. 165
Henning, L. v. 165
Hennings, Chr. 121
Hennis, W. 36
Henrich, D. 135, 137, 154
Henrichs, N. 59 f., 115, 125
Henry, P. 175
Hentig, H. v. 40
Hentschel, M. W. 36
Herbart, J. Fr. 166
Herbert, J. 86
Herbertz, R. 73

Herder, H. 102
Herder, J. G. 166
Herrmann, U. 162
Hertslet, W. L. 177
Hessen, J. 108, 138
Heuss, E. 80
Heyde, Joh's E. 189
Hildebrand, D. v. 139
Himmelstrup, J. 168
Hinrichs, J. K. 67
Hinske, N. 167
Hirsch, E. 168
Hissmann, M. 73
Hitpass, J. 36
Hjort, K. 102
Hobbes, Th. 166
Hocking, W. E. 139
Hodes, Fr. 63
Hoefer, J. C. F. 89
Höfling, H. 141
Hönigswald, R. 166
Hoffmann, A. 79
Hoffmann, E. 108, 161, 182
Hoffmanns, J. 73
Hoffmeister, J. 116, 166
Hofmann, J. E. 179
Hogrebe, W. 124
Holborn, A. 163
Holborn, H. 163
Holstein, G. 109
Holzboog, G. 96, 133
Holzmann, D. 86
Holzmann, M. 87
Hopfner, Th. 155
Horkheimer, M. 136
Horn E. 35
Hotho, H. G. 165
Howald, E. 108
Huber, H. 36
Huber, L. 40
Hueber 134
Hübscher, A. 177
Humboldt, W. v. 34, 43, 135, 166
Humblot 133
Hume, D. 84, 153, 167
Hunger, E. 151
Husserl, Edm. 139, 152, 167
Husserl, G. 139
Hutcheson, Fr. 84, 167
Hyppolite, J. 139

Inge, W. R. 141

Jablonski, J. Th. 103
Jacob, H. 164
Jacobi, Fr. H. 167
Jacobs, W. G. 164
Jacobsen, H.-A. 37
Jakowenko, B. 83
James, W. 139, 152
Jasenas M. 69
Jaspers, K. 88, 134 f., 139
Jessop, T. E. 84, 159, 167
Jodl, F. 163
Jöcher, C. G. 90
Joja, A. 130
Jolivet, R. 139, 168
Jost, J. 176
Jourdain, C. 172
Jowtschuk, M. T. 182
Judin, P. F. 120
Jüchter, H. Th. 37, 40
Jung, G. 90, 117
Junghans, H. M. 168

Kadler, A. 82
Kaebsch, K. 36
Käsbauer, M. 137
Kafka, G. 183
Kahl, L. M. 73
K'ai-Ming Ch'iu 86
Kambartel, F. 160
Kamp, R. 124
Kandler, G. 37
Kant, I. 113, 125, 133 ff., 143, 151 f., 154, 157, 167, 182
Kasper, G. 36
Kaufmann, G. 35, 40
Kaufmann, W. 151
Kasińki, L. 83
Kaulbach, F. 138
Kaupp, P. 37
Kayser, Chr. Gottl. 67
Keckermann, B. 168

Kedrow, B. M. 183
Keese, D. 37
Kehrbach, K. 166
Keil-Specht, H. 41
Kemp(-Houk), J. 78, 159
Kierkegaard, S. A. 135, 152, 168
Kiernan, Th. 91
Kimminich, O. 36
Kindinger, R. 170
Kirchmann, J. H. v. 154
Kirchner, J. 55
Kirpiceva, J. K. 63
Klaus, G. 116
Klibansky, R. 78, 137
Klieman, H. 189
Klien, M. 170
Klostermann, V. 134, 138, 154
Knittermeyer, H. 182
Koehler 71, 80, 95
König, G. 124, 164
Köppen, F. 167
Koffka, K. 108
Kohlhammer 134
Koktanek, A. M. 141
Konstantinow, F. W. 120
Kopernikus, N. 151, 153
Kopnin, W. A. 120
Kopper, J. 125
Kosing, A. 146
Koyré, A. 139
Kürchner, J. 89
Kraft, V. 139
Krieck, E. 108
Kries, F. 169
Krings, H. 125
Kristeller, P. O. 164
Krońskiej, I. 91
Krünitz, J. G. 103
Krug, W. Tr. 106, 110, 121
Kuhlenbeck, L. 160
Kuhn, H. 77, 125, 140, 146
Kuntze, F. 108
Kunze, H. 189
Kurtz, P. 91
Kusenberg, K. 135
Kutschera, F. v. 137
Labrousse, E. 159
Laboulaye, E. 171
Lacorte, C. 152
Lakebrink, B. 140
Lalande, A. 119
Lamanna, E. P. 183
Lambert, J. H. 168
Land, J. P. N. 164, 178
Landgrebe, L. 137
Lang, A. 138
Lange, H. O. 168
Langfeld, J. 60
Larenz, K. 109
Larousse 103
Lasson, G. 165 f.
Lauth, R. 163
Lechner, J. 138
Lehmann, E. H. 102
Leibfried, St. 36
Leibniz, G. W. 168 f.
Leo XIII. 178
Lenin, W. I. 140, 146, 152
Levi, A. 81
Leyh, G. 60
Lichtenberg, G. Chr. 169
Lichtenberg, L. Chr. 169
Lieber, H. J. 170
Lilienkron, R. v. 89
Lindworski, V. J. 109
Lipenius, M. 69
Litt, Th. 108, 140 f.
Locke, J. 113, 169
Loeb 153
Löffler, K. 60
Löhneisen, W. v. 177
Löwith, K. 138, 140, 163, 166
Lorenz, A. 79
Lotz, J. B. 134, 141
Lotze 151
Louvaris, N. 141
Luce, A. A. 159
Ludz, P. 117
Lübbe, H. 141
Lücke, Th. 162
Lukaćs, G. 140, 169
Lullus, R. 169
Luther, M. 153

Lycosthenes, C. 106

Mably, G. B. de 161
Mach, E. 152
Machiavelli, N. 135
Maimon, S. 169
Maine de Biran, F. P. 170
Maire, A. 173
Malclès, L.-N. 63
Manasse, E. M. 174
Mandonnet, P. 179
Mansion, A. 140
Marcuse, H. 134, 140
Maré, P. 178
Marg, W. 175
Marheineke, Ph. 165
Marias, J. 98
Mariën, B. 175
Marietti 178
Martin, B. 92
Martin, G. 60, 125, 167
Martin, J. 155
Marx, K. 135, 170
Matczak, S. A. 188
Matzat, H. L. 147
Mauthner, Fr. 117
Mays, P. D. 72
Mclean, G. F. 72
Mead, M. 154
Medicus, Fr. 140, 164
Mehnert, G. 183
Meinong, A. v. 170
Meissner, H. A. 180
Meister Eckhart 163
Melanchthon, Ph. 170
Ménage, G. 79
Menasce, P. J. de 86
Mencke, F. O. 79
Mencke, J. B. 79, 90
Mencke, O. 79
Mendelssohn, G. B. 171
Mendelssohn, M. 171
Menéndez y Pelayo, M. 171
Menzer, P. 108, 151
Merguet, H. 161
Metzke, E. 182
Meurer 72, 96, 156
Meyer, G. 102
Meyer, H. 107, 171
Meyer, J. 67, 89, 102
Meyer, X. H. 109
Michel, M. 165
Michelet, K. L. 165
Micraelius, J. 115, 122
Mielitz, R. 37
Migne, J. P. 155, 157, 159
Mikat, P. 38
Milkau, F. 60
Mill, J. St. 152, 171
Mirandola, J. Pico della 157, 174
Mirandola, J. F. Pico della 174
Misch, G. 109
Mitin, M. B. 183
Mitscherlich, A. 136
Mittwoch, E. 171
Mock, A. 36
Möller, J. 110
Mohr 134
Moland 179
Moldenhauer, E. 165
Molesworth, M. 166
Monnoye, de la 79
Montague, W. P. 152
Montaigne, M. E. de 135, 171
Monteleone, F. 69
Montesquieu, Ch. de Secondat, Baron de 171
Moog, W. 79, 181
Moore, B. 140
Moore, G. J. 152, 154
More, H. 172
More (Morus), Th. 172
Morgenbesser, S. 140
Morhof, D. C. 110
Moritz, M. 128
Moschetti, A. M. 152 f.
Moser, S. 140
Motto, A. L. 177
Mounier, E. 172
Montinari, M. 172
Moysset, H. 175
Müller, H. J. 177
Müller, H.-P. 158
Müller, K. 169

Müller, M. 117, 125, 135, 140
Müller-Freienfels, R. 116
Mundt, H. 149
Mylius 179
Mylius, J. C. 87

Nadler, J. 165
Nagel, E. 140
Negt, O. 134
Nelson, L. 141, 172
Neske, G. 138
Neuhäusler, A. 117
Neuhaus, R. 36
Neuner, H. 37
Nicéron, J. P. 90
Nicolai, F. 131
Nicole, P. 172
Nicolin, F. 140, 165
Nietzsche, F. 134 f., 152, 172
Nitsch, W. 36
Noack, H. 78
Noack, L. 90, 118
Norris, D. M. 60
Nowell-Smith, P. H. 76

Obrador y Benassar, M. 169
Ockham, W. v. 151, 173
Oehler, R. 172
Oehler, W. A. Ch. 36
Oeing-Hanhoff, L. 125
Oesterreich, Tr. K. 181
Offe, Cl. 36
Oko, A. S. 178
Oldemeyer, E. 140
Olms, G. 96
Ortega y Gasset, J. 173
Ortloff, J. A. 184
Ottino, G. 63
Otto, W. F. 174

Padovani, A. 81, 152 f.
Palágyi, M. 173
Palfrey, T. R. 149
Parmenides 151, 154
Parreren, C. F. van 37
Pascal, Bl. 135, 153, 173
Passmore, J. 110
Paton, H. J. 137
Paulsen, F. 40
Pavlov, A. 83
Peek, J. 37
Peirce, Ch. S. 152, 173
Peltier, C. 160
Pencer, C. 170
Penzkofer, P. 37
Peters, F. E. 120
Peters, R. 161
Petzholdt, J. 63
Peuckert, W.-E. 160
Philippe, M.-D. 158
Philon v. Alexandrien 173
Pinto, O. 80
Piper, K. 139
Pius V. 178
Placcius, V. 87
Plamböck, G. 174
Platon 113, 122, 135, 151, 174
Plessner, H. 37 f., 141, 147
Plotin 175
Plott, J. C. 72
Plutarch 175
Polgár, L. 178
Pollak, J. H. A. 145
Pomodoro 179
Pompa, R. 82
Poortman, J. J. 82
Pope Blount, Th. 90
Porphyrios 175
Pos, H. J. 144
Posch, G. 126
Praechter, K. 181
Preller, L. 153
Preuß, U. K. 36
Priestley, R. E. L. 171
Princtius, C. 106
Prior, H. 40
Proklos 175
Promies, W. 169
Proudhon, P. J. 175
Przywara, E. 108

Raczyńska, J. 82
Radhakrishnan, S. 141
Rand, B. 72, 84, 118

Rasch, W. 176
Rashdale, H. 35
Rastell, W. 172
Rat, M. 171
Ratke, H. 167
Ratner, S. 137
Ravier, E. 169
Reclam 153, 157
Reed, A. W. 172
Rees, A. 104
Reese, J. 52
Reichert, H. W. 173
Reichl 124, 143
Reid, Th. 175
Reininger, R. 141
Reisch, Gr. 101, 111
Reitmayr, F. X. 154
Rescher, N. 138
Rest, W. 168
Reszowa, M. B. 75
Rhode, G. 158
Riehl, H. 177
Rickert, H. 151
Riechert, J. 189
Riedel, M. 166
Riedl, J. O. 91
Rieffert, J. B. 108
Ringelberg, J. F. 187
Rintelen, Fr. J. v. 138, 141
Risse, W. 125
Ritter, H. 153
Ritter, J. 115, 116, 138, 141
Rivaud, A. 183
Robinet, A. 159, 170
Roesele, P. M. 107
Rogers, E. F. 172
Rombach, H. 125, 140
Rosello, J. 169
Rosenbach, M. 177
Rosenkranz, K. 165
Rosental, M. M. 120
Ross, W. D. 158
Rotermund, H. W. 90
Roth, F. 167
Rothacker, E. 108, 109, 115, 141
Rouner, L. S. 139
Rousseau, J. J. 153, 175
Rowohlt 135
Rüegg, W. 140
Rühle, O. 36
Ruge, A. 79, 175
Runes, D. 78, 118
Rupp, H. H. 37
Russell, B. 152
Ryle, G. 127, 145

Sader, M. 41
Saint-Jean, R. 119
Salzinger, I. 169
Samurin, E. J. 60
Sancipriano, M. 164
Šandov, J. 120
Sansoni 153
Santayana, G. 152
Saß, H.-M. 40, 163
Sastri, G. Kr. 87
Sastri, H. 87
Sawicki, F. 109
Schäder, H. H. 109
Schäfer, O. 163
Schalbruch, J. Th. 161
Scheler, M. 176
Scheler, M. 176
Schelling, F. W. J. v. 176, 183
Schelling, K. F. A. 176
Schelsky, H. 36, 38
Schermann, Th. 155
Schiavone, M. 153
Schiebler, K. W. 160
Schilpp, P. A. 88, 134
Schischkoff, G. 53, 77, 89, 124, 134, 147
Schlechta, K. 172 f.
Schlegel, F. v. 176
Schleiermacher, F. E. D. 135, 176
Schlick, M. 108
Schmaus, M. 138
Schmidt, A. 134
Schmidt, R. 88, 131
Schmidt-Koch, R. 85
Schmitz, J. N. 166
Schneeberger, G. 176
Schneider, G. 63
Schoer, J. 122

Schopenhauer, A. 135, 143, 152, 157, 177, 183
Schottky, R. 151
Schrader, O. 87
Schreiber, H. M. 37
Schröder, O. 52
Schroeter, M. 108 f., 141, 176
Schütz, L. 179
Schütz, M. 52
Schuffenhauer, W. 163
Schuhl, P.-M. 127, 138
Schulte, E. 160
Schulz, W. 36, 137
Schulze, L. 165
Schuster, H. J. 36
Schwab, M. 158
Schwabe, J. J. 110
Schwarz, B. 139
Schwarz, K. 189
Schweppenhäuser, H. 136
Schwertschlager, J. 109
Schwyzer, H. R. 175
Sciacca, M. F. 78, 81, 152 f.
Sebba, G. 162, 170
Seifert, F. 108
Seiffert, H. 40, 43
Seneca, L. A. d. Ä. 177
Senger, F. 36
Siegel, H. 189
Sikes, J. G. 173
Simler, J. 69
Simon, H. 183
Simon, M. 183
Skowronek, H. 52
Smith, P. 118
Snell, B. 175
Sokrates 135
Sorbière, S. 164
Sorel, J. 154
Spach, I. 92
Spangler, M. 60
Spann, O. 108, 177
Spann, R. 177
Specht, M. 141
Spedding, J. 159
Spencer, H. 152, 177
Spengler, O. 141
Spindler, D. 40
Spinoza, B. 135, 153, 178
Spirito, U. 153
Spranger, E. 141
Steele, R. 159
Steffes, J. P. 109
Steinberg, H. 189
Stenbock-Fermor, F. Graf 36
Stenzel, J. 108
Stephanus, H. 174
Stiehler, G. 183
Stockhammer, M. 117
Stučka 154
Stupperich, R. 171
Suarez, F. 178
Suhrkamp 134, 154
Suphan, B. 166
Suppes, P. 140
Sylvester, R. S. 172
Szilasi, W. 141

Tannery, P. 162
Taubes, J. 135, 154
Teilhard de Chardin, P. 178
Tellenbach, G. 37
Thales 151
Thalhofer, V. 155
Theiler, W. 174 f.
Theophrast 178
Thibaudet, A. 171
Thieme, W. 35, 52
Thimme, W. 158
Thomas, H. 118
Thomas v. Aquin 178
Thomasius, Chr. 113
Thompson, M. 110
Thormann, M. 179
Thorne, J. O. 89
Thyssen, J. 141
Tice, T. N. 177
Tillich, P. 108
Tittel, J. 35
Tocco 160
Topitsch, E. 139
Totok, W. 63, 65, 69 f., 90, 95, 148, 182
Tourneux, M. 162

Trachtenberg, O. W. 183
Troller, A. 78
Tymieniecka, A.-T. 137

Ueberweg, F. 70 f., 181
Ulrici, H. 131
Urmson, J. O. 118
Utitz, E. 108

Vaihinger, H. 125, 131
Vajda, G. 86
Valle, G. Della 145
Valverde Téllez, E. 85
Vandenhoek 153
Vannérus, A. 82
Varet, G. 71, 91, 136, 183
Varisco, B. 81
Vasoli, C. 174
Velema, E. 37
Vernière, P. 162
Verra, V. 170
Vetter, B. 177
Vickery, B. C. 60
Vico, G. 179
Vidarct, L. 85
Vierkandt, A. 108
Vincent v. Beauvais 106
Vivès 178
Vives, J. L. 179
Vives, L. 128
Vleeschauwer, H. J. de 165
Vloten, J. van 178
Vogel, U. 37
Vogtmann, L. 36
Volckmar 71, 80, 95
Volkmann-Schluck, K.-W. 137 f.
Vollbrecht, R. 169
Voltaire (Arouet le jeune), F. M. 179
Vorländer, K. 167, 182
Voumvlinopoulos. G. E. 84
Vries, J. de 141
Vrin, J. 96

Wadding, L. 163
Wagemann, C. H. 40
Wagner, H. 137, 141, 177
Wahl, J. 127
Walch, J. G. 92, 121
Walter, F. 37
Wawrzinek, U. 71, 116, 148
Weber, M. 37
Weber, W. 38
Wegele, F. X. v. 89
Wehrhahn, H. 40
Weigand, W. 171
Weil, S. 135
Weimann, K.-H. 63, 65, 90, 95
Wein, H. 109
Weingarten, A. 41
Weischedel, W. 167
Weiss, P. 173
Weitzel, R. 62, 63, 65, 80, 90, 95
Weller, E. 87
Wellmann, Ed. 153
Welte, B. 135
Welzig, W. 163
Wendland, P. 173
Wendt, B. 102
Wengler, W. 35
Wenke, H. 40, 52, 141
Wenzel, A. 142
Westphalen, F. A. 177
Wetlesen, J. 178
Weyl, H. 108
Weymann, K. 155
White, M. G. 140
Whitehead, A. N. 152
Wiedmann, F. 140, 146
Wiegand, O. F. 35
Wiehl, R. 137
Williams, H. F. 136
Wilpert, P. 161 f.
Wimmer, F. 178
Winchell, C. M. 63
Winckelmann, J. 37
Windelband, W. 182
Wing-Tsit Chan 86
Winkler Prins 104 f.
Winn, R. B. 85
Winter, E. 160
Wisser, R. 141
Wittgenstein, L. 111, 179
Wittmann, M. 109

Wolandt, G. 166
Wolf, E. 135
Wolff, Chr. 113, 179
Wolff, E. 108
Wolff, K. H. 140
Würtenberger, Th. 139
Wuhrmann, W. 175
Wyser, P. 179

Zahn, L. 151
Zampetti, E. 81, 124
Zarew, P. W. 120
Zedler, J. H. 103
Zelger, J. 126
Zellinger, J. 155
Zeltner, H. 142
Ziegenfuß, W. 90, 117
Ziegler, K. 141, 175
Ziesemer, W. 165
Zimmer, H. 109
Zimmermann, E. 64
Zischka, G. A. 90, 115
Zocher, R. 142
Zwinger, Th. 106

Außer diesem Buch sind bisher in der Studienreihe »Kolleg Philosophie« erschienen:

Jan M. Broekman, Strukturalismus
Wilhelm K. Essler, Wissenschaftstheorie
Band I. Definition und Reduktion
Band II. Theorie und Erfahrung
Helmut Fleischer, Marx und Engels
Franz von Kutschera und Alfred Breitkopf, Einführung in die moderne Logik
Eike von Savigny, Analytische Philosophie
Alfred Schöpf, Augustinus
Andreas von Weiss, Neomarxismus

In Vorbereitung:

Karl Acham, Analytische Geschichtsphilosophie
Karl Bormann, Platon
Jan M. Broekman, Dialogisches Philosophieren
Günter Dux, Sozialphilosophie
Wilhelm K. Essler, Wissenschaftstheorie
Band III. Wahrscheinlichkeit und Induktion
Band IV. Erklärung und Kausalität
Heribert Fischer, Meister Eckhart
Gerd-Günter Grau, Nietzsche
Rudolf Haller, Wittgenstein
Klaus Hammacher, Descartes
Klaus Jacobi, Nikolaus von Kues
Helmut Kohlenberger, Anselm von Canterbury
Nikolaus Lobkowicz, Analytische Ethik
Ahlrich Meyer, Frühsozialismus und Anarchismus
E. W. Orth, Philosophie – Wissenssoziologie oder Wissenschaftstheorie?
–, Neukantianismus
Frithjof Rodi, Dilthey
Peter Schneider, Rechtsphilosophie
Venanz Schubert, Plotin
Elisabeth Ströker, Husserl
Gerd Wolandt, Ästhetik
Gerd Wolandt, Nicolai Hartmann